Alida Gundlach

Miteinander oder gar nicht

Wie Generationen voneinander profitieren können

südwest

FSC
Mix
Produktgruppe aus vorbildlich bewirtschafteten Wäldern und anderen kontrollierten Herkünften

Zert.-Nr. SGS-COC-1940
www.fsc.org
© 1996 Forest Stewardship Council

Verlagsgruppe Random House FSC-DEU-0100
Das FSC-zertifizierte Papier *Munken Premium Cream* für dieses Buch liefert Arctic Paper Munkedals AB, Schweden.

ISBN 978-3-517-08556-2

Programmleitung: Silke Kirsch
Lektorat: Marion Schulz, München
Fotos: privat; Fotograf aktueller Aufnahmen und rechte Klappe: Tin Dahl
Umschlaggestaltung: schwecke.mueller, Werbeagentur GmbH, München
Coverfoto: Foto Alida Gundlach: privat; Foto Hintergrund: Südwest Verlag/Michael Holz

Layout, DTP: Populärgrafik, Stuttgart
Lithographie: Lorenz & Zeller, Inning a. A.
Druck und Verarbeitung: GGP Media GmbH, Pößneck
Printed in Germany
817 2635 4453 6271

Miteinander oder gar nicht

Inhalt

Das Vorwort

GESTERN – HEUTE – MORGEN

Über politische, technische, wirtschaftliche oder andere weltumspannende Zusammenhänge gibt es zur Information hervorragende aktuelle Medienprodukte. Gedruckte wie elektronische. Viele Artikel und Sendungen beschäftigen sich seit einiger Zeit kontrovers mit dem Thema Generationen. Mein Ansatz ist ein anderer; ein persönlich geprägter, der nicht zu trennen ist von meiner Biografie, den mich begleitenden Menschen und meinen individuellen Wertvorstellungen, die sich im Laufe meines Lebens verändert oder verfestigt haben. Ich will damit zeigen, dass man auch aus einer ungünstigen Anfangsposition eine gute Richtung einschlagen kann.
Der Umgang der Generationen untereinander fesselt mich beruflich seit mehr als einem Jahrzehnt, privat fast ein Leben lang. Insofern ist dieses Buch ganz und gar subjektiv. Ursprünglich sollte es »Mein Traum vom Miteinander« heißen, doch dann erschien mir das zu schwärmerisch, zu utopisch. Vielleicht trifft das auf meine Geschichten zu, nicht aber auf meine Meinung. Die ist weder verträumt noch verbrämt; sie ist klar und fassbar, also musste auch der Titel so sein, damit er zum Inhalt passt. Einem Inhalt voller Glaube, Liebe, Hoffnung und mit praktischen Lösungsansätzen. Ich habe für nichts ein Patentrezept, nur einige Vorstellungen, wie es miteinander besser klappen könnte. Was ich mir wünsche, ist nicht gerade bescheiden, obwohl ich ansonsten für mehr Beschei-

denheit plädiere. Doch was mein Anliegen an alle Generationen betrifft, kann es mir nicht üppig genug sein. Ich möchte Sie nämlich angesichts einer Bestandsaufnahme unserer aktuellen Situation fürs Miteinander begeistern, Ihre Lust auf mehr gemeinsame Qualität mobilisieren, an Ihre soziale Kraft appellieren und Ihren Mut anstacheln, gerade jetzt die Zukunft selbst mitzugestalten. Diejenigen, die schon aufgegeben haben, möchte ich gern zurückholen – lasst uns alle(s) zusammenhalten.
Wenn man genau hinschaut, war eine Annäherung nie leichter als heute. Sechzigjährige stehen als Rockband auf der Bühne, Vierzigjärige siegen im Sport. Schon weil wir länger fit und aktiv bleiben, rücken wir näher zusammen. Und weil wir uns der Endlichkeit bewusst sind, erlauben wir uns wieder, Träume zu realisieren. Außerdem geht nichts mehr ohne die Übernahme von Verantwortung aller: Bürger, Wirtschaft, Politik, Kultur, Umwelt, Medien.
Mein Leben in einer Mehrgenerationenfamilie, deren eine Hälfte dem tiefsten Süden, die andere dem höchsten Norden entspringt, die reich war und arm wurde, die altem Adel angehört und sich als »Eindringling« verhöhnen lassen musste, die ihre Ansichten, Prinzipien und ihr Erspartes untereinander teilte; diese prägende Sippe bildet die Basis für mein Buch. Meine Geschichten sollen Mutmacher sein, weil die Stationen zeigen, dass ich weder einen einfachen Hintergrund hatte noch eine privilegierte Familie.

Im Gegenteil. Es gab Hindernisse durch Abstammung und innerfamiliäre Schwierigkeiten, durch Kummer und Verluste. Darum erzähle ich davon. Man sieht, dass sich mit wenigen Helfern und viel gutem Willen aus jeder Lage ein Weg findet. Nicht, wenn man sich lethargisch ergibt oder sich fatalistisch »dem Schicksal« überlässt. Doch bestimmt schafft man einiges, wenn man an sich arbeitet, Hilfe annimmt; wenn man versucht, sein Leben sinnvoll zu gestalten, sich Freundschaften aufbaut, gemeinsam Barrieren beseitigt und an seine Träume glaubt. Wir haben keinen Einfluss darauf, wie wir sterben, aber darauf, wie wir leben. Und das müssen wir nutzen! Kommen Sie mir jetzt nicht mit »Mutter-Teresa-Sprüchen« oder so was, denn natürlich habe ich Macken, Probleme, Ein- und Ausbrüche wie jeder andere. Worauf ich aber bestehe, ist das Anerkennen meiner Bemühungen um optimistische Charakterbildung und positive Lebensgestaltung. Ich bin ein Fan von Versuchen! Wie Ex-Süchtige, die jeden Tag neu beginnen, strenge ich mich an, das, woran mir liegt, auch zu leben. Manchmal gelingt es, manchmal nicht. Aber ohne diesen fortwährenden Einsatz, die immer neuen Versuche, bliebe alles auf der Strecke.

Zu den persönlichen Geschichten kamen Gespräche mit Alt und Jung hinzu, mit verschiedensten Menschen unterschiedlicher Jahrgänge und Nationalitäten, in denen ich einiges über deren aktuelles Lebensgefühl und ihre Zukunftsvorstellungen erfuhr. Quasi ein Blick auf gestern, heute und morgen. Das fand ich berührend, spannend und teilweise überraschend, besonders im Vergleich mit meiner eigenen, europäisch beeinflussten Geschichte. Zusätzlich haben mir renommierte Experten großzügig ihre Erfahrungen zu den wichtigen Themen geschildert, dazu Pespektiven entwickelt und meine Fragen beantwortet.

Alle diese Mosaiksteinchen zusammen ergeben ein Bild, das Sie, liebe Leserin, lieber Leser, hoffentlich anregen wird. Im letzten Kapitel finden Sie dazu noch Tipps und Adressen von Gruppen, die das Miteinander bereits vorbildlich leben.

Sicher ist: Wir müssen uns aufeinander zubewegen!

- Junge müssen auf Ältere zugehen, damit sie erfahren, was in keinem Geschichtsbuch steht.

- Ältere müssen auf Junge zugehen, damit sie erkennen, wie Zukunft sein könnte.

- Sonst driften wir weit auseinander und werden noch dazu gegeneinander ausgespielt. Wer will das schon?

Ein enger Austausch zwischen den Generationen ist für uns lebenswichtig. Angesichts der Globalisierung, der Entwicklung in wesentlichen Bereichen, der weltweiten Krisen vom Klima über den Terrorismus bis zur Wirtschaft, können wir es uns nicht leisten, auf Zusammenhalt, Erfahrung, Neugier, Wissen und Können jedes Einzelnen zu verzichten. Alle Kräfte müssen sich bündeln. Und das auch gegen erkennbar falsche Wege.
Wir brauchen einander und wir brauchen Phantasie, mehr noch: Imagination. Max Frisch sagte einmal sinngemäß in einer Lesung: »Imagination ist wichtiger als Phantasie. Manch ein Politiker (er nannte Reagan) ist frei von Imagination, was aber nicht heißt, dass er keine Phantasie hat; Phantasie hatte auch Hitler. Albert Einstein hatte Imagination, denn Imagination entdeckt die Realität. Sie ist ein magischer Akt. Nicht herstellbar durch Intelligenz.«

Das Schreiben dieses Buches war für mich eine durchgehende Lehrstunde, ein Mittel zum Dialog. Ich habe manches über unsere menschliche Gemeinschaft entdeckt, über mich und über vieles andere. Das Eintauchen in meine Vergangenheit mit all den so wichtigen Menschen und Begegnungen fand ich sehr aufwühlend. Diese emotionalen Momente der Erinnerung haben mich durch die Gegenwart begleitet und werden das auch in der Zukunft tun. Augenblicke und Erkenntnisse, für die ich zutiefst dankbar bin.
Zwischendurch verließ mich manchmal der Mut.
Mitten im schöpferischen Schreibprozess las ich in der Pisa-Studie, dass jeder fünfte Teenager nur rudimentäre Lesekenntnisse besitzt, und 50 % der Eltern von Schulanfängern ihren Kindern selten bis gar nicht vorlesen. Lesen wird immer unpopulärer. Na klasse! Ungemein motivierend, wenn man gerade ein Buch schreibt. Junge Leute spazieren laut diverser Erhebungen lieber durch digitale Welten, als Gedrucktes zu lesen. Und auch berufsmäßige Wortmenschen – Redakteure, Autoren, Texter, Buchhändler – sollen angeblich »knapp Gefasstes« bevorzugen. Bestimmte Gewohnheiten sind nicht mehr nur dem Computer und dem Fernsehen zugeordnet, nein, genau-

so wird nun auch gelesen: gefiltert, gescannt und gezappt nach brauchbaren Informationshäppchen. Natürlich kann dann ein längerer Gedankengang gar nicht mehr verfolgt werden, sondern teilt sich beim Querlesen auf in die bruchstückhafte Sprache der Chatrooms, SMS, E-Mails, die diese Generation gewohnt ist. Ebenso wie Ältere oftmals nur den Duktus leichter Lektüre kennen und sich mit »mehr« schwertun. Alles andere überfliegt man kurz, schaut aufs Ende und ist fertig mit dem Buch. Wenn sich Autoren, Leitartikler, Essayisten diesen offensichtlich unaufhaltsamen Wandel, diese »Bücherdämmerung« bewusst machen und trotzdem brav weiterschreiben, sind sie entweder tapfer, ignorant, optimistisch oder doof. Ich glaube, bei mir ist es eine Mischung aus allem. Plus hartnäckig!

Als Autorin hielt ich Vorworte in meinen bisherigen Büchern eher knapp. Als Leserin entnahm ich jeder Menge Prologe, dass meine geschätzten Schriftsteller-Kollegen diese Möglichkeit vor allem zur Danksagung nutzten. Ich jetzt auch!

Danken möchte ich den Menschen, die mir in dunklen Tagen Helligkeit brachten, mir Mut gemacht und damit meine Energievorräte aufgetankt haben.

An erster Stelle steht mein liebevoller Mann, bei dem ich immer das Gefühl habe, ich bekomme viel mehr, als ich gebe. Sein umfangreiches Wissen, seine Tiefe und die eminente Kenntnis des Weltgeschehens waren mir auch bei diesem Buch wieder sehr wertvoll. Von seiner Rücksichtnahme während meiner muffigen Schreibblockaden gar nicht zu reden. Helena und Klaus von Saalfeld, wunderbare Freunde, deren konstante Begleitung, Ideen und Zuspruch ich unglaublich inspirierend fand. Silke Kirsch und ihr Team mussten von mir so manche Optimierungs-Nerverei ertragen, was sie mit sanfter Nachsicht meisterten. Danke für die Unterstützung in allen Bereichen. Marion Schulz war eine engagierte Lektorin, die meinen Blick auf Aspekte lenkte, die sich gelegentlich außerhalb meines Fokus befanden, und deren aufmunterndes Lob

mich zu mancher Nachprüfung zwang. Danken möchte ich nicht zuletzt den authentischen Protagonisten und klugen Experten, die mir ihr Vertrauen, ihr Wissen und ihre Zeit geschenkt haben – das kostbarste Gut, das ich besonders zu schätzen weiß.
Sie alle waren großartig!
Und natürlich ein ganz herzliches Dankeschön an meine »Titel-Familie«: Ursula, mit fünfundachtzig Jahren unsere vitale, fröhliche »Uroma«; Angela, im neunten Monat schwanger, die uns im Fotostudio streckenweise befürchten ließ, das Baby würde doch zuerst die Spots statt das gedämpfte Licht der Welt erblicken; Lars, der beste Bassist von allen, und meine süße, phantasievolle Justina, die Träume lebendig werden lässt.
Eine Familie wie aus dem Bilderbuch.
Uns alle hat während dieser kreativ-kämpferischen Phase eines am meisten verbunden: der Humor. Egal, was war, ein Lächeln lag immer drin.

Träumerei und Vorbild

Nenne dich nicht arm,
weil deine Träume nicht in Erfüllung gegangen sind;
wirklich arm ist nur, der nie geträumt hat.
MARIE VON EBNER-ESCHENBACH 1830 – 1916

Mit dreißig bekam ich Krebs und glaubte, höchstens vierzig zu werden. Doch alles kam ganz anders.

In meiner Erinnerung habe ich mich nie stärker gefühlt als zwischen meinem sechzigsten und fünfundsechzigsten Geburtstag. Gerade in diesem Zeitabschnitt konnte ich einen wunderbaren Traum zum Leben erwecken. Nicht, dass es das erste Mal gewesen wäre, denn als leidenschaftliche Träumerin laufen dauernd Visionen durch mein Hirn, quasi parallel zur Realität. Für ein Kind der Nachkriegszeit ohne reiche Eltern spielte sich eben das farbenprächtigste Kino mangels Gelegenheit zuerst im Kopf ab. Das übt! Natürlich gibt es auch Menschen, die nach eigener Meinung und öffentlicher Bekundung »nur auf dem Boden der Tatsachen stehen« und für Visionen den Augenarzt empfehlen. Sie verzichten bewusst zugunsten der fast berechenbar konsequenten Zuverlässigkeit auf das vermutlich viel höhere Potenzial an Möglichkeiten, die direkt neben den Tatsachen abrufbar bereitliegen: Phantasie, Schöpfergeist, Mut und Liebe. Ein Schatz, der oft erst über Träume und Visionen gehoben werden muss.

»Hallo, Frolleinchen, nicht dauernd träumen …«, habe ich mit nachsichtig-vorwurfsvollem Unterton tausendfach gehört. Oder: »Na, wo bist du bloß wieder mit deinen Gedanken?«

Seit damals entrücke ich manchmal der Welt.

Ich denke an etwas, male es mir aus, bekomme eine Idee, verliere mich darin und arbeite daran. Stumm, taub, bedürfnislos. Wenn ich fertig bin, schaue ich aus dem Fenster und sehe, dass die Bäume knospen, obwohl doch gerade Weihnachten war.

Und weil eine weitere nervtötende Eigenschaft von mir Hartnäckigkeit ist, hatte ich das besondere Glück, über alle Altersphasen hindurch immer wieder eine meiner Phantasien Wirklichkeit werden zu lassen: die eigene Ballettschule, Auftritte vor vielen Zuschauern, Leben im Süden, Schreiben von Büchern, eine Talkshow, die Kult wurde, Drehen von Fernsehreihen, Fallschirmspringen oder die erste CD. Und das alles musste sich mit meinem Wunsch nach Familie und einem sozial engagierten Dasein verbinden lassen.

Klar, dass ich bis heute eine Verfechterin bin von: Lebe deinen Traum!

Wir alle wissen, es ist schwer, das Leben zu führen, das man leben will – zu oft sind wir fremdbestimmt. Und was uns am meisten lähmt, sind die Zweifel der anderen. Darum genieße ich es, älter, erfahrener zu werden, weil es hilft, sich nichts mehr vorzumachen, seine Wünsche und Ziele an die richtige Stelle zu setzen. Besser ist es, früh genug miteinander zu sprechen, Jüngere mit Älteren und umgekehrt: über Selbstbewusstsein, Ängste, hilfreiche oder störende Eigenschaften und den Umgang mit Kritik. Daraus entwickelt sich nebenbei etwas Wichtiges; eine Streitkultur, die unserer Gesellschaft langsam abhandenkommt. Lieber wird gebrüllt, gelogen, geschluckt, geschwiegen. Fatal und falsch, denn das Problem verschwindet nicht; es setzt sich wuchtig auf den Haufen unserer gespeicherten Frustrationen und bohrt von innen fleißig weiter. Sogar *coole* Gleichgültige und *hippe* Oberflächliche sind nicht frei davon. Kontroverses konstruktiv zu behandeln, kann man lernen.

Wie viele gute Ideen wären in der Schublade verstaubt, hätte ich nicht für sie gekämpft. Von Idealen ganz zu schweigen. Meine Überzeugung zu vertreten, stand dabei gegen die Gefahr, mich unbeliebt zu machen. Meistens nahm ich Letzteres in Kauf. Und manchmal kniff ich. Ob jung oder alt, gedanklich spazieren wir immer mal wieder durch frühere Lebensabschnitte, entsinnen uns geschehener Episoden, Hoffnungen und deren Erfüllung. Ob verklärt oder nicht, dann verinnerlichen wir, wie es jeweils für uns lief. Wir komprimieren die lange Erinnerungszeit und gewinnen daraus Erkenntniskraft – auch, um uns vielleicht für zukünftige Träume zu stärken.

Eines habe ich im Laufe vieler Jahre für mich erkannt: Solange man sich nicht vor neuen Anfängen scheut, ist Alter ganz unwichtig. Es ist auch nicht entscheidend, wie *alt* man wird, sondern *wie* man alt wird. Und dauernd dasselbe zu machen, finde ich ohnehin so spannend, wie der Farbe beim Trocknen zuzusehen. Wir sind die erste Generation, die Körper und Geist auch im Alter trainieren kann, die weiß, was sie essen muss, um sich gesund zu ernähren, und die auf diese Weise beständig ihre Lebensqualität erhöht. Ob sich dadurch das Leben verlängert, ist nebensächlich. Wir können lernen. Voneinander, von den Kindern und Enkeln – wir dürfen ganz fremde Welten beschreiten. Das ist doch phantastisch! So klingt es, wenn man die Situation positiv bewertet. Gegenteilige Stimmen bieten ähnlich plausible Argumente, bringen uns aber nicht weiter.
Erstaunlich, dass manche davon überzeugt sind, der einmal gewählte Weg sei unumstößlich (warum bloß mit Ausnahme der Partnerschaft?). Ein Irrtum, denn man muss keinen Weg zu Ende gehen, immer ist ein Wechsel möglich. Wie kommt man sonst aus abgrundtiefer Verzweiflung heraus? Wie trägt man höchstes Glück? Ruckzuck kann sich alles ändern – und echte Chancen stehen parat! Wenn man richtig hinsieht.

Auch zwischen den Generationen ließen sich mit klarem Blick mehr Brücken als Hindernisse wahrnehmen. Doch heute geht es meistens darum, wer für wessen Kosten zuständig ist. Wer soll warum Rentenzahlungen übernehmen? Wieso muss sich ein junger Mensch um den Lebensabend eines alten kümmern? Und weshalb soll es ihn interessieren, wer vor zig Jahren Steine geklopft und Zerbombtes wieder aufgebaut hat, wenn es »nach Ewigkeiten« dafür an sein mühsam verdientes Geld geht? Ältere wiederum beklagen bei der Jugend verlorene Werte, fehlenden Eifer, schlechte Manieren; und was setzt man ihnen stattdessen vor? Genau: Zunahme an Kriminalität, Arbeitsunlust und beschämende Ergebnisse der Pisa-Studie. Pfui Deibel!

Doch gibt es zwischen den Generationen nicht trotzdem
mehr Verbindendes als Trennendes?
Und haben andere Länder vielleicht ganz
andere Generationen-Sitten?
Diese Antworten wollte ich finden.
Vielleicht sogar noch ein paar unerwartete mehr.

Bevor ich ausführlicher werde, verrate ich Ihnen schon mal, welcher Zaubertrank mir die Kräfte verlieh in einem Alter, in dem man sich normalerweise eher mit Ruhestand beschäftigt.
Es war der Zauber eines ganz und gar außergewöhnlichen Traumes, den ich bereits so lange in mir trug, dass ich kaum noch an eine Erfüllung glaubte.
Ich wollte mehrere Generationen aus verschiedenen Ländern vereinen, um gemeinsam mit ihnen zu singen, zu tanzen, zu spielen. Mit diesen ambitionierten Menschen von sieben bis siebenundsiebzig Jahren würde ich ein einziges Mal eine spektakuläre Bühnenshow inszenieren, die schon während der Vorbereitung Spaß machen sollte, live vor großem Publikum auftreten, und die Zuschauer mit einem Feuerwerk brillanter Ideen, einer wundersam-gefühlvollen »ZEITreise« auf das Feinste unterhalten. Was macht die Zeit mit uns, was tun wir mit ihr? Und wie wurden wir, was wir sind? Das wäre mein Hauptthema, kommuniziert in Worten, Liedern, aber auch in faszinierendem Tanz, wenn uns die Worte nicht mehr ausreichten.

Alles unverfälschte Ausdrucksformen menschlicher Existenz zu einem uns bestimmenden Phänomen: der Zeit.
Mir schwebte eine intensive künstlerische Zusammenarbeit vor, bei der sämtliche Beteiligte ihre Kräfte bündeln würden. Was der eine nicht hatte, müsste der andere ergänzen – ein Riesenprojekt, ein großer Traum! Wie es dazu kam, dass tatsächlich vier Generationen aus sieben Nationen mit mir die Theaterbretter vibrieren ließen, und trotzdem einige Traumblasen zerplatzten, die dem Traum ein »a« zufügten, das erzähle ich Ihnen später in einem anderen Kapitel.

Jetzt aber möchte ich nur einige der Gründe nennen, die deutlich machen, wie wichtig es ist, unseren Lebensweg nicht isoliert und egozentrisch, sondern miteinander zu gehen.

Warum ist mir die Verbindung zwischen den Generationen so wichtig?

- **WEIL** es wie in meinem Bühnentraum darum geht, alle Kräfte zusammenzuschnüren. Nie war das so nötig wie heute, denn es geht nur miteinander oder gar nicht. Und zwar jetzt!

- **WEIL** sich unsere Gesellschaft in den letzten fünfzig Jahren tiefgreifender verändert hat als jemals zuvor. Um da nicht den Boden unter den Füßen zu verlieren, brauchen wir einander.

- **WEIL** wir in einer Zeit leben, in der viele Menschen Globalität begrüßten und inmitten mehrerer Krisen schockiert erkennen, dass sie nicht wussten, was damit gemeint war. Dabei stehen wir erst am Anfang eines endlosen Prozesses. Jeder Einzelne wird die Konsequenzen daraus tragen. In guten wie in schlechten Tagen.

- **WEIL** reifere Menschen Wissen und Werte vermitteln können. Kenntnisse, die Jüngeren noch nicht oder nicht mehr zugänglich sind. Wissen, das in keinem Geschichtsbuch steht und an keiner Schule oder Universität gelehrt wird.

- **WEIL** die junge Generation der älteren den Zugang in neue Welten ebnet und Ältere dadurch hautnah erfahren, wie Zukunft sein könnte.

- **WEIL** das heute so beliebte eigennützige Drehen um sich selbst, die angestrebte Verlängerung der Pubertät bis ins Greisenalter, die Unlust an Einsicht, Angst vor Verantwortung und manches andere durch das Miteinander einen wirksamen Stutzen fände. Ich mag das Wort »Stutzen« , das nur noch meine Generation in diesem Zusammenhang kennt; Jüngere würden wohl »Deckel« oder »Korken« dazu sagen.

- **WEIL** die Generationen nur im lebendigen Austausch voneinander profitieren – und das zum Wohl der gesamten Gemeinschaft. Sprachlosigkeit, Abstumpfung, Orientierungslosigkeit haben ihren Ursprung auch im fehlenden Dialog, der durch plappernde Geschwätzigkeit nicht zu ersetzen ist.

- **WEIL** googeln keine Werte vermittelt.

- **WEIL** ältere Menschen noch »in der Strecke« denken können, eine Fähigkeit, die junge Menschen zugunsten »kurzer Etappen und digitalen Denkens« weitgehend verlernt haben. Diesen Verlust können die Älteren ausgleichen.

- **WEIL** unsere Gesellschaft trotz anderer Altersstruktur weiter den »Jugendkult« zelebriert, der längst nicht mehr zeitgemäß ist. Nach wie vor wird in Werbung und Wirtschaft das Bild einer jungen, kaufkräftigen Generation favorisiert, obwohl es in Wahrheit die mindestens Fünfundvierzigjährigen sind, die als Erben-Generation das meiste Geld zur Verfügung haben, und ältere Menschen so aktiv leben wie nie zuvor. Die fühlbare Diskrepanz zwischen Werbung und Wirklichkeit trägt zur Verunsicherung junger Menschen bei und benötigt klärenden Austausch.

- **WEIL** dem »Spalt-Pilz« Einhalt geboten werden muss. Wird der Generationenvertrag gekündigt? Arme Kinder – reiche Alte? Rentenloch-Vergreisung-Überfremdung-Schuldenberg als Überbleibsel für die nächste Generation? Schlagworte, die täglich in der öffentlichen Diskussion zu finden sind und ein Gegeneinander statt Miteinander fördern.

- **WEIL** politische Entscheidungen von heute durch rasante, dramatische Veränderungen häufig bereits Makulatur sind, noch ehe sie verabschiedet werden. Nur vereint kann man politisch Einfluss nehmen.

- **WEIL** jammern gestern war und es heute gemeinsame Chancen sondieren heißt.

- **WEIL** mich das Miteinander der Generationen in meinem Leben unglaublich bereichert hat. Sich für einander zu engagieren, macht Spaß.

- **UND WEIL** das alles nicht leicht, aber doch unkomplizierter umzusetzen ist, als manche denken. Es gibt auch gar keine Alternative (siehe erster Punkt)!

Mein italienisches Wurzelgemüse

Seit dem letzten Kriegsjahr wohnte ich als kleines Mädchen bei meinen Großeltern am Rande eines Dorfes im Hinterland Süditaliens, geparkt von meinen Eltern, die sich in Deutschland neu orientieren mussten. In der Via Gelso verlegte man die Stromleitungen außen, sodass sie die Häuser wie mit Wäscheleinen verbanden. Das gehörte hierher wie Oliven und Rotwein. Einige Kabel hingen herunter, die ockergelb geputzten Fassaden sahen rissig aus, Dachziegel fehlten. Die Großeltern sprachen kaum über ihre frühere Umgebung, ihr schönes, gepflegtes Haus, das in Trümmern lag – Kollateralschaden nennt man das heute. Es tat zu weh. Rosaria, die wirklich Besseres gewohnt war als die Via Gelso, wünschte sich manchmal weit weg von dieser Kulisse. Anfangs glaubte sie, ihr würde der Blick aus ihrem Zimmerfenster über das blaue Meer am meisten fehlen, aber es waren die Toiletten, das gepflegte Bad, das sie schmerzlich vermisste. In solchen Momenten fragte Matteo sie: »Na, Rosaria, wovon träumst du? Du siehst so verlassen aus.« – »Ach nichts«, antwortete sie dann, presste ihren Rücken fester gegen die wacklige Stuhllehne und sah ihm zu, wie er in seiner tristen Kleidung auf den verwitterten Treppenstufen saß und sich Sorgen machte. Doch sie lebten, sprachen über eine Zukunft, in der sie neu beginnen und womöglich ihre Einbußen ausgleichen konnten. Schon meine Großmutter kannte die belebende Wirkung von Träumen.

Rosaria und Matteo hatten zwei Weltkriege überlebt, als noch niemand wusste, dass man sie einmal nummerieren würde. Mit einer Gasvergiftung den Ersten, und dem Verlust aller materiellen Werte den Zweiten. Sie mussten viel hergeben – ihren Optimismus nicht. Rosaria und Matteo sind die italienischen Eltern meiner Mutter. Ihnen verdanke ich eine weltoffene, tolerante und charakterformende Erziehung.
Als junger Mann kämpfte mein Opa zunächst überzeugt »gegen die Feinde« und wusste durchaus, was Faschismus war. Danach wollte er vor allem eines für sich und seine Familie: *calma e pace*, Ruhe und Frieden, wie fast jeder seiner Nachbarn. Mussolini nannte er Orangenverkäufer, Hitler Kleistermeister und fand deren Politik größenwahnsinnig. Trotzdem feierte er ganz unbekümmert mit Parteibonzen und Mafiabossen, eine landestypische Begabung, die manchen Italiener vor bedrohlichen Attacken rettete. Nicht nur in der Provinz Neapel kannte man erbitterte *Camorra*-Fehden, mörderisches Gemetzel zwischen den Klans und korrupte Staatsbedienstete, selbst wenn man einer anderen Welt angehörte.
Rosaria und Matteo lebten nach ihrem eigenen Codex, nach individuellen Werten, verankert im tiefen Glauben an Gott und jede

Menge Heilige. Ihre größte Erkenntnis bestand in der Aufforderung Gottes an sie, das Leben, die Natur nicht nur zu ehren, sondern zu genießen. Es nicht zu tun, hieße, sein wunderbares Werk zu missachten und wäre gewiss eine Todsünde.

Für mich gab es dort vielleicht keinen Reichtum, aber einen Esel. Und eine Ziege, Weinreben, Obstplantagen, herrliche Geschichten über den Kosmos, merkwürdige Phänomene – und über Träume. Meine Oma, *la nonna*, nahm mich früh mit in die Natur, zeigte mir Blätter und deren Maserung, Ringe zerklüfteter Stämme, den Wechsel der Jahreszeiten. Von meinem Opa, *il nonno*, erfuhr ich in anschaulicher Demonstration, dass ein Baum wertvollen Sauerstoff produziert und sein Laub enorme Massen an Staub filtert. Was hat er dazu für Zweige abgerissen! Und er erklärte mir, dass wir alle nur ein Teil der Schöpfung sind, mal gut, mal bedrohlich – wie die Elemente. Langweilig fand ich das nie. Ich durfte unbekümmert durch ein aufregendes Universum tollen, das mir sichere Verstecke bot und meine Sinne schärfte. Diese Zeit bereitete mich darauf vor, als Erwachsene die Stimmung und Intensität im Freien zu spüren. Ich liebte Fauna und Flora!
Heute versuche ich genau dasselbe mit meinen Enkeln, den technikverwöhnten Stadtkindern, denen ich nun meine Sicht der Dinge nahebringen möchte. Gelegentliches Gähnen wird schlicht übersehen!

Wie wird man, wer man ist?

Durch die Gene, das Leben mit Eltern, Geschwistern, oder – wie in meinem Fall – durch Bezugspersonen wie Großeltern, prägende Vorbilder, vorgelebte Werte und verinnerlichte Nachfolge. Eine Einsicht sollte sich verstärken: Wir sind nicht vorwiegend aus uns selbst heraus originell, innovativ, gut und kreativ, sondern entwickeln uns überwiegend in wacher Nachahmung. Familienbündnisse können durch enge Freunde, Nachbarn, förderliche Vereine (Sport, Hobby, Caritas) mit weitreichenden Konsequenzen ergänzt bis ersetzt werden, wie man am Beispiel der SOS-Kinderdörfer sieht.

Was übernehmen wir, um es guten Gewissens an die nächste Generation weiterzugeben?

Jedes Erlebnis führt in einem intakten Familienverband zu einer Erkenntnis. Wir erfahren unter anderem Annahme und Ablehnung, Vorleben von Recht und Unrecht, Erfolg und Misserfolg, Belohnung und Strafe, Streit und Versöhnung, Lob und Kritik, Zärtlichkeit und Sehnsucht. Diese höchst emotionalen Begegnungen brauchen den Austausch mit anderen Menschen – sie lassen sich durch kein Programm und keine Technik ersetzen. Von Italienern könnten wir deren meistens an erster Stelle stehende liebevolle Gelassenheit ihren Kindern gegenüber lernen, ihr natürliches Eingehen auf sie, anstatt einer oft nur verhaltenstheoretisch gesteuerten Erziehung. Ebenfalls nachahmenswert: die entspanntere Lebenseinstellung.

Wie können wir heute mehr voneinander profitieren?

Indem wir einander respektieren und uns geduldiger, besser zuhören, indem wir konstruktiv streiten und Fehler als Chance betrachten. Wir sollten neugierig und verständnisbereit aufeinander zugehen und unsere Unterscheidungsfähigkeit trainieren. Rückschau und Berücksichtigung sind weise, denn bereits Geschehenes fließt ins aktuelle Handeln ein und ermöglicht damit sinnvolle Planungen für die Zukunft. Voraussetzung: Wir üben wieder die »Kunst des Lauschens«.

In meiner Familie gab es Minenfelder, zum Beispiel Religion und Anerkennung. Früh lernte ich zwei Seiten der Dankbarkeit kennen; eine, die ich für das Miteinander als elementar betrachte, und eine, die mich später vor der Annahme bestimmter Gefälligkeiten (großspurig gesagt, vor Bestechung) bewahren sollte.
Den vermittelten Respekt gegenüber der Natur, die Freude am Genuss und vieles andere fand ich absolut bereichernd, nur das

Thema Religion in erster Linie verwirrend. Dabei wollte ich so gern verstehen, was es damit auf sich hat. Doch niemand erklärte mir Näheres – das sollte mir bei meinen Kindern nicht passieren.

Solange ich zurückdenken kann, gab es im italienischen Zweig der Familie ein friedliches Nebeneinander von biblisch fundiertem, kirchlich begleitetem Glauben voller Rituale und einem seltsamen, heidnischen Hokuspokus. Wobei ... wirklich sicher war ich mir nie, was gerade wohin gehörte.

Einen hohen Stellenwert hatte auf jeden Fall Maria, die Mutter Gottes, zu der regelmäßig gebetet wurde. Doch zur Sicherheit hielten noch andere Heilige ihre schützende Hand über einzelne Bereiche; vom erwünschten Regen bis zur Abwehr böser Krankheiten oder in-triganter Nachbarn. San Antonio, San Ignazio, Santa Maria Francesca, San Raniero. Mehr als drei oder vier der langen Namensliste konnte ich mir nicht merken und auch nicht, wofür sie zuständig waren. Es schadete aber nicht, sich mit allen Heiligen gutzustellen, von denen die Erwachsenen stets kleine, opulent gestaltete Bildchen bei sich trugen. Brauchte ich bei irgendeiner Mission spezielles Glück, drückte mir Großmutter sofort ein paar dieser goldverzierten Illustrationen in die Hand. So dick wie eine Streichholzschachtel. Oder gleich die ganze Bibel.

Manch eine Geschichte daraus bereitete mir schweres Kopfzerbrechen: Adam und Eva wurden von Gott erschaffen, sie bekamen als Kinder Kain und Abel. Woher kam dann Kains Frau? Wurde sie nachträglich aus der Rippe von Kain geformt? Solche Fragen waren absolut tabu und konnten schon mal mit einem Klaps enden.

Nachbarn und Tanten forderten uns Kinder mehrfach täglich auf, uns zu bekreuzigen. Die Gründe waren mannigfaltig. Mal, weil ein Dorfdepp angeblich *il malocchio* hatte, den bösen Blick, und wir nach der Bekreuzigung auch noch mit den Händen das Hörner-Zeichen *fare le corna* formen sollten. Mittel- und Ringfinger werden dazu nach innen gekrümmt, Daumen nah an den Zeigefinger gezogen, der Rest nach außen gespreizt und auf die drohende Gefahr gerichtet. Mal diente es zum Schutz vor eventuell

umfallenden Bäumen oder vor dem Tod, sobald jemand Emilia erwähnte, eine im Ort als schwerkrank bekannte Greisin. In manchen Tratschrunden konnte das für uns ganz schön anstrengend werden, wenn wir zwischen Kreuzschlagen und *corno* hin und her pendelten. Kroch eine schwarze Katze unter einer Leiter durch, gehörte das zu den zweifach unheilvollen Zeichen, gegen die Kreuz und Rosenkranz wirksam helfen würden. Ich bin katholisch erzogen, doch selbst als Kind erschienen mir diese dauernden Abwehrmaßnahmen übertrieben. Äußern durfte ich das allerdings nicht, was mir ziemlich schwerfiel.
Seltsamerweise präsentiere ich meiner Familie bis heute wilde, akrobatische Einlagen, um zu verhindern, dass Salz verschüttet oder ein Spiegel zerbrochen wird. Ich muss das kleinlaut zugeben und staune, wenn ich meinen Sohn beim gleichen Salto beobachte, bevor der Streuer den Boden erreicht. Wie kommt das nur? Niemals hat etwas derart Albernes zu meinem Erziehungsprogramm gehört! Experten nennen das »die Vermittlung des Unbewussten«. Egal – Vorsorge ist bekanntlich besser als Fluch, man weiß ja nie ... Darum tragen Italiener gern ein rotes Hörnchen, das *cornettiello*, am Hals oder als Schlüsselanhänger bei sich.

Zwei Geschichten möchte ich Ihnen erzählen, die mich als Kind besonders beeindruckt und geprägt haben; wenn auch anders, als von den Älteren erwartet. Sie gehören zu unserer Familienchronik, wurden mit etlichen anderen immer weitergereicht und sind bei uns unantastbar. Ich bin sicher, dass Überlieferungen von einer Generation zur anderen einen Wert darstellen, denn das Erinnern hat für die Zukunft eines Kindes große Bedeutung.

Die erste Begebenheit spielte sich unter meiner Mitwirkung im letzten Krieg ab. Eine Tante war mit meiner Mutter vor einem Bombenhagel in den Luftschutzkeller geflohen. Ich, ein Baby von etwa fünf Wochen, lag in einer zerbeulten Karre, die meine Mutter in den wahrscheinlich sichersten Teil des Bunkers geschoben hatte.

Beide Frauen hockten mit Decken über dem Kopf in einer anderen, entfernteren Ecke. Plötzlich stand meine Mutter auf, horchte nach oben und wollte wegrennen, was Tante Lisa verhinderte. Sie zog sie kräftig am Rock und schrie: »Bist du verrückt, bleib hier sitzen. Wo willst du denn hin?«
Aber meine Mutter machte sich los, stürzte in die Ecke mit dem Babywagen, riss das winzige Bündel heraus, drückte es fest an sich und lief zurück, das Kind mit ihrem Körper schützend. Wenige Sekunden danach schlugen Bombensplitter genau an der Stelle ein, die sie eben verlassen hatte. Das Bettchen war mit allem, was sich dort befand, in die Luft geflogen und in tausend Einzelteile zerfallen. Meine Mutter, die Tante und ich überlebten.

Als ich zum ersten Mal davon hörte, schilderten beide Frauen dieses Ereignis in epischer Breite vor neuen Freunden, einem Kreis außerhalb der Familie, der ergriffen an ihren Lippen hing. Mutter wurde umarmt, ich ebenfalls, und man gratulierte ihr zur »göttlichen Eingebung«. Natürlich fragte ich sie: »Warum hast du das getan? Hast du was geahnt?« Und sie antwortete: »Gott hat zu mir gesprochen. Ich wurde gelenkt.«
Lief ich später nach Mutters Meinung mal aus der Spur, mahnte sie mit Grabesstimme: »Dafür habe ich dich nicht vor den Bomben gerettet.« Wenn es um Erziehung ging, griff sie gern in ihr Schatzkästchen voller Anekdoten für jeden Anlass. Seufzend verinnerlichte ich: Dankbarkeit kann durchaus eine Last sein

Der Spuk im Zug

Eigentlich gehört die nächste Geschichte nicht hierher; trotzdem ist sie wichtig als Beispiel einer entscheidenden Entwicklung meines Wesens: den Zweifel. Zweifel an der Wahrheitsliebe Erwachsener, Zweifel an Gott – keine unbedeutende Erkenntnis für die Jüngste von drei Generationen. Der positiven Seite meiner Großeltern standen Einflüsse gegenüber, die zumindest makaber anmuteten: Aberglaube und pseudoauthentisches Brauchtum. Doch auch das hatte seinen

Sinn fürs Erwachsenwerden. Ich merkte, in Italien klaffte zwischen dem tradierten und dem realen Glauben ein tieferer Krater als im Vesuv.
Diese Überlieferung ist wirklich mysteriös. Ob sie ins Reich der Märchen und Legenden gehört oder zu den unerklärlichen, aber existierenden Phänomenen, weiß keiner. Jedenfalls gab es reichlich aussagekräftige Zeugen.

Man muss sich die damalige Situation vorstellen: Jemand erzählt etwas, das die ganze Versammlung schon in verschiedenen Versionen kennt. Gleichwohl ist man bereit, zuzuhören, vorausgesetzt, die Dramaturgie stimmt.
»Ihr wisst doch, bei mir ist kein Wort gelogen.« Meine Cousine Adriana spreizte die Schwurfinger ihrer rechten Hand, die sie zweimal kräftig wie einen Axthieb durch die Luft jagte: »Ihr kennt mich und Gott ist mein Zeuge«, die drei Finger landeten hoch oben auf ihrer linken Brust, dort, wo sie ihr Herz vermutete. Zweimal schlug sie geräuschvoll darauf, was bei meinem Opa trotz der Distanz einen Hustenreiz auslöste.
Adriana fuhr damals – im neunten Monat froher Erwartung – in einem der ersten Züge, die nach dem Angriff der Alliierten wieder für den Personenverkehr eingesetzt wurden. Mussolini hatte das Land ordentlich bluten lassen. Es gab wenig zu essen; Selbstgeerntetes aus dem Garten ging beim Tausch für das Nötigste drauf.
»Ich sitze also hochschwanger im Zug nach Scafati, dieser vollgestopften Bummelbahn ...«, sie unterstrich ihre Worte durch hoppelnde Bewegungen auf dem Stuhl, »... und mir gegenüber diese aufgetakelte *nnapulitana* mit einer Pralinenschachtel auf dem Schoß, so groß wie eine Tischplatte, aus der sie sich eine nach der anderen ins Maul stopft. Und ich hocke da, sterbe vor Hunger und darf zusehen.« Das Schnaufen, die ausladende Gestik und der heftig ausgestoßene Atem überzogen den Raum mit so starker Empörung, dass man sich ihr vollends zuwandte.
Sie hatte die Aufmerksamkeit aller erreicht. Halleluja!

Adriana gegenüber saß eine Stadtfrau, besser gekleidet als die anderen. Eingeklemmt zwischen schnatternden Passagieren, verzehrte sie genüsslich braungolden schimmernde Nougatteilchen. Man stelle sich vor: Pralinen in einer Zeit, in der eine Gurke, ein Stück Brot, eine Handvoll Mehl zu den Delikatessen gehörten. Alle glotzten sie an, aber Adriana fielen fast die Augen aus dem Gesicht. Sie war das, was man heute einen »Schokoholic« nennt, und hatte in guten, alten Friedenszeiten reichlich genascht. Nun gab es nichts Süßes mehr in ihrem Leben, und sie gierte wie ein Tier nach den Pralinen.

»Die ganze Fahrt über lief mir das Wasser im Mund zusammen. Ich war wie hypnotisiert und konnte nirgendwo anders hinsehen, nur in diesen Karton, der verdammtnochmal«, sie bekreuzigte sich, um für den Fluch Abbitte zu leisten, »immer leerer wurde. Und ich starrte in den Mund, der sich öffnete und schloss, öffnete und schloss! Grauenvoll, sage ich euch. Ich habe dieses Weib verflucht, ihr alle Leiden gewünscht, die mir eingefallen sind.« Das leise Gemurmel der faszinierten Zuhörerschaft (»... du Arme« – »... eine Gemeinheit« – »... hätte dir was anbieten müssen«) war genug Belohnung für Adriana. Ihre Reise zog sich qualvoll in die Länge. Sie sah hinein in den Gaumen, der die Köstlichkeiten verschlang, auf die Lippen, die sich um das weiche Konfekt schlossen, Speichel tropfte aus ihrem Mund. Kein Diamant hätte ihr jetzt diese Süßigkeit ersetzen können.

Kurz vor ihrer Endstation wagte meine Cousine die Bitte: »Darf ich eine einzige Praline haben? Nur eine winzige! Für mein Baby.«, wobei sie auf ihre Schwellung klopfte. Die *signora* antwortete nicht, hob peinlich berührt ihren Kopf, blickte aus dem Fenster, stopfte schnell das angebissene Objekt der Begierde in den Mund und den Rest der Schachtel zurück in die Tasche, was eine heftige Diskussion unter den Mitfahrern auslöste. Der überwundene Stolz hatte Adriana nichts außer einem Gefühl von Scham gebracht. Sie verließ den Zug. »Kaum war ich das Geratter und diese Geizhummel los, setzten die Wehen ein.« Meine Cousine hielt ihren heute wieder dünnen Bauch, hechelte wie im Endstadium, und alle erwarteten gespannt die imaginäre Geburt. »Nur mit Mühe und der Hilfe einiger Passanten gelangte ich überhaupt zur Hebamme, die dann ruckzuck meine Franca holte.« Kollektives Ausatmen.

»Was danach geschah, stand sogar in der Zeitung«, berichtete Adriana stolz und hob bereits wieder die Hand. »Ich schwöre, dass jedes Wort wahr ist.«

Rasch leckte sie sich nacheinander drei Finger ab, presste sie weit gespreizt etwas sanfter als zuvor gegen ihren Oberkörper und senkte die Stimme. Alle spitzten die Ohren. Jedes einzelne Wort hervorhebend, verkündete sie im geheimnisvollen Flüsterton: »Franca trug auf ihrem rechten Oberschenkel eine hellbraune Praline!« Kurz überließ sich Adriana dem geräuschvollen Staunen, bevor es weiterging.

»Wie Nougat, sage ich euch, wie N-uu-g-a-t!« Mit vorgewölbten Lippen betonte sie alle fünf hörbaren Buchstaben. »Die Hebamme konnte es nicht fassen, Zeitungsleute waren hinter der Geschichte her und *Padre* Federico meinte, das sei Gottes Fügung. Jetzt fragt niemand mehr danach.« Adriana schien das zu bedauern, vergaß es aber sofort, als man sie gebührend für ihre Tapferkeit und Himmelsnähe lobte.

Tatsächlich gebar meine Cousine in dieser denkwürdigen Nacht ihr erstes Kind. Franca, ein Mädchen. Es erblickte das dämmrige Licht des Schlafzimmers mit einem Gebilde auf dem Oberschenkel, geformt wie ein rundes, plastisches Mal aus bräunlichem Fleisch mit dunkleren Punkten darauf. Mediziner zählen es wohl zur Gattung *Warze*. Dessen ungeachtet fand Adrianas Mutter, es sei das eindeutige Zeichen einer ausgleichend göttlichen Gabe fürs Darben im Zug. Die praktizierende Katholikin glaubte ohnehin, dass man nur durch Leiden etwas lernen kann. Was genau, sagte sie nicht. Meine Oma war überzeugt, dass jedes Wort stimmte. Wunder ihres geliebten Herrn Jesu gehörten zum Leben. Unter dem Bild des heiligen Antonius erzählten Freunde und Verwandte von Wundmalen, blutenden Händen, einem Stigma, das alle kannten, und ihre direkte Verbindung zum Himmel auch auf Erden verdeutlichte. »Nehmen wir nur *zia* Lucretia – niemand hätte für sie eine *Lira* gegeben, nachdem die Hutnadel fast auf der anderen Seite ihres Kopfes wieder ausgetreten war. Die schnelle Genesung: Gottes Werk! Oder das Auffinden der wertvollen Brosche im Gully: Gebete zur Madonna, zu Jesus oder einem seiner Heiligen machten alles möglich!«

Ich fand Adrianas Geschichte originell und absurd zugleich. Wobei ich zugeben muss, dass ich leicht ins Wanken geriet, als ich Francas Oberschenkelschmuck mit eigenen Augen sah. Ein wenig Phantasie, und es ließ sich schon so was wie eine Praline erkennen, die sie übrigens bereitwillig jedem zeigte. In anderen Punkten war sie prüder. Mitreisende aus dem Ort, Adriana und ihre Mutter wiesen empört sämtliche Bedenken zurück. Sonst musste man sich anhören, man sei »gotteslästerlich« oder »eine heidnische Sünderin«. Genau das störte mich und wetzte meine Vernunft genug, um Dinge infrage zu stellen. So jung ich auch war, so sicher fühlte ich: Was mir ein Teil meiner Familie da abverlangt hatte, das Dogmatische, das Wegwischen jeder zweifelnden Frage, das konnte nicht richtig sein.

Mit etwa acht Jahren wurde ich eine skeptische Beobachterin und begann eine Art Studium von Mimik, Aussagen, Haltung der Menschen, die ich liebte und zu denen ich gehörte. Eine verwirrende Phase, die viele Fragen aufwarf und zu wenig Antworten brachte.

Habe ich etwas über Dankbarkeit und Religion gelernt?

Als Kind bedankt man sich zunächst eingeübt, angelernt: »Sag danke, sag bitte.« Der tiefere Begriff kann sich erst ab der Spätpubertät entwickeln, dann, wenn abstraktes Denken selbstständig geschieht. So ein kleines »Dankeschön« knüpft auf leichte Art ein Band fürs Miteinander: in der Familie, zwischen Gleichaltrigen und den Generationen, im Beruf, im Alltag. Jeder, der die zufriedene Reaktion auf seinen Dank erlebt hat, weiß, wie aufbauend dieses Wort sein kann. Leider tun sich viele schwer damit. Wann haben

Sie sich das letzte Mal für etwas bedankt? Einfacher lebt man da schon mit der Methode »eine Hand wäscht die andere«. Doch nicht selten gelangt man mit Gefälligkeiten dieser Art direkt in Teufels Küche.
Für mich ergab sich als spätere Konsequenz meiner kindlichen Erfahrung, auf keinen Fall Dankbarkeit zu verlangen, obwohl mich die Einbahnstraße des Gebens manchmal wahnsinnig machte. Da half nur eines: üben, üben, üben; zusätzlich motiviert durch einen vorbildlichen Menschen aus der Nachbarschaft.

CHRISTA,
meine verwitwete Nachbarin

Christa ist eine ruhige Frau, die trotz schmaler Rente beständig ihre hundert Kilometer entfernt wohnenden Kinder und Enkel anrief oder besuchte. Mit dem Zug, klaglos, ohne Gegenleistung. Die Arbeit der Eltern, die Termine der Enkel akzeptierte sie als »Grund genug« für ihre einseitige Mühe, die ihr nie zu viel wurde. Und obwohl beide Kinder und ein Enkel Autos besaßen, kamen sie nur an Festtagen zu Christa, um ihr mit großer Geste ein Gesundheitstonikum, einen Hustensaft und andere »Leckereien« zu überreichen. Ihr Beispiel vor Augen, verkniff ich mir auch in meiner Familie manche Bemerkung über »dämliche Gutmütigkeit«. Als eines der Kinder sehr krank wurde, zog Christa bei ihnen ein, saß still am Bett, las vor, übernahm Alltagspflichten und fuhr nach der vollständigen Genesung des Enkels wieder zurück in ihr Haus.
Danach fiel der Familie eine Veränderung auf. Christa hatte mir nach einer Rettungsaktion einen verwahrlosten, älteren Hund abgenommen. Weil der mit einer einäugigen Katze befreundet war, lebte auch die nun bei ihr. Gleichzeitig stellte sie sich stundenweise als Helferin im nahe gelegenen Tierheim zur Verfügung. Ab sofort bekam sie ein tägliches Pensum an Dankbarkeit

und Zuneigung von Mensch und Tier. Sie erzählte der Familie von ihrer neuen Aufgabe, reduzierte Anrufe und Besuche und erreichte damit mehr als mit allen Liebesdiensten. Um Christa zu sehen, machten sich nun ihre Kinder und Enkel auf den Weg. Konnten sie das nicht, riefen sie wenigstens an. Offensichtlich musste hier ein Mensch erst fortgehen, damit sich alle darüber klar wurden, welch wichtigen Platz er in ihrem Leben einnahm. Glücklicherweise früh genug. Liebe, Fürsorge und Zuneigung sind zerbrechliche Gebilde.

Auch die Religion ist nicht unverwüstlich. Was sie betrifft, bedauere ich, dass mir keiner etwas über den Glauben, die Bibel, die Kirche, ja, sogar über Gott erklärt hat, wo das alles doch so einen beachtlichen Platz im Familienleben einnahm. Ich war auf meine einsamen, infantilen Eindrücke angewiesen, die das meiste, das ich sah und hörte, zunächst in irritierendem Licht erscheinen ließ. Bibelfeste Agnostiker, die ich als junge Frau traf, kannten Ähnliches aus ihrer Biografie. Selbstverständlich habe ich gebetet; oft ziemlich eigennütziges Zeug in Form von Geschäften: »Lieber Gott, wenn keiner merkt, dass ich die kostbare Schale zerbrochen habe, spendier' ich dir eine Kerze und gehe einmal mehr in die Kirche, na gut, auch zweimal.« Ich vermutete, die Erwachsenen hielten es ähnlich mit ihren Angeboten und Versprechungen, aber Religion *verstanden* habe ich nicht.
Das wollte ich bei meinen Nachkommen mit »angemessener Kritik« und klareren Aussagen anders machen und erkannte dann: Die Aufrichtigkeit meiner Großeltern und das familiäre Miteinander hatten Weichen gestellt, die mir rückschauend genügend religiöse Substanz ließen, um einen christlichen Weg zwischen den Extremen zu finden, meine Zweifel zuzulassen, seltsame »Wahrheiten« zu tolerieren und mich auf eigene Weise dem Thema zu nähern. Trotz bester Absichten mit einigen Barrieren. Wie geht die heutige Jugend damit um?

PROF. DR. HORST W. OPASCHOWSKI
Zukunftsforscher

Welche Rolle spielen Glaube, Religion und Kirche im Bewusstsein der jungen Generation?

Für die junge Generation führt Religion eher ein Nischendasein. Religionslos muss aber für sie nicht sinnlos heißen. Aus einer kirchlich institutionalisierten wird eher eine individuell privatisierte Sinngebung des Lebens. **Die Jugendlichen können nicht anders, als im Leben an etwas Unantastbares und Unangreifbares zu glauben, um den Halt und den Sinn des Lebens nicht zu verlieren.** Dabei glauben sie vor allem an die Familie, weil sie ohne das Gefühl der Geborgenheit nicht leben können.

Ist es nicht verwunderlich, dass auch die heutige Generation immer wieder nach Leitfiguren sucht, obwohl die Geschichte gelehrt hat, dass sie oft versagen mussten?

Solange diese Leitfiguren Personen mit positiven Charaktereigenschaften sind, ist dies nicht verwerflich. **Jede junge Generation sucht nach Leitbildern, die sie bewundern und denen sie eventuell auch nachstreben kann.** Diese finden sie aber in erster Linie – ähnlich wie beim Glauben – unter den Eltern und Freunden: **Vorbilder durch Vorleben und nicht durch Vortäuschen oder falsche Versprechen.**

Den Begriff »Vorbild« kannte ich damals noch nicht, doch meine Großeltern standen an erster Stelle. Ihnen wollte ich nacheifern. Ich war ein richtiges Oma/Opa-Kind; ein wilder, eigenwilliger Fratz, der beide innig liebte und von ihnen viel Lebensweisheit lernte, fast nebenbei, meist nur durch deren Vorleben im schlichten Alltag. Sie beantworteten meine ständigen Fragen geduldiger als meine

Eltern, die sich in den Nachkriegswirren nur schwer zurechtfanden, und gaben mir nie das Gefühl, zu nerven. Das stärkte mein Selbstvertrauen. Außerdem fand ich sie lustig.

Sobald *la nonna* Rosaria, meine stolze Oma, ihren Mann zum Einkaufen schickte, rutschten wir Kinder vor Erwartung kribbelnd auf unseren Stühlen herum, weil man sich regelmäßig auf Szenen freuen konnte, die wir wie Kino genossen. Der Auftrag klang immer einfach, erwies sich aber häufig als verzwickte Falle. So sollte er bloß fünf Orangen holen, kam aber mit einem Netz zurück, in dem sieben kullerten. Für andere ein unspektakuläres Ereignis, nicht für diese Familie. Kaum registrierten wir Opas Ankunft, nahmen wir unsere Plätze in der ersten Reihe ein.

Rosaria: »Herrgott im Himmel, was schleppst du für einen Haufen Obst an? Das wird alles verfaulen; kein Mensch kann derartige Mengen essen.« Ihr Ton wechselte in eine höhnischere Nuance. »Und du hast dich wieder mal betrügen lassen, oder siehst du die schwarzen Flecken auf der Schale nicht?«

Wild gestikulierend (Arme hoch, Hände hin und her schüttelnd, Arme runter, Hände gegen den Oberschenkel schlagend, Ellbogen weit nach außen) erteilte meine Oma ihre Rüge, riss zornig die Verpackung an sich und verschwand murrend in Richtung Küche.

Und wie reagierte der Getadelte? Grinste wie ein Zwanzigjähriger, zuckte mit der Schulter und rief ihr laut nach: »Morgen geh ich zum Anwalt und lasse mich scheiden, dann kannst du deine Einkäufe endlich allein erledigen.« Bei den Wörtern »Anwalt« und »Einkäufe« warf er kurz den Kopf in den Nacken, zog die Mundwinkel leicht nach unten und begleitete das Ganze mit einer wegwerfenden Geste seiner linken Hand.

»Pappalapapp«, zischte es aus dem Nebenraum. Großmutter war der einzige Mensch, von dem ich dieses Wort jemals wirklich gehört hatte. Auf Deutsch wohlgemerkt, aber mit italienischem »a« . Für meinen Opa blieben solche Aussagen *stupidaggini*, nichts als blanker Unsinn.

Die Zankerei mit der hundertprozentig sicher folgenden Scheidungsandrohung bei einem Paar, das schon ewig glücklich miteinander verheiratet ist, fanden wir jedes Mal so witzig, dass wir begierig darauf warteten, um uns laut giggelnd zu amüsieren. Gelegentlich sprachen wir sogar die Worte mit. Vollkommen synchron! »Morgen geh' ich zum Anwalt ...« blieb ein geflügeltes Wort in unserer Familie. Man sieht, wenn sich über eine lange, gemeinsame Zeit genügend Grundvertrauen bildet, verwandeln sich sogar heftige Drohungen in Humor.

Alter schützt vor Liebe nicht, aber Liebe vor dem Alter

COCO CHANEL 1883 – 1971

Noch im hohen Alter, nach über sechzig Ehejahren, haben die zwei sich gekabbelt, miteinander geschimpft, sich vertragen und geschmust, dass es jeden zum Lächeln brachte. Es steckte so unglaublich viel Daseinsfreude und Sinnlichkeit in ihnen. Man konnte sich gut vorstellen, wie Rosaria vor Jahr und Tag mit langem, wehendem Zopf durch die Feigenkakteen gelaufen war, den Pinien beim Atmen zugehört und an eine gute Zukunft geglaubt hatte. Und wie sie sich in den eleganten adligen Offizier verliebte, der sie tatsächlich zu seiner Frau machte. Ein Bild bleibt mir unvergesslich: Rosaria, das tiefschwarze Haar zu einem komplizierten Nackenknoten gedreht, eingewickelt in ihr riesiges, burgunderrotes Schultertuch, unter dem ein wadenlanger Schlabberrock mit dunklem Blumenmuster hervorschaute. Matteo trug die alte Uniformhose, die von ausgeleierten Trägern gehalten wurde, und seine dunkelblaue Lieblings-Strickjacke, die fest mit ihm verknüpft den Krieg in Albanien und Afrika überlebt hatte. Leicht ramponiert, wie er. Keine Spur von früherer Eleganz. Doch unverändert seine kurzen, kantigen Schritte, sein markantes Profil mit der kräftigen Nase. Würde er die Kappe abnehmen, könnte man sein langes weißes Haar sehen, das er glatt nach hinten gekämmt trug. Ein Künstler, sollte man meinen, dabei war er eigentlich ein Offizier. Eigentlich.

Ich sehe beide vor mir, wie sie Hand in Hand spazieren gehen, eng aneinander geschmiegt, durch Jahrzehnte, gemeinsame Siege und Niederlagen zu einer Einheit verschmolzen; wir Teenager dahinter. Sogar mein Gefühl kann ich bis heute abrufen: Sehnsucht! Ich wollte das auch – mit einem Mann gemeinsam alt werden, der noch wie *Don* Matteo meine Hand hält, wenn sie fleckig und schrumpelig ist, dessen zittrigen Arm ich liebevoll streichele, gefolgt von unseren klugen Kindern, denen wir mit gutem Beispiel voranschreiten.
Ach ja, all die Illusionen der jungen Jahre, in denen artige Teenager noch »Backfische« und unartige »Halbstarke« hießen.

Passt die damalige Art der PARTNERLIEBE noch ins 21. Jahrhundert? – Bestandsaufnahme plus Anregung

- Gut, wir wissen, nichts gilt für die Ewigkeit, heutzutage nicht mal für Jahre. »Für immer« ist eben kürzer geworden. Und jetzt, wo wir älter und älter werden, gehören Ehe, Beruf und Wohnort auch dazu. Neue Stadt, neue Arbeit, neuer Partner, und das eventuell mehrmals. Da ist Wandel vorprogrammiert.

- Flexibilität ist also ebenso wichtig. Auch *jeder* Wechsel? Frauen haben Kinder von mehreren Vätern, Patchworkfamilien werden üblich, Beziehungen flacher und austauschbarer. Bleibt so der jungen Generation ausreichend Verlässlichkeit? Was modern klingt, muss nicht zwangsläufig gut sein.

- Für eine Menge junger Leute ist Liebe etwas Ungewisses, Launisches, dem sie hektisch nachjagen. Ein Schwebezustand, eine ständige Baustelle in der Krise – wie die Wirtschaft. Sie wissen nicht, was Liebe ist, suchen sie aber. Und das nicht selten ohne Fundament, ohne Vorbild. Heute weiß schon ein kleines Kind, dass man sich scheiden lassen kann, dass neue Partner »normal« sind. Und mit dieser Gedankenwelt werden Jugendliche oft selbst Eltern. Hier ist es wichtig, in der Familie frühzeitig miteinander zu sprechen, Gründe zu nennen, Gefühle und Entscheidungen zu erklären. Dadurch erscheint Liebe dem Nachwuchs nicht wie eine Wegwerfware, der nicht zu trauen ist.

- Unser Selbstbild und das von Männern und Frauen vermitteln uns zuerst unsere Eltern. Beides ist notwendig für spätere Beziehungen und die Entwicklung von Vertrauen und Gefühl. Um sich einem Partner ganz hingeben zu können, sind wir auf Stabilität, Treue, Sicherheit und Geborgenheit angewiesen – in körperlicher und emotionaler Hinsicht. Kann das mehrfach gelingen? So verlockend das Konzept von Lebensabschnittspartnern auch klingen mag, gefühlsmäßig ist es kaum durchzuhalten. Das Ziel sollte darum nicht der häufige Wechsel sein, sondern *der* oder *die* Eine. Je mehr Mutter oder Vater als Vorbild akzeptiert wurden, desto eher ergibt sich für Kinder die Chance auf einen ähnlich »guten Partner«.

- Veränderte Lebensmodelle lassen sich leicht akzeptieren, wenn man überzeugende Beispiele sieht. Stattdessen finde ich Menschen auf der ständigen Suche nach dem gleichen kleinen Glück wie mein Großvater, wie ich und alle Generationen zuvor: Lieben und geliebt werden! Nun jedoch, ohne sich umeinander zu bemühen. Es klappt nicht wie erwartet? Dann eben *exit* – Augen zu und weg mit dem vermeintlichen Verursacher! Bei jedem neuen Partner wieder das herrlich belebende Kribbeln, jedes Mal frisch verliebt. »Auf ewig« in der Kurzversion. Und am Ende der desillusionierte Sturz in den Trennungsschmerz, ins Alleinsein. Eine neue Suche beginnt; die Endlosschleife, bei der mir noch kein Glücklicher begegnet ist. Zeitgeist? Warum sollte man den freiwillig ohne jede Verbesserung übernehmen? Wechseln wird zum Selbstzweck aus Bequemlichkeit, Mode, Gewohnheit – genau die Punkte, die uns dazu bringen, schnell aufzugeben und die nächste Station anzupeilen. Statt eigener alter Fehler sucht man neue Gefährten. Statt sich auseinanderzusetzen, um Lösungen zu finden, sehnt man sich nach dem unerreichbar Perfekten, dem unrealistischen Idealbild, um ihm paradoxerweise von Anfang an den Schwarzen Peter zu überlassen. So lügt man sich in die eigene Tasche und bleibt selbst schön schuldlos!

- Es ist aber einen Versuch wert, in die aktuelle Partnerschaft zu investieren, dort die Schokoladenseite zu präsentieren anstelle des charmanten, geistreichen Flirts mit potenziellen Nachfolgern. Belebende Ideen, freundliche Gesten und Interesse wirken Wunder und können das Feuer neu entfachen. Ausprobieren!

- In persönlichen Lebenskrisen nicht allein dazustehen, einen Partner zu haben, der die Last mitträgt – das ist ein großes Glück und wappnet Leib und Seele. Genauso kann es passieren, dass man gerade im Elend feststellen muss: Diese Beziehung kostet mehr Kraft, als sie gibt. Trotzdem nicht gleich alles hinschmeißen, sondern es als Chance betrachten. Trennendes zu erkennen, Verbindendes zu fördern – das ist leicht gesagt und schwer getan. Eine Aufgabe, die man nur mit Ehrlichkeit meistern kann. In den Spiegel zu schauen und seine tiefsten, oft verborgenen Bedürfnisse auszusprechen, ist zuerst eine Qual, aber auf Dauer der beste und befreiendste Weg für eine gemeinsame Zukunft.

- Ist eine Beziehung trotz aller Mühen gescheitert, ist es ratsam, weder Frust noch Wut auf den potenziellen neuen Partner zu übertragen. Eher gilt: beherzt einen weiteren Versuch wagen, aus Fehlern lernen und es diesmal besser machen!

Wir müssen uns fragen, warum es zahlreiche Beispiele glücklicher Beziehungen gibt, die sich an das Modell »Ich pflege, was ich habe«

hielten und einander auch noch nach Jahrzehnten schätzen und lieben. Und warum so wenig Zufriedenheit bei denen zu finden ist, die dauernd – und mit viel Verschleiß – auf der Suche nach *der/dem* Richtigen sind.

KLAUS UTERMÖHLE

Chef der Werbeagentur Orca im Hafen

Wie wichtig ist dabei Disziplin?

Enorm wichtig. **Der Mensch ist nicht zur totalen Pflicht- und Bindungslosigkeit geschaffen**. Jeder Erfolg – und gewiss nicht nur in wirtschaftlicher Hinsicht – bedingt Disziplin. Nur so erreicht man seine Ziele. Wie im Berufsleben funktioniert nach meiner Meinung auch eine Ehe nur mit Disziplin. **Erotik und Sex am Anfang sind eine Art Vorschusskapital, das sich verbraucht**. Und was dann? Man trennt sich und sucht die nächste Erotik. Das ist zwar legitim, aber armselig. Stattdessen könnte ich mir überlegen, welche Form ich mit dem anderen Menschen finde, die es uns beiden erlaubt, gemeinsam dauerhaft zu wachsen.

Diese Pflege der Ehe oder Pflege von Freundschaft hat man früher auch Kultur genannt.

Ich denke, wir haben in unserer kulturellen Lebensweise große Defizite und können darum auch der Jugend viel zu wenig Kultur vermitteln. Oft wird das dann mit dem »Internatsbesuch in England« oder anderen Statussymbolen kompensiert. Da gibt es noch einiges aufzuarbeiten.

Wer ist schon frei vom Wunsch nach Statussymbolen, besser gesagt, Prestigeobjekten, die allerdings für jeden etwas anderes bedeuten.

Gemeinsam ist ihnen nur das Bedürfnis, einer Gruppe anzugehören, anerkannt zu werden. Fehlen dazu die Mittel, kaschiert man den Zustand so gut wie möglich, damit ihn niemand bemerkt und man nicht ausgegrenzt wird. Aber es gibt gute Beweise dafür, dass materielle Armut weniger ins Gewicht fällt, wenn sie nicht auch mit einer Armut im Gespräch, im Geiste, einhergeht. Darum müssen Politiker »Bildung« für Einkommensniedrige unbedingt kostenlos möglich machen. Sonst wird nur Ghettobildung gefördert und der Zugang in andere soziale Schichten immer schwerer.

Auch bei unserer Selbsteinschätzung haben wir Nachholbedarf. Gute, ehrliche Freunde, die uns in den Spiegel sehen lassen, sind ein starker Halt, ein wichtiges Regulativ. Freundschaften kann man nicht früh genug aufbauen. *Amico e vino vogliono essere vecchi,* sagt man in Italien. Gute Freundschaften und guter Wein wollen alt sein! Die Begegnung aller Generationen, ihr Gegenspiel im Austausch von Kenntnissen, die sich täglich offenbarenden Einsichten in kleinen wie in großen Dingen – all das trägt uns gemeinsam zu neuen Ufern. Ohne die Nähe innerhalb unserer Familie und Freunde, ohne die Offenheit gegenüber anderen Menschen, ohne die sichtbare Liebe meiner Großeltern zueinander hätte ich viele Geschichten und Entwicklungen weder erlebt noch speichern oder weitergeben können. Ich möchte nichts davon missen und sehe mit einer Mischung aus Trauer und Wut, dass gerade die Schutzbedürftigsten unserer Gesellschaft, die Kinder, oft im Stich gelassen werden. Ohne sie ist ein Miteinander unmöglich.

PASTOR BERND SIGGELKOW

Gründer und Leiter Christliches Kinder- und Jugendwerk »Die Arche«

Jedes sechste Kind lebt in Deutschland nach Angaben des Kinderschutzbundes in Armut. Wenn Eltern oder Bezugspersonen aus der Familie ihre Kinder nicht fördern können, wer soll das dann übernehmen?

Das ist die Aufgabe des Staates, **denn Kinder sind mit existenziellen Problemen überfordert**! Es gibt vieles, was für sozial benachteiligte Kinder und Eltern getan werden kann, das ebenso hilfreich wie effektiv ist. Vom kostenlosen Erziehungskurs bis zum gemeinsamen Kochen. **Die Ergebnisse dieser »Investition« kommen außer den Familien auch der Gemeinschaft zugute und sind auf lange Sicht kostengünstiger als vieles andere**.

Sehen Sie in den Schulen mehr Bedarf an kostenlosen Leistungen als die Verteilung von Obst?

Das ist schon mal ein erster wichtiger Schritt. **Aber ich fordere von der Politik auch eine warme Mahlzeit umsonst, ein Schulessen, wie es in Skandinavien üblich ist**. Oft reicht das Geld nur bis zum 20. des Monats, dann gibt es für die sowieso schon mangelernährten Kinder zehn Tage nur nackte Nudeln. **Essen darf aber kein Luxus sein, sondern unser Staat muss sich darum kümmern, dass Kinder grundversorgt sind**. Sie sind die Zukunft unserer Gesellschaft. Und wenn wir die Rahmenbedingungen verbessern, wird es bald mehr Kinder geben und auch mehr Chancen für sie. Das ist nicht nur am Thema Essen festzumachen. Ich denke, auch **Schülertickets für Bus und Bahn** sollten kostenlos sein. Das **Arbeitsmaterial für den Unterricht**, das sich Familien mit geringem Einkommen oft nicht leisten können. Diese Grundausstattung: Hefte, Stifte, Zirkel ... muss kostenfrei gestellt werden. Ein Gutschein für die Kindertagesstätte ist eine weitere Maßnahme, die vor allem Mütter entlasten und Kindern eine neue Perspektive bieten kann. **Vielen Jugendlichen sind diese Defizite sowieso schon anzumerken, was sie noch weiter ausgrenzt**.

Welche Institutionen müssten auch etwas für sozialschwache Familien tun?

Kirchen und Gemeinden können Alt und Jung zusammenbringen durch gemeinsam erarbeitete Projekte. Musik, Theater, Basteln, Lyrik, Sport oder Ähnliches. **Ebenso Vereine und Privatschulen** könnten beitragsfreie Plätze für Benachteiligte zur Verfügung stellen.

Ich selbst kenne Armut aus der Nachkriegszeit. Damals gab es Millionen mittelloser Menschen in Deutschland. Hat sich das Gesicht der Armut inzwischen verändert?

Sehr! **Nach dem Krieg ging es den meisten finanziell schlecht, darum gab es ein großes Verständnis füreinander. Eine Akzeptanz, die heute fehlt**, obwohl wir uns den damaligen Zuständen nähern mit 2,5 Millionen Kindern in Einkommensarmut! Das ist keine kleine Gruppe mehr. **Übrigens gab es auch in den letzten Jahrzehnten arme Kinder. Nur haben deren Eltern alles in ihre Kinder investiert und selbst auf vieles verzichtet. Heute denken die Eltern zuerst an sich**, was mit dazu führt, dass die Tagesbesucher unserer Arche ständig zunehmen.

Alle diese engagierten Initiativen sind hilfreich und dringend nötig, wenn das familiäre Umfeld versagt. Sogar für die spätere Entwicklung eines Kindes können sie wichtig sein. Doch es bleibt eine Tatsache, dass »Erziehung« nicht von den Eltern auf andere delegiert werden kann, so sehr es manchmal auch gewünscht wird. Keine noch so gute Einrichtung oder Institution, ob staatlich, privat oder religiös, kann die Familie ersetzen – vor allem nicht bei der Erziehung. Das haben die Experimente der letzten Jahrzehnte deutlich gezeigt. Erst die primäre Einheit von Eltern und Kindern lässt ein gesundes emotionales Heranwachsen zu. Dennoch möchten viele Eltern beides: Kind und Karriere. Wie sieht es dann mit qualifizierten Betreuungsmaßnahmen aus?

DR. URSULA VON DER LEYEN

Ex-Bundesministerin für Familie, Senioren, Frauen und Jugend

Sie sind überzeugt, dass sich Arbeits- und Familienleben besser miteinander vereinbaren lassen, wenn es mehr Kinderbetreuungsangebote gibt?

Ja, das zeigen die Erfahrungen aus den skandinavischen Ländern, aber auch aus Frankreich und den Beneluxländern. Wir sollten Familien nicht allein lassen in dem Bemühen, Familienleben und Beruf zu vereinbaren, sondern es als ein gemeinsames Anliegen annehmen.
Darum habe ich mich dafür eingesetzt, dass die Kinderbetreuung ausgebaut wird. Ab 2013 wird es für Kinder ab einem Jahr einen Rechtsanspruch auf einen Betreuungsplatz in einer Kindertagesstätte oder bei einer Tagesmutter geben, wenn die Eltern dies wünschen. **In Deutschland will die große Mehrheit der Väter und Mütter heute beides: Erfolg im Beruf und privates Glück mit Kindern**. Da ist eine verlässliche, flexible, qualitativ hochwertige Kinderbetreuung unabdingbar. Doch noch haben es viele junge Eltern schwer, ein entsprechendes Angebot vor Ort zu finden. **Die langen Wartelisten der Kitas sprechen Bände**!

Die Zahl der betreuten Kinder unter drei Jahren hat sich bereits auf mehr als 10 % erhöht. Dabei ist es die Phase, in der Kinder ihre Eltern am dringendsten brauchen. Mit dem neuen Gesetz wollen Sie die Dynamik des Ausbaus noch steigern. Wird dadurch nicht die Verantwortung und die Rolle von Vater und Mutter immer weiter abgebaut? Wofür soll das gut sein?

Ich höre häufig den Vorwurf: »Kinderbetreuung mag ja gut sein für die Eltern, die sich im Beruf verwirklichen wollen;

den Schaden haben am Ende die Kinder.« Man kann nicht oft genug erwidern: Falsch! Auf die Familie, ihre Situation und auf die Qualität der Beziehung zwischen Eltern und Kindern kommt es an. Eine Mutter, die mit ihrem Kind zufrieden und selbstbewusst zu Hause ist, ist für das Kind eine wesentlich bessere Mutter als eine, die sich aufreibt zwischen einer rücksichtslosen Arbeitswelt und Kindererziehung, die allein auf ihren Schultern lastet. Umgekehrt gilt aber auch: Eine berufstätige Mutter, die mit ihrer beruflichen Situation zufrieden ist, ist für das Kind eine wesentlich bessere Mutter als die, die gezwungenermaßen frustriert zu Hause bleibt, weil sie keine Chance hat, ihre beruflichen Fähigkeiten zu entfalten.
Dazu kommt: Kinder brauchen andere Kinder. In der Kinderbetreuung lernen sie, soziale Beziehungen aufzubauen, die Perspektiven anderer zu übernehmen und mit Konflikten oder Veränderungen umzugehen. Natürlich lernen Kinder all dies auch – und in erster Linie – in der Familie. **Heute aber sind die Familien klein. Früher bot die Großfamilie mit vielen Geschwistern, Vettern, Kusinen, Großeltern mehr Anknüpfungspunkte für soziales Miteinander. Deshalb wird die Kindertagesstätte wichtiger – als Raum, in dem Kinder einander treffen** und mit Gleichaltrigen die Welt entdecken.

Nach Ihren Plänen müsste das Betreuungsangebot bis 2013 verdreifacht werden. Lässt sich gleichzeitig auch die Qualität steigern?

Eine gute Betreuung steht und fällt mit der Qualität der Erzieherinnen und Erzieher. Mehr Kinderbetreuung verlangt auch mehr Menschen, die sich um die Kinder und ihre Förderung kümmern. 80 000 Personen brauchen wir zusätzlich für die Betreuung von Kindern unter drei Jahren. 30 000 Personen fehlen allein in der Kindertagespflege. Aber *mehr* allein reicht nicht.

Wer mit Kindern arbeitet, muss sehr gut ausgebildet sein und anständig bezahlt werden. Gerade die benötigten Tagesmütter und Tagesväter können wir nur gewinnen, wenn ihr Berufsbild das Image des Neben- oder Billigjobs abstreift und ein anerkannter, angemessen vergüteter Arbeitsbereich wird. Darum hat das Kinderförderungsgesetz für diese Betreuungsform ein klares Profil festgelegt: Eine Tagesmutter darf grundsätzlich nicht mehr als fünf Kinder betreuen. Mit dem Angebot an Plätzen muss auch die Qualität wachsen.

Vielleicht mildert sich das Betreuungsproblem für die nächsten Generationen ja auch dadurch, dass wir Menschen nicht mehr der Arbeit hinterherfahren (wie heute oft erforderlich), sondern die Arbeit in etlichen Bereichen zu uns kommt. Mütter und Väter würden dann viel von zu Hause aus erledigen und sich gleichzeitig um die Kinder kümmern. So halte ich es schon heute mit manchen Mitarbeitern. Unterstützend können dabei private Zusammenschlüsse sein. In vielen Bereichen bieten sie eine interessante Alternative, von der Kinderbetreuung über Nachhilfe bis zur Sport- oder Musikbegleitung.

Gern erinnere ich mich daran, wie mir mein Großvater Musik nahebringen wollte. Nicht nur gehörte, sondern »selbst gemachte«, nannte er es. »Wo du doch so schön singen kannst.« Also schenkte er mir ein Akkordeon, das fast so groß war wie ich und bei mir eher Angst als musikalische Neugier auslöste. Außerdem vergaß er, dass man dafür einen Lehrer brauchte. Still für sich hielt er mich wahrscheinlich für eine geniale Naturbegabung, der die Tastenbeherrschung nur so zufiel. Ganz von allein, ohne fremde Hilfe, versteht sich. Kurzum: Das großzügige, heimlich zusammengesparte Geschenk verstaubte als Dekoration in einer Ecke, bescherte uns aber massenhaft anerkennende Blicke von Besuchern. Nicht schlecht. Doch in Wirklichkeit spielte ich auf keinem einzigen

Tonwerkzeug und habe nie aufgehört, das zu bedauern. Als Lehre blieb mir, keinem Nachfahren ein Instrument ohne den dazugehörenden Unterricht zu schenken. Ausnahmslos! Fragen Sie mich bloß nicht, warum ich trotzdem kaum erfolgreicher war.

Kinder sind nur für kurze Zeit Kinder, aber ihr Leben lang Erwachsene!

Darum bin ich für Vermächtnisse und halte es für unersetzlich, was sie auf ihrem Weg zum Erwachsensein mitnehmen. Nicht grundlos wiederholen sich in vielen Fällen durch die Generationen vorgelebte Katastrophen wie in einer Endlosschleife. Probleme und Geschichten, die sich ähneln. Gewaltbereitschaft, Lügen, Respektlosigkeit, Sucht. Mädchen werden als Kinder Mütter, ihre Töchter nehmen mit elf die Pille. Jungen torkeln unbegleitet verwirrt durch ihre Pubertät. Häufig vernachlässigt ein misshandeltes Kind später sein eigenes, nicht selten enden auch die Nachkommen von Trinkern als Alkoholiker. Ein Leben voller Resignation zwischen gleichgültigen Männern und abgestumpften Frauen, deren halt- und orientierungslose Kinder viel zu früh erwachsen werden. Kennt nicht jeder von uns mindestens *einen* derartigen Fall?
Doch man muss gar nicht diese brutale Art Muster anführen, weil der »Vormach-Transport« auch an simpleren Beispielen sichtbar wird. So produzieren zum Beispiel selten duschende Eltern oft wasser- und reinigungsscheue Ableger (*Tja, Maria!*), gut situierte »Wohlstandszecher« kredenzen das »normale Quantum Sprit« während der Hausaufgaben (*Na, Torsten, alles wie gehabt?*). Oder nehmen wir die so genannte »fromme Lüge« am Telefon nach dem wild geschüttelten Kopf der Mutter »Mama ist nicht da.« (*Funktioniert immer, nicht wahr, Gudrun?*). Und vielleicht zum Schluss der unvollständigen Aufzählung noch die erbettelte Entschuldigung für geschwänzten Unterricht, sanktioniert durch die Eltern. Da lügt es sich auch später leichter.

WOLFGANG BERGMANN

Erziehungswissenschaftler und Familientherapeut

Und was in die eine Richtung funktioniert, müsste doch auch umgekehrt gelten: Zärtlichkeit, Optimismus, soziales Verhalten, der Sinn für Recht und Unrecht überträgt sich genauso von einer Generation zur anderen. Oder?

Gewalt, vor allem, wenn sie in der frühen Kindheit erlebt wurde, infiziert, wie ein Virus. Sie erzeugt neue Gewalt, die oft erst viel später ausbricht, in der Pubertät als hemmungslose Wut oder Selbstverletzung (deren Zahl zunimmt). Gewalt ist nicht nur körperlich.

Gerade in den ersten Lebenswochen gibt es eine seelische Gewalt, die ebenso tiefe Wunden schlägt. Wie Berthold Brecht einmal schrieb: »Wenn die Wunde nicht mehr schmerzt, schmerzt die Narbe.« Dieser Schmerz hört meist ein Leben lang nicht mehr auf, wie wir aus Biografien und Therapien wissen. Die Traurigkeit der Mutter macht auch das Neugeborene traurig. So tief geht das, so elementar ist das. Das Körperliche ist ins Seelische hineingewachsen. Hier entfaltet sich ein somatisch Unbewusstes, das kaum je zum Bewusstsein vordringt, und dennoch prägend für den Charakter, die Vorlieben und den Zorn, die Apathie und die Neugier ist. So vieles entscheidet sich so früh.

Nun haben all diese knappen Anmerkungen, die durch die frühkindliche Forschung gründlich belegt sind, auch eine schöne, helle Seite.

Was so tief kränken kann und prägt, kann auch zur Liebe fähig machen, zum unaufdringlichen Lebensmut, ebenso ein Leben lang. Wir kennen solche Menschen ja, die noch nach harten Rückschlägen eine tief in ihrem Charakter verborgene Lebensfreude einfach nicht verlieren.

Sie sind auch dann noch zuversichtlich, wenn sie zur gleichen Zeit traurig sind, aus diesem oder jenem Anlass.
Dieser frohe Mut entstammt der frühen Kindheit.
An der Quelle des Lebens steht die Mutter, biologisch und seelisch. Beides ist nicht zu trennen, übrigens auch bei uns Erwachsenen viel weniger, als wir oft meinen. Mama schaut mich an, freut sich über ihr Kind, lächelt – eines der ersten kommunikativen Zeichen, die das Kind aus der Welt empfängt.
Dieses Lächeln ist gleichbedeutend mit dem Versprechen des Lebens.
Mama freut sich – das Kleine durchströmt ein Gefühl von tiefer zuversichtlicher Geborgenheit, jetzt lernt es, was Freude ist. Mama ist traurig – schaut am Kind vorbei, jetzt stürzt das Kleine aus seiner Geborgenheit in ein seelisches Nichts.
So tief und sprunghaft, so ambivalent beginnt das seelische Leben.
So lernen Kinder Gefühle.
Aber sie reagieren nicht nur. Sie wollen selber, bereits mit sechs, acht Wochen, agieren, sich fühlen und Gefühle hervorrufen. Viel früher, als von den Wissenschaftlern lange Zeit angenommen. Fürsorge und Liebe benötigen alle Säugetiere, nur das menschliche Wesen muss sich zu einer Bewusstheit seiner selbst durchringen. Das Kleine will Gefühle hervorrufen. Es grinst oder schreit, um Mamas Aufmerksamkeit zu erzwingen. Es verleitet die Mutter – später auch andere nahe Betreuungspersonen – zu einem Verhalten, einem Lächeln, Streicheln, um anschließend darauf zu reagieren. Jetzt wird auch die Stimme der vertrauten Person aufgenommen, vielleicht ruft sie das Kind beim Namen: »Mein Baby, mein Mariechen, mein Karlchen« – noch eine Bestätigung des Selbst; Mariechen, Karlchen, das bin ja ich. Gefühle, Körperlichkeit und der Klang der liebevollen Stimmen ordnen die Welt und bannen die Kinderangst.
So beginnt das seelische Leben.

Dazu schreibt der englische Kinderarzt und Psychoanalytiker Donald Winnicott folgendes: »Die ausreichend gute Mutter gibt ihrem Kind die Gewissheit, dass es niemals ein *Nicht-Ich* sein wird.« Niemals in ein »*Ich bin nicht*«, niemals in verzweifelte Depression stürzt.

Zur Mutter-Kind-Liebe braucht es keine perfekte Mutter, kein »Ich mache alles richtig«.
Diese Liebesgewissheit – ich bin willkommen auf der Welt – hört, wie die Liebes- und Bindungsarmut, nie mehr ganz auf. Eltern, vor allem Mütter, durchdringen mit feinsten Gesten, Zeichen, Lächeln, dem Blick, dem Klang der Stimme das ganze Dasein des Kindes, **nirgends in der menschlichen Existenz gibt es Vergleichbares, nicht einmal in den schönsten Momenten erwachsener Verliebtheit**.
Dies ist einzigartig, eine »unaustauschbare Kompetenz«.
Wir alle haben ein Empfinden dafür. Nicht nur Gewalt, auch Liebe infiziert. Vielleicht hartnäckiger als alles sonst. Denn wie heißt es bei Paulus, dessen Liebesmystik Grundlage unserer Kultur ist: »**Wenn alle Klugheit und alles Reden aufhört – die Liebe höret nimmer auf.**«

Ja, die Liebe! Sie ist es, die sämtliche Prognosen ungültig und allen Spekulationen einen Strich durch die Rechnung machen kann. Liebe hat die Kraft, Mauern einzureißen, zu vergeben und todsichere Pläne über den Haufen zu werfen. Und doch gibt es trotz der Sehnsucht danach zu wenig Liebe auf der Welt. Weil wirklich zu lieben schwieriger ist, als es klingt. Anforderung, Verletzung, Misstrauen, Ungerechtigkeit machen uns oft genug so schwer zu schaffen, dass für die Liebe scheinbar kein Platz mehr bleibt. Mir haben zwei Rezepte geholfen: Mit Humor betrachtet, schrumpft jede große zu einer lächerlich kleinen Macke.

Je weniger Larmoyanz ich mir erlaubte, je weniger wichtig ich mich nahm, desto großzügiger wurden meine Gefühle anderen gegenüber. Mit klarer Sicht auf eigene Fehler und Mängel wächst proportional das Verständnis für die der Mitmenschen. Liebe darf eben nicht nur fordern, man muss sie ohne Gegenleistung verschenken und sie pflegen. Leicht gesagt, schwer getan, und meine Rückfälle waren beschämend genug, aber auch da half Liebe. Nämlich die nachsichtige zu sich selbst, die Schwächen akzeptiert und dennoch den Weg nicht aus den Augen verliert.
Als Liebesanfänger muss man ja nicht gleich die ganze Menschheit lieben oder sämtliche Nächsten wie sich selbst, aber man kann beginnen, einen Einzelnen in sein Herz zu schließen. Suchen Sie sich schon mal jemanden aus ...

Dann ist da noch die Zuversicht, von der der erfahrene Psychologe Wolfgang Bergmann sagt, dass sich die Fähigkeit dazu bereits ganz früh herausbildet. Habe ich sie wirklich meiner Mutter zu verdanken? Ihrer Liebe und ihrer Übermittlung von Lebensmut? Denn Liebe, Empathie und Zuversicht trage ich üppig in mir, auch durch sie konnte ich überleben. Wie gut, dass ich meiner Mutter trotz aller Unzulänglichkeiten eine liebende, fürsorgliche Tochter war und ihr dadurch für ihre »unaustauschbare Kompetenz« danken konnte.

Ein Satz meiner Großmutter lautete: »Zuversicht beginnt mit dem ersten Versuch!« Sollen wir ihn wagen? Wenn nicht, werden wir nie herausfinden, wozu wir fähig sind. Hoffnung ist der Antrieb unseres Lebens; sie beflügelt das Gefühl, dass alles gelingen kann und Probleme überwunden werden. Doch wir Menschen reagieren naturgemäß stärker auf Gefahr und Unangenehmes als auf Chancen oder Erfreuliches.
Das ist gut, wenn es uns schützt.
Das ist schlecht, wenn es uns lähmt.
Auch deshalb habe ich mir angewöhnt, jeden Tag als neuen Aufbruch zu betrachten.

In diesem Zusammenhang sah ich, dass manche Kinder kaum eine Chance bekamen. Nicht nur aus Gründen der Armut oder Vernachlässigung, sondern aus zu viel Angst und Misstrauen. Meist vom Erwachsenen ähnlich erlebt und ungefiltert weite gegeben. Der alte, üble Kreislauf. Eltern oder nahe Bezugspersonen, die ihrem Kind kaum etwas zutrauen, die ständig eingreifen und den Spielraum ihres Kindes einengen, sogar in ungefährlichen Situationen seinen Forscherdrang bremsen und es entmutigen. Diese Menschen erzeugen beim Kind Hilflosigkeit, Lethargie und Versagensangst. Genau die Basis für Misserfolge.
Solche Kinder stellen sich nur schwer auf Unbekanntes ein, sie sind ohne Selbstvertrauen, behindert beim Lernen neuer Fähigkeiten. Und ihr eigenes Bild von sich verstärkt diese Probleme noch! Ich kannte das und blieb trotzdem nicht frei von Schuld. Es ist doppelt schwer, gravierende Fehler ins Positive zu verwandeln, wenn der Schaden bereits sichtbar wird. Aber es geht!
Ein Kind braucht ja nur davon überzeugt zu sein, nichts erreichen zu können, dann verhindert das von vornherein jeden Erfolg. Zu einer realistischen Selbsteinschätzung sind solche Menschen oft ihr Leben lang nicht fähig, weil sie nie das Glücksgefühl erfahren haben, das sich einstellt, wenn man eine Hürde überspringen konnte. Wie es ist, wenn man nach ausdauerndem und intelligentem Bemühen ein Ziel aus eigener Kraft erreicht hat. Das Vertrauen der Eltern in das Entwicklungspotenzial ihres Kindes hat also einen enormen Einfluss darauf, wie stark sich dessen Selbstvertrauen und Fähigkeiten entfalten können. Auch für ein späteres konstruktives Miteinander im Alltag und Beruf.
Aber was geschieht, wenn uns die richtige Basis in der frühen Kindheit fehlt? Ich hoffe, für Liebe und Zuversicht wird es nie zu spät. Andere könnten einspringen, uns in ihre wärmenden Gefühle aus Zuneigung und Vertrauen hüllen und damit unsere wacklige Baby-Grundlage stabilisieren. Freilich dürfen wir uns nicht vor der eigenen Verantwortung drücken, unser Leben selbst zu gestalten, indem wir dauernd neue Entschuldigungen hervorkramen. Weder die Gene

noch die Mängel haben lebenslänglich – nur wir. Nochmal: Fallen Eltern wegen Überforderung oder Gleichgültigkeit aus, müssen andere Helfer, Freunde, Angehörige an ihre Stelle treten. Oder als letzte Möglichkeit die verantwortungsbewusste Institution. Ein Beweis mehr, dass es nur miteinander geht. Trotzdem kommt es auf den Einzelnen an, darauf, ob er zu lernen bereit ist, ob er sich verkümmern lassen oder fördern will. Hoffnung gibt es immer!
Ich bin felsenfest davon überzeugt, auch als Kind, vielleicht gerade als Kind, braucht man Wunder; Chancen, damit man sich zu träumen traut, damit sich der Blick von den täglichen Schwierigkeiten auf neue Ziele richten kann, auf einen Schatz jenseits der Hürden; ein Schatz, der nur darauf wartet, entdeckt zu werden. Von dir und niemandem sonst!

Diesen weiten Blick voller Lebenslust, den Mut zum Träumen verdanke ich nicht zuletzt dem Vertrauen und den Wertvorstellungen meiner Großeltern. Auch bei ihnen blieben Fragen offen, aber sie schenkten mir alles, weil ich ihnen *zusehen* durfte. Sie glichen jene Rätsel aus, die mir meine Eltern und Verwandten aufgaben, und die mich bestimmt ohne klare Oma/Opa-Regeln in schlimme Verwirrung gestürzt hätten.
Was wäre wohl mit mir passiert, wenn ich statt meiner würdevollen, kampferprobten Oma eine der drolligen gehabt hätte? Eine, die ständig den *lover* wechselt, in Kursen auf der Suche nach sich selbst ist, und deren Enkel nur den Vornamen benutzen dürfen? Es hätte eine vollkommen andere Entwicklungsgeschichte gegeben.
Ich kannte meine Großeltern, wusste, wer sie waren. Konnte ich, das Kind, ihnen etwas zurückgeben? Bestimmt nicht genug, aber ich erzählte ihnen von meiner Welt, vertraute ihnen manches Geheimnis an – und sie wussten, wer ich war. Außerdem wurde ich zunehmend sicherer, erlaubte ihnen als Vertreter meiner Eltern, weniger ängstlich und vorsichtig mit mir umzugehen, gelassener zu bleiben, weil ich selbstständig war und absolut zuverlässig.
Bis auf die Ausnahmen.

Eselei und Thymian

Als ich einmal mit unserem Esel Cosimo die Nachbarschaft erkunden wollte, verliefen wir uns. Verliefen uns in Träumen, Feldern, Aussichten und Leckereien. Alle beide. Nicht umsonst hatte der Esel seinen Namen nach einem starrköpfigen Onkel bekommen, der sich nur ungern etwas sagen ließ, nach Cosimo, dem jüngsten Bruder meiner Oma. Ha, wenn *il ciuccio* Feldfrüchte kaute oder in eine Blume biss, hatte er für nichts anderes Augen. Langsam zockelte er unter den tief hängenden Ästen der Olivenbäume vorbei, die Ohren immer in Bewegung, im Takt der Geräusche um uns herum. Und an den niedrigen Hängen, auf deren Rand ich saß und meine Beine baumeln ließ, wimmelte es von Versuchungen: Granatäpfel, Mandeln, Feigen, Kräuter. Ich war vielleicht fünf oder sechs Jahre alt und fand es total aufregend, allein mit Cosimo zu sein, ihm zuzuschauen und selbst einiges zu entdecken.

Ein Vogel tschilpte, ein anderer antwortete. Zwischendurch pflückte ich alles, was mir gefiel, zu einem Strauß. Thymian, Myrte und wilde Rosen. Der Duft war so stark, dass ich niesen musste. Nur die Zeit hatten wir vergessen. Bis zu dem Augenblick, an dem wir kräftiges Gebrüll hörten; unsere Namen, oje! Und das musste ausgerechnet während eines Besuchs meiner Mutter passieren, die so oft sie konnte, unter ziemlichen Mühen anreiste, um nach mir und ihren Eltern zu sehen.

Da kam sie gerannt, mit weit ausgebreiteten Armen, ihr Rock flatterte wie bei der Vogelscheuche auf Anselmos Acker, und ich begann zu lachen. Als sie mich erreichte, bekam ich zwei zackige Ohrfeigen links und rechts, bevor meine Oma, die kurz hinter ihr lief, sie davon abhalten konnte. Mit der einen Hand wurde der Esel am Strick gezogen, ich an der anderen hinterhergezerrt. Es nützte nichts, ihr zerknirscht mein inzwischen leicht verwelktes Blumengebinde hinzuhalten. Den gesamten Weg zeterten Mutter und Tochter lautstark und irrsinnig schnell miteinander in ihrem Heimatdialekt *nnapulitano;* ich verstand kein Wort. Kurz vor dem schiefen Zaun zu unserem kleinen Garten drehte sich meine Mutter zu mir um, schüttelte kräftig meine Hand hin und her und sagte wütend: »Was glaubst du wohl, was aus unserer Familie wird, wenn dir hier bei den Großeltern etwas zustößt?« Ich wusste es nicht.

Zu Hause erklärte mir mein Opa, ich sei schließlich auch für Cosimo verantwortlich und viel zu klein, um mich *und* ihn zu beschützen. »Du darfst nie, hörst du, niemals außer Rufweite gehen. Nicht allein, nicht mit den Tieren. Und schon gar nicht, wenn keiner weiß, wohin.« Meine Mutter nickte zustimmend in seine Richtung und drohte mir mit dem Zeigefinger. Ich fand, im Notfall würde wohl sowieso nicht ich Cosimo beschützen, sondern höchstwahrscheinlich Cosimo mich; außerdem war da ja noch Gott, oder? Hatte der nicht auch ein Auge auf alles? Aber davon wollte jetzt niemand was wissen. Mit seiner eindringlich sanften Stimme meinte Großvater: »Wir sind die Hüter dieser Erde und der Wesen, die darauf leben, *bambina mia*, mein liebes Kind. Wenn wir sie nicht beschützen, wird es niemand tun. Vergiss das nicht.«

Seine Tochter hob leise, »Heilige Madonna« stöhnend, den Blick zur Decke. Allmächtiger, was für ein schwülstiger Vater mit dem Theater um Tiere, die ihr nie etwas bedeuteten. Irgendwie musste die Wirksamkeit seiner Aussagen eine Generation übersprungen haben, denn meine Mutter machte sich in erster Linie über solche Anschauungen lustig, obwohl sie ihre Eltern ehrte und liebte. Waren es Opas Worte oder hatte auch er sie übernommen, weil er sie als existenziell empfand, vielleicht verinnerlicht, um sie mal an mich weiterzugeben? Ein wärmender Gedanke.

Als ich älter war, wiederholte Großvater die ihm wichtigen Sätze, und sie blieben fest in mir haften. Jahrzehnte später gab es eine für mich äußerst schwierige Situation, in der ich verzweifelt mit Matteos Worten Hunde, Katzen, sogar Schafe und Ziegen aus grausamen Verhältnissen befreite, was meine Mutter lediglich mit den Worten kommentierte: »Gegen deinen Opa war Mahatma Gandhi ein *hooligan*, und jetzt bist du auf dem Weg zur Mutter Teresa.« Hui, das saß – dachte sie. Doch was sollte daran schlecht sein?

Zurück zu den friedlichen Zeiten mit Cosimo: *La nonna* Rosaria streichelte mir über den Kopf, und ich küsste so erleichtert wie ehrerbietig ihre Hand, was ich mir von meinen Eltern abgeguckt hatte. Nicht nur meine Mutter als Tochter, sondern auch mein Vater, der Schwiegersohn, begrüßten unsere Familien-Älteste*, die wir sowieso siezten, meistens mit einem Handkuss und einer kleinen Verbeugung.

»Weißt du, Kind«, Mama hob mein Kinn an und sah mir eindringlich in die Augen, »das Alter gilt etwas, es verdient unseren Respekt. Stell dir vor, welche Erfahrung und welches Wissen man Jahr für Jahr anhäuft. Am Ende hat man dann mit der Summe an Höhen und Tiefen eine riesige Lebensleistung erbracht, die wir zu würdigen haben.« Diesen Stellenwert erkannte meine Mutter zutiefst an.

Übrigens erwähnte sie in dem Zusammenhang, der Name Rosaria bedeutet »die mit dem Rosenkranz an Gottes Seite betet«. Ich fand, da konnte Gott sich freuen!

Jedenfalls legte *il nonno* damals in aller Ruhe eine Decke über Cosimos Rücken und ließ mich eine Weile allein auf ihm reiten. Zum Zeichen der Versöhnung und des ungebrochenen Vertrauens. Nie habe ich diesen Moment vergessen.

Ganz anders *la mamma*. Sie neigte dazu, schnelle Urteile zu fällen und umzusetzen. Ihr südländisches Temperament gestattete keine Zaudereien. Kaum war der Fehler erkannt, setzte es was, und für lange Erklärungen fehlte ihr die Geduld. Genauso rasch war sie wieder versöhnt und lachte, als sei nichts gewesen. Damit hatte ich schon als Kind Probleme. All die rasanten Stimmungsschwankungen gefielen mir nicht, obwohl ich die Heißblütigkeit meiner Mutter unverhohlen bewunderte. Sie war anerkannt schön, charmant, kritisch und dabei unbequem ehrlich. Außerdem ein Sturkopf, der keine Fehler zugab. Eine interessante und schwierige Mischung, die ich wie aus weiter Ferne betrachtete, besonders, wenn sie mit

* *Anmerkung der Autorin: Hier hatte ich ursprünglich anstelle des Wortes »Familien-Älteste« die Bezeichnung »Seniorin« gewählt und sie wieder verworfen, weil ich das Wort als zu negativ besetzt empfand. Das sagt doch einiges aus …*

Fremden diskutierte. Als wären die anderen Schauspieler und ich das Publikum; als könnte ich rein gar nichts beeinflussen, weil ich noch ein Kind war. Solange sie redete, würde mir niemand zuhören.

Ruhepol der Familie war mein Vater, allerdings hoffnungslos überfordert. Der Krieg hatte seine Pläne zerstört, sein Studium und die Auszeichnungen zu Makulatur zerstampft, Gesundheitsschäden hinterlassen. Jetzt saß er da mit einer ungeliebten Existenz, wo er doch leben wollte, statt bloß zu existieren; saß da mit einer unpraktischen Mimose als Frau, Kindern, und später noch den hochherrschaftlichen, aber verarmten Schwiegereltern, die er aus Italien nach Deutschland holte – Opfer des eigenen ausgeprägten Verantwortungsgefühls, ein Erbe seines Vaters, und für ihn mehr Last als Tugend.

Dabei hatte die Romanze so vielversprechend heiter begonnen, wie ich aus einer Reihe von Geschichten wusste. Als mein Vater leidenschaftlich für meine Mutter entflammte und die ersten Male nach Italien kam, war er von ihrer kultivierten Familie, deren Weltoffenheit und der zunächst scheuen Anmut meiner Mutter begeistert. Sobald er mir davon erzählte, strahlten seine Augen. Zur Belustigung aller übte er Italienisch. Mit folgenreichen Fehlern. Er verwechselte *moglie* mit *maglia* und ließ anstelle der Frau den Pullover grüßen. Oder noch besser, wenn er von der schönen Sicht auf die Dächer (tetti) schwärmte und verlegenes Grinsen erntete, weil er den Blick auf die Titten (tette) so reizvoll fand. *Che bella vista sulle tetti* statt der *tette*, was zu der Zeit verpönt war, anders als heute. Ohne ihm zu helfen, ließ man den armen Kerl in jede Falle tappen. Obwohl für ihn alle Gespräche wie Gezänk klangen, lernte er in verschiedenen Lektionen:

1. Schreien ist bei denen normal, anders als bei unsereins. Besonders im *Mezzogiorno*, dem tiefen Süden, mit seinem gurgelnd weichen Dialekt voller verschluckter Endungen, der sich so gut zum Streiten eignet.

2. Die wollen sich einfach nur gegenseitig im Ausdruck von Gefühlen und Gesten überbieten.

3. Im Grunde sind sich vermeintliche Kontrahenten beim Brüllen von Anfang an einig; es geht bloß um Effekte, um *una bella figura!*

Wenn mein Vater dann Mord und Totschlag oder mindestens eine Enterbung vermutete, hatten die Beteiligten sich längst geeinigt, wo das Bild des heiligen Antonius endgültig hängen sollte. Szenen, die für einen ruhigen Nordeuropäer wie ihn kaum nachvollziehbar waren. Später ein Spiel, bei dem man mit ihm rechnen musste. Und noch später auch mit mir! Davon kann mein Mann ein Lied singen, dessen erste Eindrücke sich absolut mit denen meines Vaters deckten.
Italiener lieben Gesellschaft und pflegen Zusammenkünfte. Erfährt einer etwas, informiert er zwei, drei Personen aus seinem Umfeld, die dann für weitere Verbreitung sorgen. So eine »stille Post« führt in engen Räumen riesige Gruppen zusammen, die mühelos zehn Gänge verspeisen und ewig über Gott und die Welt reden können. Ungestört von plärrenden Kindern, dröhnender Radiomusik, stickiger Luft oder den eigenen durcheinander schwirrenden Stimmen. Zeit und Inhalt spielen kaum eine Rolle.
Ein größerer Kontrast zur Kindheit meines Vaters war kaum vorstellbar.

Von seinen Eltern blieb uns nur mein holländischer Großvater mit dem Zusatz »der begnadete Geiger«. Es gab eine Zeit, da dachte ich, das sei sein Name, weil ihn alle Freunde und Verwandte ehrfürchtig so nannten. Sein musikalisches Talent konnte ich nicht beurteilen, aber es muss wohl was dran gewesen sein, denn er war schon in jungen Jahren als Hofkapellmeister zum königlichen Orchester nach Schweden ausgewandert, wo er vollkommen im fremden Land aufging. Ein gebürtiger Voorburger mutierte zum Stockholmer mit Leib und Seele. Er schätzte die schwedische Kultur, verehrte die Monarchenfamilie und empfand für die neue

Heimat patriotische Gefühle. Seine Frau Anna, eine feine Pastorentochter aus Hannover, war kurz nach meiner Geburt gestorben; sie blieb für mich nur eine schemenhafte Gestalt mit weichen Zügen, die ich von einem ausgeblichenen, fleckigen Foto kannte. Ihr Wesen habe ich nie erfassen können, weil niemand es mir nahebrachte. Ein Versäumnis; denn mit zunehmendem Alter interessierte ich mich verstärkt für meine Wurzeln und Vorfahren. Das Verlangen, mehr über sich und seinen Hintergrund zu erfahren, eint die Generationen bereits. Ältere begeben sich genauso intensiv auf familiäre Spurensuche wie junge Menschen. Allerdings nach Lebenden. So zahlreich, dass sich Fernsehsendungen als Suchmaschinen lohnen. Die Frage, wie diese Begegnungen einander völlig fremder Verwandter ausgehen, ob sich auch nur die kleinste Erwartung erfüllt oder Enttäuschung vorprogrammiert ist, wird leider in keinem Format beantwortet.

Für meinen Opa väterlicherseits existierte nur Musik. Vielleicht mit Akzeptanz anderer edler Künste und Künstler – Enkelinnen gehörten nicht dazu. Trotzdem liebte ich ihn wegen der Schulferien, die ich bei »Opa begnadeter Geiger« in schwedischen Gewässern verbringen durfte, von denen es einige in der Nähe seines Hauses gab. Am Ufer sammelten wir Kinder wilde Erdbeeren und aßen, bis wir nicht mehr konnten. Mich begeisterte die Weite des Landes, die mir fremde Burschikosität der Gleichaltrigen, wie sie hemmungslos nackt in die abkühlende See sprangen. Unsere große Familie traf sich dort im Sommerurlaub. Hoch im Norden unter kälterem Sternenhimmel auf fremdem Boden fühlten sich alle merkwürdigerweise romantischer als sonst, und ich freute mich in solchen Momenten voller Ameisen im Bauch auf das abendliche Geigenspiel meines Großvaters.
Er selbst blieb mir fremd. Ein stiller, vergeistigter Mensch, asketisch schlank, der hinter seiner runden Brille kaum Gefühle zeigte und sein Deutsch zu verlernen schien. Falls er mir etwas vermittelt hat, dann wohl die Zuversicht, dass es überall auf der Erde Angebote für uns gibt; unabhängig von der Ausgangsbasis. Tatsächlich habe

ich jahrzehntelang fast die ganze Welt bereist, wissbegierig, ziemlich angstfrei, mal mit, mal ohne Geld, stets gespannt auf andere Länder und ihre Bewohner, neue Eindrücke und fremde Kulturen. Großvaters Erbe? Wer weiß ...

Immer, wenn ich an ihn denke, fällt mir ein *Zuviel* in den verschiedenen Generationen auf, das sich auf unterschiedliche Art wiederholt.
Er, den man zu Selbstbeherrschung und Haltung erzogen hatte, *Contenance*, wie es in seiner Familie hieß, blieb einfach *zu* ungerührt, *zu* starr, *zu* verschämt mit seinen verkapselten Emotionen; Fassade als Tarnung, Etikette als Maßstab, Religion als Stütze. Im Gegensatz dazu verhielten sich die Kinder in seinem schwedischen Umfeld *zu* frivol, *zu* ungeniert, *zu* schamlos. Man fand also auch damals nur schwer den Mittelweg.
Und heute? Ich kenne ältere Leute, die sich zornig über lächerlich kleine Ausschreitungen mokieren, weil sie früher dafür bestraft worden sind, oder solche, die »mehr Schein als Sein« völlig normal finden. Heucheln gilt eben als legitimer Teil des gesellschaftlichen Umgangs. Dabei drängt es viele junge Menschen dazu, alles, aber auch wirklich alles, nach außen zu tragen. Intimes wird öffentlich. Ganze Fernsehsender und Boulevardblätter leben davon. Dabei kann zu viel oktroyierte Fassung genauso abstoßend sein wie zu viel schamfreie Offenheit. Man will ja das meiste gar nicht wissen.

PROF. DR. ARIANE SCHORN
Diplompsychologin

Hat auch im Bereich »Scham« jede Generation ihr eigenes, zeittypisches Päckchen zu tragen?

Ja ganz sicher! **Scham ist ein zutiefst menschliches Vermögen, das auf unserer Fähigkeit beruht, uns nicht nur von innen wahrzunehmen, sondern auch von außen zu betrachten**. Dem

Schamgefühl geht eine Situation voraus, in der ich etwas zeige oder etwas von mir sichtbar wird, was so gar nicht mit unserem Ich-Ideal übereinstimmt, also mit dem, wie wir sein und von anderen gesehen werden wollen. Was sich zwischen den Generationen unterscheidet, sind die Inhalte und Anlässe der Scham. Wir schämen uns für Verschiedenes.

Es ist ein Phänomen, dass Menschen aller Altersgruppen ihre intimsten Schwierigkeiten öffentlich darstellen, und Fernsehsendungen das private Gespräch ersetzen. Bleibt hier die Scham völlig auf der Strecke?

Man kann Scham als einen Damm gegen – im weiteren Sinne – exhibitionistische und voyeuristische Triebimpulse verstehen. **Das Fernsehen ist ein Medium, das »Zeigelust« und »Schaulust« nachzugehen erlaubt. Als Zuschauer blicke ich gewissermaßen durchs Schlüsselloch** – und zwar auf sehr komfortable Weise: Ich kann nicht ertappt werden und habe die Kontrolle (es droht keine Sanktion durch Schamgefühle). **Mal angenommen, Zuschauer könnten einfach dazugeschaltet, also geoutet werden – die Quote würde sofort sinken**. Als Akteur im Fernsehen wiederum kann ich mich ungestraft »enthüllen«. Es ist erwünscht und dann: die unglaublich narzisstische Freude, im Fernsehen zu sein! Ich bin wichtig genug, zeige mich mutig, frei, bin anscheinend so selbstbewusst, dass ich es mir leisten kann; und das ist heute ein Ideal. Wie heißt es so schön: *bad promotion is better than no promotion.** Vielleicht kommt ja der »Kater«, also die Scham, bei nicht wenigen zeitversetzt?

Das kann ich mir zwar vorstellen, aber sind wir nicht ganz allgemein schamloser geworden?

* *Schlechte Werbung ist besser als keine Werbung*

Vieles scheint mir dafür zu sprechen, dass wir nicht schamloser geworden sind, sondern dass sich die Inhalte und Anlässe der Scham verändert haben, ebenso wie sich vermutlich unser Verhältnis zu ihr geändert hat. Scham wird nicht als positives Gefühl wahrgenommen, sondern als hochgradig unerwünschtes. Man möchte sie loswerden. Scham ist mit Schwäche assoziert, widerspricht einem Persönlichkeitsideal, das von uns Souveränität, Selbstbewusstsein fordert. **Darum wird die Scham geleugnet, versteckt – und zwar nicht nur vor anderen, sondern auch vor sich selbst. Scham lebt also häufig im Verborgenen**, tritt in Verkleidungen auf, die es schwer machen, sie zu identifizieren. Wir lassen uns von den Masken der Scham täuschen.

Haben junge Menschen die Grundeinstellung zur Scham verändert, besonders im Vergleich zur Generation davor?

»Die Scham ist vorbei«, betitelte Anja Meulenbelt kämpferisch ihr Buch (1978), das zu einem Klassiker der Frauenbewegung wurde, und brachte damit das Sich-Wehren einer Generation gegen die Scham als Anpassungsinstrument zum Ausdruck. Soziologisch gesehen dient Scham der sozialen Anpassung, die als moralisches Gefühl die Zugehörigkeit des Einzelnen gegenüber der Gesellschaft sichert. In *dieser* Perspektive **ist Scham eine emotionale Reaktion, die dem Menschen eine Verletzung von Werten und Normen anzeigt, die in einem bestimmten sozialen Feld gelten**. Um uns vor uns selbst und vor anderen nicht schämen zu müssen, lernen wir das Verbergen oder Aufgeben von Verhaltensweisen, die sich mit diesen geltenden Normen und Idealen nicht vertragen.
Die Achtundsechziger spürten, Scham ist auch eine Knute, und von der galt es sich zu befreien. Gleichzeitig wurde die

positive Bedeutung der Scham zu gering eingeschätzt oder sogar übersehen. Sie dient nämlich nicht nur den herrschenden Verhältnissen, sichert nicht nur Konformität, sondern fördert auch Individualität. **Sie ist janusköpfig. Und so wie die ältere Generation manchmal eingeschränkt ist durch eine Vielzahl von verinnerlichten Regeln** (Das tut man nicht.), **deren Übertretung durch Schamgefühle sanktioniert werden**, so haben die Akteure der Achtundsechziger-Bewegung, denen die Scham besonders suspekt war, vielleicht erst im Nachhinein realisiert, dass und mit welchem Preis eigene Schamgrenzen übergangen und missachtet worden sind.

Mir kommt der Umgang mit Scham in allen Altersgruppen unecht und konstruiert vor. Ältere, die sich hinter »schamhafter Haltung« verstecken, Junge hinter »coolness«. Ist der positive Aspekt der Scham »out«?

Ja, ich denke, **die positive Seite der Scham wird zu wenig wahrgenommen**. Scham dient ja nicht nur der sozialen Anpassung, sondern zugleich auch der Individualisierung und dem Schutz unserer Integrität. Sie bewahrt uns davor, unser Intimstes zu äußern, und hemmt die Bereitschaft, unsere Intimsphäre zu entblößen. **Eine gewisse Schamhaftigkeit, die sich als Taktgefühl zeigt, verhindert auch, dass wir unbefugt oder unpassend in die Intim- und Privatsphäre eines anderen eindringen**. In dieser Perspektive schützt die Scham(haftigkeit) die persönliche Sphäre eines Individuums und damit auch deren Integrität. Die Hemmung lässt uns und unserem Gegenüber ihr Geheimnis.

Das kenne ich gut! Als Gastgeberin einer Talkshow macht dieses Taktgefühl gegenüber dem Gast einen Großteil der

Gesprächsqualität aus. Gepaart mit dem journalistischen Spürsinn »Wie weit darf ich gehen?«. Ich habe dabei gern an die naturgegebene Distanzzone in der Tierwelt gedacht. Scham ist ja auch Schutz ...

Scham ist eine Wächterin der Privatheit, eine Wächterin, die den Kern unserer Persönlichkeit schützt. Scham kann auch auf eine drohende Gefährdung der Integrität – beispielsweise durch unangemessenes Verhalten – aufmerksam machen und uns durch die erzeugte Schamangst dazu **veranlassen, von einem Vorhaben Abstand zu nehmen oder das eigene Handeln zu korrigieren**. Sie verpflichtet uns unseren Werten und Idealen, und auf diesen wiederum fußt unsere Integrität. Die Scham beschützt unseren Innenraum, vermittelt ein Gespür dafür, was ich von mir zeigen und was ich für mich selbst behalten will. Dieses durch die Scham motivierte Für-sich-behalten-Wollen fördert auch den »Eigensinn« und stärkt unser Identitätsgefühl.

Ich gestehe, dass ich mich manchmal bei den Fremdschämern einreihen muss. Wenn sich im Fahrstuhl neben mir ein Pärchen so entfesselt küsst, dass ich mir wie eine Voyeurin vorkomme. Oder wenn ich im Theater eine laienhafte Darstellung sehe, die als große Kunst angekündigt war ... Wie kommt es eigentlich zum Fremdschämen?

Ein spannendes Phänomen: **Wir können uns nämlich auch schämen, wenn wir selber nicht betroffen sind und andere etwas enthüllen. Scham kann anstecken**, besonders, wenn wir mit einem Menschen verbunden sind, uns mit ihm identifizieren oder uns nur temporär in seine Situation einfühlen. **Schamerfahrungen brennen sich ins Gedächtnis ein**. Sehen wir einen anderen in einer hochnotpeinlichen Situation (im Wort peinlich steckt nicht grundlos die Pein, der Schmerz) werden möglicherweise Erinnerungen an eigene schmerzhafte Schamerfahrungen aktualisiert, und die werden wir wiederum am schnellsten los, wenn wir unserem Gegenüber aus der peinlichen Lage helfen. In Ihrer Situation im Fahrstuhl wurden Sie als Zuschauer in die Situation gezwungen, Zeuge von Intimitäten zu sein – was unter Umständen Ihren Intimbereich berührt und diesen verletzt. Und dann können wir uns auch für jemanden schämen, der sich beispielsweise selbstbewusst exponiert und etwas darbietet, was keine angemessene Qualität hat.

Ja wirklich ... Scham ist eine sehr individuelle Angelegenheit. Folgender Vorschlag: Warum schämen wir uns nicht mal wieder so richtig? Wir könnten sofort danach etwas tun, um das, wofür wir uns schämen, wiedergutzumachen (wer wäre da frei von Schuld): eine Bitte um Verzeihung, eine nachträgliche Liebesbezeugung, ein verspätetes Danke. Das verschafft uns für Tage ein gutes Gefühl! Gleichzeitig regen wir unser Umfeld zur Auseinandersetzung mit ehrlicher Scham an. Die sollten wir überhaupt zwischen den Generationen positiver nutzen, indem wir persönliche Grenzen beachten, Andersartigkeit respektieren und offener mit unserer Scham umgehen. Dazu gehört auch das Einhalten von Distanzzonen, wie ich sie von meinen Tieren kenne, und die auch beim Menschen eine Voraussetzung fürs angenehme Miteinander sind. Ich denke da an alle diese schaurigen Handy-Geständnisse, die man uns geräuschvoll aufzwingt. Mal ehrlich, wer will das hören? Und sagt man: »Geht's auch etwas leiser?«, verschieben sich die Rollen und man findet sich unter einer Attacke von Frechheiten wieder. Verdrehte Welt.
Es gibt Studien, die belegen, dass erstaunlich viele Menschen auf Warteschlangen oder Gedränge mit Stress reagieren. Und zwar nicht wegen des steigenden Termindrucks, sondern wegen der starken menschlichen Nähe. Die so genannte *crowding situation*, in der

wir mit Fremden enger zusammenrücken müssen, als uns lieb ist. Das kann hohen psychischen Druck auslösen. Wie bei mir. In allen möglichen Lebenslagen bin ich relativ angstfrei, aber leide, sobald ich mich umzingelt fühle. Viel lieber springe ich mit dem Fallschirm aus dem Flugzeug, als zusammengepresst in ihm zu sitzen.
Nicht umsonst sagen wir: »Bleib mir von der Pelle.« Dahinter stecken subtile Territorialansprüche eines jeden von uns. Falls Sie Streit suchen, genügt eine Grenzübertretung. Sie brauchen Ihrem Tischnachbarn nur immer näher zu rücken, nach seinen Zigaretten oder seinem Besteck zu greifen. Ein Kollege, der in unser Büro stürmt, den Stuhl zu sich zieht und sich ohne zu fragen hinsetzt, verletzt schon unsere Privatsphäre. Entsprechend wenig Sympathie bringen wir ihm entgegen. Und nicht selten beginnen so die ersten atmosphärischen Störungen. Damit wir miteinander auskommen, müssen wir diese Ansprüche respektieren und sie als nonverbale Botschaft anerkennen.
Übrigens sollte man auch das Gegenteil beherzigen. Sie wollen eine Idee anbieten? Wenn Ihnen wenig an der Realisierung liegt, starten Sie einfach nur weit entfernt und leise genug. Fakt ist: Beim Unterschreiten jener unsichtbaren Distanzgrenze werden Sie kaum Gehör für Ihren Vorschlag finden. Wer indes die Abstandsregeln befolgt, bleibt nicht nur sympathisch – er kommt den Mitmenschen auch psychisch näher. Das lässt sich gut im Umgang mit Tieren lernen. Spätestens, wenn die Katze faucht, muss Schluss sein, denn dann sind wir bereits in ihr »Sperrgebiet« eingedrungen. Respektieren wir dieses, werden wir mit schnurrender Zuneigung belohnt, weil die Samtpfote von sich aus unsere Nähe sucht.

Aus Schaden wird man klug?

Die Tierwelt kann uns also als gutes Vorbild dienen. Möglicherweise orientieren sich auch gierige Vorstände an der Fauna, allerdings wohl eher an der Evolutionsaussage »Starker frisst Schwachen!«. Nicht grundlos haben Diebesgut und Jagdergebnis eine gemeinsame Vokabel: Beute!

DR. THOMAS SCHULTE

Rechtsanwalt

Wie erklärt sich die Skrupellosigkeit, mit der »Wirtschaftsfachleute« Unternehmen ruinieren, ihre Verluste von Steuerzahlern tragen lassen und selbstgefällig mit Millionen nach Hause gehen? Sehen Sie als Rechtsexperte statt Zunahme doch eher ein Schwinden von Scham und Ehre?

Es gibt in der Wirtschaft überhaupt keine Tendenz zu »mehr Scham«. Im Gegenteil. **Aus meiner Sicht nehmen Scham und Ehrgefühl rapide ab, alle bisherigen Schamgrenzen sind gefallen**. »Saubere Weste« ist nur noch ein Begriff, kein Zustand. Es zählt der, der am meisten Profit gemacht hat. **Das schlechte Gewissen wird also mit Geld gepolstert und immer weniger fühlbar**. Aber das gilt meines Erachtens auch für viele **Sozialhilfeempfänger, die sich sagen: Ich kriege regelmäßig meine Stütze, soll der doch mit seinen Millionen abhauen, interessiert mich nicht**. Der eine wie der andere ist sich selbst der Nächste und kümmert sich nicht mehr um das Ganze.
Scham gibt es nur noch für die eigene, ganz individuelle Gruppe, Familie oder Ähnliches. Schließlich möchte kein Wirtschaftsführer zu Weihnachten unterm Tannenbaum im Kreis seiner Liebsten von der Tochter gefragt werden, ob Papa auch mit Waffen handelt. Ansonsten macht er ungehindert weiter. Es wird Zeit, dass sich da was zum Positiven verändert.

Das ist dringend nötig, denn für die Jugend sind solche Verhaltensweisen eine schlechte Schule und lösen im besten Fall Trotzreaktionen aus: »Wenn die damit durchkommen, wieso soll ich ehrlich oder bescheiden sein?« Wir brauchen generationenübergreifende Gespräche, medialen Protest, politische Entscheidungen. Es muss erkennbar sein: Hier geschieht etwas! So zäh und schwer es auch

ist, verfahrene Situationen positiver zu verändern, Schritt für Schritt *muss* es geschehen. Miteinander! Höchste Zeit, dass eine soziale Marktwirtschaft wieder Spielregeln beachtet, ehe das Wort »sozial« vollends zum Hohn wird.
Wie sehr alles zusammenhängt, haben wir erleben müssen. In den USA wurde durch eine unvorstellbare Profitmaschinerie die Büchse der Pandora geöffnet, ihr Inhalt ergoss sich über die Welt und wird viel zu zögerlich ins Gefäß zurückbefördert. In der Sage musste Pandora ein zweites Mal den Deckel heben, um nach dem Unheil die Hoffnung herauszulassen, doch wer übernimmt heute diesen Akt? Konzerne agierten wie Wettbüros, deren hochriskante Geschäfte keine Aufsicht mehr peilte. Wer bisher Christo für den größten Verpackungskünstler hielt, kannte die in den Skandal involvierten Banken und Versicherungen nicht. Die Schockphase, in der die Schuldigen angreifbar an der Wand standen, hat man verpennt. Und das Schneckentempo der Repressalien führte lediglich dazu, dass die ohnehin nur leicht angeschlagenen Personen genug Oberwasser bekamen, um sich neu zu formieren und weitere Boni für Skrupellosigkeit zu kassieren. *Too big to fail* – zu groß, um zu scheitern. Noch leckt die Welt ihre Wunden, da berauschen sich auch bei uns wieder die ersten gierigen Nachrücker mit Super-Ego am angestrebten Maximalgewinn, bevor neue Regeln zählen. Was für ein Vorbild!
Viele Normalverdiener, die früher »mal 'ne Mark übrig hatten«, legten sie an und mussten mit Einbußen leben, wenn es eine falsche Investition war. Was im Kleinen gilt, hat natürlich erst recht im Großen zu gelten! Der »Club of Rome«, der sich seit 1968 weltweit für nachhaltiges Handeln einsetzt, sagt: »Die globale Gesellschaft, auf die wir zusteuern, kann nur zustande kommen, wenn sie von moralischen und spirituellen Werten getragen und geordnet wird.«
Darum greift unser Land zu einem Erziehungsmodell. Die Politik führt für »Gewinnbringer« und »Verlustmacher« der Banken eine Bonus-Malus-Regelung ein, wie es sie in vielen »harmloseren« Bereichen seit Langem gibt. Ärzte kennen es ebenso wie Versicherungen und Pensionsverwalter. Ein System, das mit positiven und negati-

ven Anreizen ein bestimmtes Verhalten belohnt oder bestraft. Ich praktiziere das übrigens seit vierzig Jahren bei Kind und Hund. Seltsam, dass diese Idee erst jetzt bei *der* Gruppe angewandt werden soll, die uns wirtschaftlich erpressen und uns den größten Schaden zufügen kann – meine Oma hatte recht: »Damit man den Brunnen zudeckt, muss das Kind erst reingefallen sein.« Eher sind wir wohl nicht zu einschneidenden Maßnahmen bereit. Je effektiver und vorbildlicher die sind, desto höher die Wahrscheinlichkeit der Nachahmung durch andere.

Fazit: Massive Korrekturen sind mit vereinten Kräften dringend erforderlich, denn unter dem Diktat unkontrollierter Finanzmärkte fördert die gegenwärtige Globalisierung menschliche Selbstentfremdung. Wir alle werden die Auswirkungen lange zu tragen haben.

Das Prinzip »Hoffnung« lebt weiter!

Früher bedeuteten die »drei großen K« Kinder, Kirche, Küche. Heute lauten sie Krise, Krieg und Klima. Wo sind – zu den engagierten Umweltorganisationen – die Vorbilder im Alltag mit effektiven Aktionen angesichts des Klimawandels? Das Thema, das alle Generationen gleichermaßen antreibt und gerade die Jugend besonders beschäftigt. Wo bleibt der sichtbare Verzicht auf unnötigen Luxus, der nur unsere Erde angreift? In diesem lebenswichtigen Bereich zieht es sich ähnlich träge dahin wie in der Wirtschaft.

Warum müssen wir für wenige Euro in jeden Winkel der Erde fliegen können, wenn Kerosin doch zu den stärksten Luftverpestern gehört? Warum brauchen wir zu jeder Jahreszeit Lebensmittel vom anderen Ende der Welt, wo doch Transporte dieser Art unser Klima belasten? Brauchen wir einen Marktplatz auf der Straße? Oder warum werden nur zur Gewinnmaximierung Lager durch Lastwagen ersetzt, die mit ihren Waren durch Länder oder gar Kontinente hin- und herfahren? Oft genug mit lebenden Tieren, die nach ihrem Tod als Nahrung dienen und um deren Qual sich nur Tierschützer sorgen. Mein täglich Fleisch gib uns heute? Obwohl jeder Mensch weiß, dass Massentierhaltung unverzeihlich ist, den

Boden und die Luft versaut, tierische Fette ungesund sind und dick machen, kann er nicht aufhören, Fleisch zu verspeisen? Dabei würde schon etwas weniger ausreichen, um vielen dieser fetten Kühe oder hochsensiblen Schweine ein unwürdiges Leben mit bösem Ende zu ersparen und die Welt ein bisschen sauberer zu halten. Eingekerkerte, medikamentös aufgepumpte Lebewesen können nicht gesund sein; und Vogel- oder Schweinegrippe entwickeln sich nicht von ungefähr. Das ist Ihnen egal? Nicht, wenn Sie die Auswirkungen erst einmal an sich selbst, spätestens aber an Ihren Enkeln sehen. Meine Forderung: für Umweltkiller aller Art Preise raufsetzen! Kein Mensch in Not wäre davon betroffen, und jeder andere würde sich seine Entscheidungen gründlich überlegen.
»Nach mir die Sintflut« darf keine Maxime sein! Wir sind auf dieser Erde keine Touristen, die nur mal so durchs Leben gucken!
Trotz der Macht von Lobbys und Industrie könnten wir miteinander eine Menge bewirken. Und auch nur *so* lässt sich etwas korrigieren. Mit Masse gegen Masse. Eine vollständige Liste relativ leicht änderbarer Klimazerstörer würde ein ganzes Kapitel füllen. Hier ist die Einsicht jedes Einzelnen gefragt, um viele dieser sinnlosen, destruktiven Auswüchse zu verhindern. Sie hinzunehmen, ist verachtend, nicht zuletzt unseren Kindern gegenüber. Ich werde an anderer Stelle auf die Errungenschaften verweisen, die wir hinterlassen. *Noch* gehört die Umwelt nicht dazu!

Vor mehr als dreißig Jahren hatte ich in meiner Fernsehsendung Prof. Heinz Haber zu Gast, einen unserer besten Physiker und Raumfahrtmediziner. Ein Mann mit eigenen Fernsehsendungen und Zeitungskolumnen. In seinem Film »Stirbt unser blauer Planet?« warnte er damals vor der Aufheizung der Atmosphäre, Zerstörung der Ozonschicht, vor Emissionsschäden oder Raubbau an der Natur wie dem Abholzen des Regenwaldes. Die Folge sei eine Zunahme an Naturkatastrophen; von Überschwemmungen und Stürmen bis zur Ausdehnung der Wüsten. Später unterhielt ich mich lange mit ihm und sah seine Freude über mein ehrliches Interesse. Den

Inhalt habe ich nie vergessen. Haber prophezeite, dass wir »in spätestens zwanzig bis dreißig Jahren ein nicht wiedergutzumachendes Problem auf Erden« hätten, wenn wir nicht sofort rigoros unsere Einstellung änderten. Ich weiß noch, welcher Häme er bei uns hinter den Kulissen ausgesetzt war. »Schwarzmaler«, »Panikmacher« und »Wichtigtuer« war nur ein Teil davon. Die Male, die ich diesen vorausschauenden Wissenschaftler zitiert und mich mit anderen wegen seiner Prognosen gestritten habe, kann ich nicht zählen.

Als er 1990 mit siebenundsiebzig Jahren starb, muss er wegen unserer Welt Trauer und wegen seiner Weitsicht Genugtuung empfunden haben. Ausgerechnet in seinem Todesjahr fand in Rio de Janeiro die größte Umweltkonferenz der Menschheit statt, auf der die Teilnehmer endlich ein Klima-Abkommen beschlossen. Seit damals werden diese Sorgen ernst genommen und Mahner nicht mehr nur als »versponnene Umweltschützer« verschrien. Trotzdem passiert nicht genug – und das wenige auch noch viel zu langsam.

Weitere Umweltgipfel brachten stabile Erkenntnisse und labile Ergebnisse. Zu viele Interessengruppen, zu wenig Einigkeit aller Länder auf diesem Globus. Bekanntlich ist die Trägheit der Masse eine hohe Hürde, doch es geht nur miteinander oder gar nicht, denn regionale Alleingänge bewirken nicht genug. Und uns läuft die Zeit davon.

Die Krankheit breitet sich aus, unsere Erde hat Fieber und braucht rasche Hilfe. Unter so einer gewaltigen Bedrohung, mit der Aussicht auf beträchtliches Leid, müssen sämtliche politischen Führungen dieser Welt ihre Gegensätze überwinden und gemeinsam den Heilungsprozess beginnen.

Wir alle müssen diese Forderung stellen. Wieder und wieder.

Das Prinzip »Optimismus« gilt!

Es kann uns nicht länger egal sein, dass Polarforscher vom Schlitten aufs Boot umsteigen müssen, weil das Eis schmilzt. Bisherige Klimaschutz-Verhinderer, vorneweg die USA und Asien als größte Umweltverschmutzer, beginnen sich zu besinnen. Noch mehr Waldbrände an der Westküste Amerikas, Tornados an der Ostküste,

Flutkatastrophen in New Orleans und Sandstürme in Nevada wollen die Amerikaner nicht mehr hinnehmen. Geplagte Gouverneure sind nun hochmotiviert dabei, in ihren Bundesstaaten Initiativen zu fördern, durch die sich sukzessive eine grüne Revolution ankündigt. Sogar meine umweltengagierte Enkelin bemerkt mit ihren elf Jahren, was da passiert: »Siehst du, die Natur weiß schon, wie sie sich wehrt und kriegt selbst die Amis klein.«
Oder die Chinesen, deren schadstoffverseuchte Böden und Flüsse nicht einmal der ignoranteste Politiker leugnen kann. Höchstens, weil er vor lauter Smog kaum die Hand vor Augen sieht. Die maßlose Industrialisierung und die Ausbeutung der Ressourcen fügen dem Land weitere Wunden zu. »Schnell viel verdienen« lautet die kurzsichtige chinesische Parole – Menschenleben und die Welt von Morgen bleiben dem untergeordnet. Doch zumindest erste Absichtserklärungen lassen hoffen. Denn es gibt keine andere Chance als die Globalisierung! Auch hier lässt sich nur im Miteinander dem Raubbau des Planeten entgegenwirken. Und weil die Sorge um unser Klima bei jungen Menschen ganz weit vorn rangiert, bin ich zuversichtlich, dass es uns und den nachfolgenden Generationen tatsächlich gelingen wird! Um bestimmte Strukturen zu erkennen, muss man sich entfernen. Wenn ich einmal von oben auf unsere Erde schaue, verstärkt sich meine Überzeugung, dass der Mensch sie letztlich nicht zerstören kann. Die Kräfte der Natur sind stärker als das Unwesen, das wir da so treiben. Wahrscheinlich wird sich der Planet erst über Umwege und immense Opfer regenerieren, doch die werden uns zur Einsicht zwingen und den verbleibenden Bewohnern einen positiven neuen Weg weisen. Auch das nennt man Evolution.

Ohne das Prinzip »Miteinander« geht's nicht!

Große geschäftliche Erfolge erringt man nicht allein. Das gilt genauso für den privaten Bereich. Nach psychologischem Wissen hätte sich mein Wesen zaghaft, passiv und unsicher entwickeln müssen. Ausgelöst durch die geringe Anerkennung meiner Mutter, ihren fehlenden Glauben an mich. Stattdessen fühlte ich mich angespornt.

Immer wollte ich ihr beweisen, was ich kann. Das war mitunter eine herbe, nagende Bürde, aber keine schlechte Triebkraft. Dabei bin ich mir bewusst, dass das ohne den Rest der Familie, vor allem den Großeltern und meinem Vater, ganz anders hätte verlaufen können. Deren Lob und Vertrauen in den entscheidenden Jahren meiner Kindheit schafften den Ausgleich.
Ich erwähne das, weil sich viele Menschen hinter dem Fehlenden, dem Mangel, verschanzen, wo es sich bequem leiden lässt, ohne einen Finger zu rühren. Doch sogar der Verachtung, der Armut und dem Ausgestoßensein lässt sich manches entgegensetzen. Am effektivsten mit Verbündeten, Freunden, Helfern. Und ich weiß, wovon ich rede.

Als Kind habe ich nicht verstanden, warum meine Mutter so schnell aus der Haut fuhr, mein Vater so oft traurig war, warum ich so lange bei den Großeltern blieb, Gott so häufig wegsah und warum mein Opa selbst in schweren Situationen gelassen sein konnte. Als Kind ist man eben ungeduldig, und das ist ja auch in Ordnung, nur so verändert sich die Welt. Warum glauben bloß so viele Jugendliche, Ältere seien grundsätzlich gegen Veränderung? Etwa, weil Erwachsene oft so unbeweglich sind, ihre Pfründe verteidigen, den Jungen nichts zutrauen?

Für mich wichtige Menschen, abschreckende Beispiele und Vorbilder verstärkten mein Gefühl für Werte, für Widerspruch, Recht und Unrecht, vor allem aber für Echtes. Ganz sicher bin ich mir nicht, doch ich glaube, ich bekam bereits als kleines Mädchen einen Blick für Authentisches. Schließlich wurde jeder innerfamiliär erwählte, anspruchsvoll verkleidete Weihnachtsmann von mir enttarnt. Kaum sollte ich vor den mächtigen Kerl mit Bart und Rute treten, um meine Sünden aufzuzählen, schon begrüßte ich ihn freudig mit: »Hallo, Onkel Gianni.« oder »Ach, du bist das, Onkel Peter.« oder »Seht mal, der nette Herr Monti.« – Meistens habe ich allen damit das Fest versaut. Nur mein Vater fand das witzig.

Seit meinem elften Lebensjahr besprach er manches, das ihn beschäftigte, mit mir. Wenn er mich in seiner bedächtigen Art aufforderte: »Komm Kind, lass uns spazieren gehen«, wusste ich, es muss etwas raus aus ihm. So lange wie möglich schonte er meine Mutter, das weltfremde Klosterkind. Seiner Meinung nach würde sie Schwierigkeiten wie den Kampf um das tägliche Brot und um fehlende Perspektiven nur schwer verkraften. Aktuelle Geldprobleme oder die angekündigte Mieterhöhung schon mal gar nicht! Einmal durchstreiften wir den in sämtlichen Farben blühenden Friedhof mit seiner seltsamen Aura, schöner angelegt als jeder Park, und er erzählte mir von einer finanziellen Belastung, die ihn sehr quälte. Sofort rannte ich zurück nach Hause, holte mein graurosa bemaltes Sparschwein aus Porzellan hervor, zerschlug es und breitete den Inhalt übersichtlich auf dem Tisch aus. Als dann mein Vater flüsterte: »Zwölf Mark und vierzig Pfennig«, sah ich ihn das erste Mal weinen.

Diese Nord-Süd-Einflüsse voller Kontraste zogen sich durch meine gesamte Kinderzeit. Wahrscheinlich resultiert daher auch mein lebenslanger Wunsch nach Stabilität, Klarheit und Gerechtigkeit, eine Naivität, die ich mir erhalten wollte. Meine hilfreiche Konstante dabei blieben die Großeltern.

Eines weiß ich: Jede Kindheit hat ihre berauschenden Momente; ihre Gerüche, ihre Geschichten, ihre Hoffnungen, ihren Schmerz.

Pubertätlichkeiten

Vieles kann der Mensch entbehren, nur den Menschen nicht.
LUDWIG BÖRNE 1786–1837

Jungsein war das Unpopulärste überhaupt. Zu meiner Zeit konnte es keiner erwarten, älter zu werden, um endlich aufzusteigen, endlich mithalten zu können. »Ich erklär's dir, wenn du alt genug bist, jetzt verstehst du das noch nicht.« – »Komm erst mal in meine Jahre, dann kannst du den Mund aufmachen.« Sätze wie diese gehörten zum Leben. Alte hatten die Macht, das Sagen, den Durchblick. Und heutzutage? Fragt man Menschen ab fünfzig, lächeln manche verkrampft: »Tja, jetzt geben die Jungen den Ton an, wissen alles, können alles, bestimmen den Markt, das Fernsehprogramm, die Werbung, die Atmosphäre. Als Minderheit umworbene Raritäten. Panik bei jedem über dreißig.« Im Gegenzug lassen viele Ältere kaum was aus, um bis zu ihrem letzten Atemzug jung zu wirken. Benehmen und kleiden sich wie ihre Kinder oder Enkel, stemmen, spritzen und schnippeln, bis jegliche Spur – Hinterlassenschaft lebenslanger Gefühlslagen – beseitigt ist. Eine funktionierende menschliche Autobahn ohne Dellen und Beulen.

Ansonsten scheinen wir mehr auf Unterschiede als auf Gemeinsamkeiten erpicht zu sein, auf Trennendes statt Verbindendes (Hautfarbe, Geschlecht, Augenschnitt, Religion, Alter, Jugend, sexuelle Vorlieben). Nichts Neues – das gab's schon immer. Neu ist wohl eher der Effekt des Kaschierens: eine Art scheinbarer Toleranz unter einem unechten Mäntelchen von Liberalität.

JUNG

- Nimm mich wahr, aber bleib mir vom Hals.
- Lebe, wie du willst, aber nicht so, dass ich mitmachen muss.
- Ich bin mit gleichgesinnten Freunden online zusammen, der Rest ist mir egal.
- Irgendwie groove ich mich ein zwischen Aufruhr und Unterwerfung.
- Alte Werte sind alte Hüte.
- So vieles ist aufregender als das langweilige Gestern.
- Ich brauche keine Verantwortung, ich bin tolerant.

ALT

- Ich gebe Werte auf, um Besitz zu vermehren.
- Wir stehen so unter Druck, dass wir uns vor allem drücken.
- Was Pflicht und Disziplin sind, wie viel Zeit ich wo investiere, bestimme ich.
- Ich verlasse mich auf Fernsehaussagen.
- Dann leben wir eben von der Hand im Mund unserer Kinder.

- Hauptsache, andere funktionieren, dann kann ich mich zurücklehnen.
- Eigener Standpunkt? Unnötig, ich bin lieber tolerant.

Ist das wirklich so oder stellt es sich nur so dar?
War meine Jugend tatsächlich so anders als die der nachfolgenden Generationen?
Sehen wir nur, was wir sehen wollen, und verblöden langsam dabei?
Sind wir Generationen in unseren Ansichten unvereinbar?
Oder sind wir uns in unseren Schwächen sogar zu ähnlich?
Ich tauche noch einmal ab in die Welt meiner Erinnerungen, um Antworten zu finden.

Spaghetti versus Kohlrabi

Am Tag der Ankunft fegte ein Sturm heran und jagte Regenböen vor sich her, als ich mitbekam, dass das schwarze Loch, in das wir da fuhren, meine neue Heimat werden sollte. Deutschland! Das wusste ich schon von den aufgekratzten Gesprächen, die die Eltern mit den Großeltern geführt hatten. Ihre beiden jüngsten Brüder – Rosarias Cosimo und Matteos Beppo – waren seit deren Hochzeit Freunde und hatten sich kräftig eingemischt, weil sie mitwollten. Doch das musste warten. Ich kam jedenfalls zurück in mein Geburtsland, an das ich mich nicht erinnerte.
Als wir endlich irgendwo hielten, standen wir vor einem Haus, dessen Anblick die Art Beklemmung einflößt, wie sie düstere Klöster hervorrufen oder abgewrackte Ruinen. Dabei war es ein Bauernhof. Mit fensterlosen Ställen und dürftigen Feldern. Öde. Nun waren wir also alle zusammen in Deutschland, eine Großfamilie in beengten Verhältnissen auf einem Dorf nahe der holländischen Grenze. Mit einem Anger vor der Tür und einem dunklen Teich in der Nähe. Na

toll! Familienzuwachs in Form einer kleinen Schwester, die herumtobte und mit den Hähnen um die Wette krähte. Vater hatte mich und die italienischen Eltern seiner Frau nachgeholt, die ihm verwirrt und unsicher gefolgt waren. Ich staunte über Schnee, Gewitter, den vielen Regen, das rasche Blühen und Verwelken von Sträuchern; darüber, wie gut alles zusammenpasste, sich ergänzte und wie ein Ring immer wieder schloss. Die Saat meiner Großeltern war aufgegangen – die Natur blieb mein persönliches Wunder.
Ansonsten war die Lage eher schlecht und hätte gut ein paar Wunder vertragen. Der Bauer, bei dem wir wohnten, behandelte uns wie Vasallen, die Dorfbewohner eher gnädig herablassend. Zigeuner, Künstler, Italiener ... einer wie der andere, nun ja, man hielt sich besser fern. Meine Mutter tauschte ihren echten Schmuck, die teure Kleidung von früher gegen Nahrung, und Großmutter pflanzte in unserem Beet Tomaten und Bohnen an. Arved, der Gutsherr, verlangte, dass wir für die Nutzung dieses winzigen Gartenteils sein riesiges Grundstück pflegten, ohne Obst oder Gemüse pflücken zu dürfen. Er hatte vier Kinder, reichlich Feldarbeiter und Stallknechte, denen sein Befehlston nichts ausmachte. Muffige Leute, einer wie der andere. Nur die dicke, blonde Haushaltshilfe, die er Magd nannte, und sein jüngster Sohn sprachen mit uns, fragten Neugieriges und lächelten schon mal. Der Rest war vom Hausherrn infiziert. Wenn man seine Sippe wiederholt auffordert, Fremde zu meiden, glaubt sie es irgendwann: »Die taugt nichts, diese feige Bagage. Merkt euch das gefälligst. Der letzte Beweis war, als sie Deutschland im Stich gelassen haben.« Hatte nicht Deutschland uns im Stich gelassen? Meine Eltern meinten, sie würden mir das später erläutern, jetzt sei es noch zu kompliziert.

Als ich eines Tages über Arveds endlose Felder streifte, dachte ich darüber nach, dass nur die Bauern Nahrung hatten, während alle anderen hungern mussten. War das richtig so? Und warum hatte der liebe Gott das wohl gewollt? Ich fühlte mich unbeobachtet, zog vorsichtig einen Kohlrabi aus der Erde, klopfte den herrlich riechen-

den Sand ab und wollte gerade die harte Außenhaut abbeißen, da warf mich ein Schlag zu Boden. Ich erstarrte, bewegte mich nicht, in meinem Mund steckte ein Teil des Kohlrabis. Noch ehe ich die Schale ausspucken konnte, brüllte der Hofbesitzer mit rotem Gesicht: »Du Diebin, du. Hab ich euch endlich erwischt.« Sah er mich doppelt? Ich war doch allein und starb vor Angst.
»*Scusi, signore,* ich wollte nur riechen und probieren«, flüsterte ich, »es sind so viele davon da.« – »Von wegen schpusi. Ihr Spaghettifresser habt hier gar nichts zu machen, weder zu riechen noch zu probieren. Da bieten wir euch Itakern ein Dach überm Kopf, nehmen euch auf und müssen uns vom Görenpack beklauen lassen. Na, das wird dir vergehen!«
Wie eine Säule stand er vor mir, bedrohlich und böse, zog mich hoch, zerrte den Kohlrabi aus meiner Hand, die er mit der Innenfläche nach unten umklammerte. Er hielt mich fest, nahm die Stängel in seine Faust, schlug mir mit der Knolle im Rhythmus seiner Flüche mehrfach so hart er konnte auf die Finger und warf danach das Gemüse weit fort. Ich weinte, trat gegen sein Bein und riss mich in einem günstigen Moment los. Mit blaurot verfärbter Hand erreichte ich schluchzend das Haus, in dem wir wohnten und das nie »unser Haus« sein würde. Dort erledigte meine Mutter den Rest, als Bauer Arved sich bei ihr über mich beschwerte.
»Was, du hast unseren Vermieter bestohlen? *Madonna mia,* das hat mir gerade noch gefehlt.« Sie schob mich in die enge Speisekammer, die anstelle eines Fensters nur Luftlöcher besaß und schloss von draußen ab. Es roch nach Seifenlauge und Scheuertuch. »Denk darüber nach, was du getan hast.«
Meine Oma holte mich nach einer Weile heraus aus dem Kabuff, steckte mir eine Tomate in den Mund und murmelte leise: »Iss das, was wir haben, Kind. Nimm dir nichts, das dir nicht gehört, selbst wenn du hungrig bist.« Sanft verteilte sie eine stinkende Salbe auf meiner Hand und küsste zärtlich meine Fingerspitzen.
»Du brauchst dich bei dem Kerl nicht zu entschuldigen. Der hat dir mehr angetan als du ihm, dieser …« Bestimmt schluckte sie ein ver-

botenes Wort herunter. »Außerdem wird deine Mutter das geregelt haben.« Die erschien aufs Stichwort und ich sah, dass sie geweint hatte. »So ein *maldicente*, so ein Schandmaul, dieser Drecks...« Auch sie verkniff sich eine unerlaubte Fortsetzung. Nun wusste ich, sie war trotz des Ärgers auf meiner Seite. Gott sei Dank! Still vor Schmerz kauerte ich neben dem Ofen, bis die beiden Frauen mich vergaßen.

»Ach Mama, ich hab so furchtbares Heimweh«, seufzte meine Mutter. »Na komm«, tröstete Rosaria ihre Tochter, »da hilft erstmal eine Tasse Kaffee.« Aus Omas Mund klang das wie eine Segnung. Dabei brühte sie nur Muckefuck auf, mehr Wasser als Bohne.

»Italien ist so weit weg«, es klang nach unterdrückten Tränen. »Hier müssen wir mit der Kälte und diesen unfreundlichen Leuten fertig werden. Außerdem deprimiert mich die Dunkelheit.«

Ja, meine Mutter sehnte sich nach dem Licht, das in Italien schon am frühen Morgen leuchtete, wenn in Deutschland noch alles im Nebel lag. In ihren innern Bildern schimmerte es manchmal vom Meer herüber oder warf Muster auf die Felsen. Aber jetzt gab es für sie nur Grau. Graue, trübe Orte. Graue, strenge Gesichter. Graue, dumpfe Töne. Oma hielt den Kopf gesenkt, tat beschäftigt und litt.

Um meine kleine Schwester machten alle ein großes Gewese, wodurch ihnen die wirklich wichtigen Ereignisse entgingen. Ich wurde in diesem Jahr acht und lernte schwimmen! Zuerst im Dorfteich, der vor Blutegel wimmelte, die sich an meinen Beinen festsaugten und mich vor Ekel zum Schreien brachten, während sich das einheimische »Görenpack« vor Lachen auf die Schenkel schlug, in das meine doofe Schwester auch noch kameradschaftlich einstimmte. Danach schwamm ich im Fluss. So lange, bis ich es konnte. Ich verließ mich auf das konventionelle Brustschwimmen, obwohl mir mein Vater mehrere Möglichkeiten zeigte. Er gehörte früher zur Mannschaft eines erfolgreichen Wasserballvereins und kämpfte im knallharten Rugbyteam: sein muskulöser Körper noch immer ein Beweis. Jetzt begann er Schritt für Schritt, wieder sportlich aktiv zu sein.

Am liebsten mit mir. Wann immer er Zeit hatte, liefen wir, schwammen, sprangen und warfen einen kaputten Ball in die Gegend, von der es hier genug gab. Und weil meine Mutter im klassischen Tanz ausgebildet war, wurde sie meine erste Ballettlehrerin. Unerbittlich und anspruchsvoll.
Ich habe kaum gute Erinnerungen an diese erste Dorfzeit. Trotzdem liebe ich bis heute auch in Deutschland das Leben auf dem Land, im Einklang mit der Natur.

Dem ländlichen Ausatmen folgte das Einatmen mit leidenschaftlicher Lust am Leben, mit einem Bärenhunger auf Entbehrtes und dem Wunsch nach Perspektive. Noch mangelte es an allem, nur nicht an Träumen, Begegnungen und Geschichten. Ein Wert, von dem in unserer Familie bereits zu meinen Lebzeiten die fünfte Generation profitiert. Aktuell hört man oft, wie schwer es die Jugend hat. Im Vergleich kann ich das nicht erkennen – doch eines schon: Wie schwer sie es sich *macht* – mit Leichtigkeit. Nicht zuletzt durch überforderte oder gleichgültige Eltern, durch Unlust und Ablenkung. War es ihnen schlecht gegangen, reichte es vielen für den Rest ihrer Tage als perfekte Entschuldigung, warum sie ihr Leben versaut und sich nicht weiterentwickelt hatten. Bildung, auch die des Herzens, galt zu jeder Zeit als Fundus, ein Investitionskapital in die Zukunft. Bei uns zu Hause stand Lernen hoch im Kurs.

Meine Mutter übte Sprichwörter und ihr Deutsch wurde immer besser; sehr zum Missfallen von uns Kindern, denn schadenfroh und belustigt warteten wir auf ihre Fehler: *Beialterstickerei* bot sie uns an, falls alle Stricke reißen sollten, *Totermordschlag* begleitete Auseinandersetzungen, in denen es um Mord und Totschlag ging. Klasse fanden wir ihre Schöpfung von »nichts wird so heiß gegessen, wie es gekocht wird«, die da lautete: *Heißteskochwirteressen*. Unsere Krönung aber war ihre Bezeichnung für Motorisiertes, die *Carozze*, mit der sie eine Wort-Ehe schloss aus der deutschen Karosse und der italienischen *carrozza*. Daraus ergaben sich die kurioses-

ten Kicher-Spielchen um dem Begriff »Rotze«, der auf der Igitt-Liste stand. Sprachlich passierte überhaupt so einiges. Versetzen Sie sich bitte kurz in die Lage eines Ausländers. Was soll der tun, wenn er im Wörterbuch *Gesichtspunkt* aufblättert, das sowohl Aspekt, Sommersprosse als auch Mitesser heißen kann? Der *Niederschlag*, bei dem es entweder regnet, taut oder den armen Kerl k. o. haut. Und dann Bauer Arveds *Zigeuner*: laut Duden eine »mobile ethnische Minderheit«, aber bestellen Sie mal so ein Schnitzel. Den Clou bildet der *Schimmel*. Spaßeshalber sollten Sie sich ruhig selbst einmal beim Kellner über das weiße Pferd auf Ihrer Marmelade beschweren. Trotz ungeduldig erklommener Übersetzungshürden wimmelte es von originellen Versprechern, die uns bis heute amüsieren.
In Deutschland redeten wir deutsch, außer mit den Großeltern. Die überzeugten nach und nach ihre verbohrten Nachbarn durch sprachlose Tugenden. *Don* Matteo war zwar manuell nicht gerade geschickt, aber sehr hilfsbereit und eine imponierende Erscheinung. Das hinterließ spürbaren Eindruck. Und meine Oma konnte aus geringsten Mitteln etwas kochen, backen, nähen, basteln. So kam es, dass sich erst eine, dann immer mehr Frauen Dinge von ihr zeigen ließen, die ihnen bislang unbekannt waren. Nonverbal sorgte *Donna* Rosaria dafür, dass man sie verstand. Darin hatte sie es schließlich schon in ihrer Familie zur Perfektion gebracht.

Als auch mein blonder Vater und meine schöne Mutter ein Minimum an Achtung dieser hochnäsigen Leute erworben hatten, war ich bereits fertig mit denen. Isoliert und abweisend verließ ich mich ausschließlich auf mich, ließ in der Schule fast alle abblitzen, mied Ansammlungen im Dorf und ignorierte blöde Bemerkungen. In der Welt der Erwachsenen war ich die Guerilla. Diesmal war es mein Opa, der mich zur Seite nahm: »Weißt du, *carissima*, meine Liebe, beim Militär ist man, was man ist. Aber hier im zivilen Bereich ist man, was die Familie ist. Man hat seine Verantwortung nicht nur den Lebenden, sondern auch den Toten gegenüber. Unsere Familie gibt es schon sehr lange, sie hat viel geleistet, dem Herrgott, dem

Land und der Region gedient. Hätte es uns nicht gegeben, die alten Geschlechter dieser Welt, wäre die Natur nicht mehr so schön und intakt, vieles wäre verloren. Wir sind die Verwalter. Die Wächter. Wir haben keine Macht. Wir haben Verantwortung. Sieh mal, diese Menschen im Dorf stecken voller Angst vor Fremden, vor Gefühlen, vor Dieben. Sei also nicht kalt und abweisend wie sie, sondern bedaure sie, weil keiner von ihnen deine Sonne im Herzen hat. Du besitzt so viel davon, gib ihnen einfach ein paar Strahlen ab.«

Was für eine lange Rede! Sogar sein Hemd wirkte ausgelaugt. Ich verstand eigentlich nur den Teil mit den hellen Sonnenstrahlen, die ich verschenken konnte. Und das gefiel mir! Doch wie sollte ich das anstellen? Obwohl ich es damals nicht herausfand, erinnere ich mich gut an den Kern dieser Worte.

Meine Mutter wurde Vorleserin. Ich verabscheute Märchen über Hexen, Stiefmütter und böse Zwerge, darum las sie mir mit ihrem weichen Akzent »Der kleine Muck« vor, mit dem ich durch die Luft sauste, oder »Heidi«, die ich in ihre Berge begleitete. Ich liebte die »Dogge Senta« und den Esel aus dem spanischen Buch »Platero y yo«, der mich an Cosimo erinnerte. Ganz oft hörten wir kurze Gutenachtgeschichten, mit denen Mutter oder Vater uns sedierten, bevor sie auf Zehenspitzen den Raum verließen. Es wurde von Anfang an viel gelesen bei uns – und Bücher blieben zeitlebens meine Passion. Über das, was ich las oder hörte, dachte ich lange nach und überlegte, wen ich dazu fragen konnte. Ein Glück, dass ich meistens mehrere geeignete Personen in unserer Großfamilie fand. Nicht für alles, aber für vieles. Den Kindern heute ist häufig nicht mal ein *einziger* Mensch vergönnt, der ihnen zuhört und ihre Fragen beantwortet. Übrigens traf ich als Erwachsene nicht selten Zeitgenossen, die davon ausgingen, dass temperamentvolle, extrovertierte Menschen weder nachdenken noch Schweigepausen kennen. Während meiner Kindheit wusste das jeder besser.

Es gab Gedichte und Geschichten, die mir große Angst machten, und Verwandte, die gerade das drollig fanden. Manche vertraten die Position: »Die Kleinen fürchten sich nicht mehr genug. Wenn man ohne Angst aufwächst, wird man sicher später zur Gefahr für die Allgemeinheit.« Die bestand bei mir nicht. Mich erschreckte es, wenn Undefinierbares aus Ecken kroch, mich beobachtete, irgendwo lauerte. Zerplatzte Tüten, wabernde Schatten lösten herzrasendes Zusammenzucken aus. Ich wollte Wunder und Elfen, keine Schleimkriecher und Vampire. Inzwischen verlangen die Jüngsten nach Robotern und Aliens oder nach dieser unsäglichen Barbie mit tausend Klamotten, die dann überall rumliegen und verstauben zugunsten einer neuen Plastikpuppe, die genauso langweilig aussieht und auf die nach kürzester Zeit das gleiche Schicksal wartet. Trotz heftiger Bitten konnte ich mich erfolgreich weigern, so was zu verschenken. Nur die Schreckhaftigkeit hat sich durch die Generationen gehalten. Ich gestehe, meine Kinder, Enkel und ich kriechen bei gruseligen Attacken schlotternd unter Decken. Zusammen. Ansonsten bin ich angstfrei.

Seit ich schreiben konnte, hielt ich alle Erlebnisse in meinem Tagebuch fest. Beim späteren Blättern merkte ich, dass mancher Einfluss, manch scheinbar unwichtiger Moment von immenser Bedeutung war. Ich sehe es vor mir. Das Lächeln meines Vaters, das ich so gern mochte und so gut kannte, immer etwas traurig, aber vertraut und nur für mich bestimmt. An meinem Sohn erkenne ich es wieder. Wie abwesend beide schauen konnten, wenn man sie aus ihren Gedanken aufscheuchte.
An diesem Tag wollte mein Vater in einer anderen Stadt etwas abholen und mich mitnehmen. »Das geht nicht«, schimpfte meine Mutter. »Du kommst zu spät heim und das Kind muss morgen früh raus. Sonst ist sie in der Schule nicht ausgeschlafen.« – »Meinst du nicht, die Erinnerung an diese kurze Reise ist mehr wert als jeder Unterricht?« Vater setzte sich durch und wir hatten einen herrlichen Tag. Er bezog mich ein in seine Aktivitäten. Ich durfte ihm helfen und sah stolz den Respekt, den andere ihm entgegenbrachten, bemerkte aber auch die Mühe, die ihn die dauernde Höflich-

keit kostete: »Darauf haben die Leute ein Recht.« Obwohl er kein Attaché geworden ist, blieb Diplomatie eine seiner Stärken. So wich er auch Auseinandersetzungen aus. Ein Gen, das mich komplett übersprungen hat!

»Du musst dich immer entscheiden, denn jeder Schritt bestimmt deinen Weg und kann deine ganze Richtung ändern. Wenn einer meint, es ist egal, was du tust, das Schicksal hat alles bereits vorgesehen, sage ich dir, das ist Quatsch! Du kannst und musst in dein Leben eingreifen! Ohne allzu viel Ärger, möglichst auf gütlicher Basis. Und dabei zugucken, wie andere es machen.«

HELENA

meine tschechische Freundin, erinnert sich an Ähnliches:

»Unvergesslich, wie mein Vater mit mir und meiner Schwester Nachtwanderungen unternahm. Wir belauschten Tiere, krochen durch Grotten und erlebten den Sommersonnenaufgang. Am Tag ging's dann mit dem Zug zurück, aufgewühlt und glücklich über all die Eindrücke. Pilze, Tannenzapfen und Holz sammelten wir immer zusammen im Wald. Dann mahnte Vater zu absoluter Stille: »Ihr dürft wie die Indianer keine Spuren hinterlassen.« Ein tief in mir verankertes plastisches Bild.

Mit meiner Großmutter ging es an Fronleichnam durch Wiesen und Felder zur nahen kleinen Kirche, im Arm ein Körbchen voll selbst gepflückter Blumen. Für mich der Inbegriff früh empfundener Schönheit.«

Manchmal las ich bei älteren Schriftstellern, dass sie bestimmte Augenblicke nie vergessen haben: das nächtliche Wecken, um mit der Familie eine Sternschnuppe anzuschauen, der erste mit Mutters Hilfe selbst gebackene Kuchen für die Geburtstagsfeier; den Sonnenuntergang, zu dem der Vater seinen Sohn umarmte. Jedes Mal fragte ich mich, welchen Stellenwert solche besonderen

Momente wohl heute noch einnehmen. Allein schon in den vier Generationen, mit denen ich es zu tun habe, kann ich gravierende Unterschiede feststellen.
Ältere entsinnen sich genau an das, was die Autoren beschreiben. Teilweise auch die Generation danach, zu der Helena und ich gehören. Doch schon die Vierzigjährigen haben wesentlich unromantischere Erinnerungsstücke gelagert: das Auto zum Geburtstag, ein Open-Air-Rockkonzert, der lange Flug mit anschließendem Urlaub in Kanada. Zehnjährige wiederum speichern so schnell so viele Eindrücke, dass eine Sternschnuppen-Nacht nur bei den Wenigsten mehr als eine Momentaufnahme hinterlässt. Selbst ein Geschenk wie die erste DVD mit eigener Choreografie in Kostüm und Maske wird überwältigt angenommen und nach kurzer Zeit ad acta gelegt. Klick. Ich glaube, jede Form von Flüchtigkeit programmiert spätere Frustration über ein Leben, das auf luxuriöse Weise sinnentleert wird.
Wer Egoismus gegen Gemeinschaftssinn eintauscht, könnte dem entgehen. Besonders, wenn Interesse auf Initiative trifft.

INGRID EHRHARDT

Geschäftsführerin des Freiwilligenzentrums Hannover

Wie kommt es, dass sich die Bedeutung von Vorbild und Bildung, von elementaren Kulturgütern, im Verlauf der Jahrzehnte derart gewandelt hat?

Ich bin in einer engagierten Familie aufgewachsen, in der sich vor allem mein Großvater politisch aktiv betätigte. Das wurde uns vorgelebt. Außerdem war es eine Zeit, in der der Krieg alles Materielle – und nicht nur Äußerliches – weitgehend zerstört hatte. Für viele Jahre ein Klima der Verluste. **Aber gerade dadurch bekamen immaterielle Dinge wie Bildung, Kultur und Toleranz eine hohe Bedeutung.**

Das ist lange her. Mir sind diese Zusammenhänge erst so richtig klar geworden, als eine freiwillige Vorleserin in unserem Zentrum erzählte, dass die Kinder im Kindergarten zum Beispiel keine Blumennamen mehr kennen. Sie sagte: »**Das war bei mir ganz anders, denn für unsere Eltern stand Bildung weit vorn. Wir hatten ja sonst nichts**.«

Rückblickend sehe ich deutlich, wie sehr in meiner Kindheitsfamilie deren Engagement zur Bereicherung beigetragen hat, wie viel Themen und Gesprächsstoff, wie viel Einblick in die Welt, in das Leben und Denken anderer wir dadurch bekommen haben, wie viele Gäste und Freunde über dieses Engagement meiner Familie gewonnen wurden. **Mich hat das so positiv beeinflusst, dass es immer selbstverständlich war, mich weiterzubilden und mich auch zu engagieren**. Den Wunsch, etwas beizutragen, das Umfeld mitzugestalten, habe ich durch die Familie einfach mitbekommen, nie in Zweifel gezogen und wie selbstverständlich weitergelebt. Dazu kommt noch, dass gerade in den Sechziger- und Siebzigerjahren das Gefühl, mitverantwortlich zu sein, sehr lebendig war.

Haben Sie Ihren eigenen Kindern diese familiär geprägte Einstellung vermitteln können?

Ich denke, meinen Kindern geht es ähnlich wie mir damals. Alle vier sind erwachsen. Sie stehen hinter der Idee des Miteinander, sind immer kreativ, praktisch und begeistert dabei, wenn ich in einem Projekt Hilfe brauche. **Die Weitergabe meiner Grundsätze an die nächste Generation innerhalb unserer Familie ist hoffentlich gelungen**.

Warum kommen junge freiwillige Helfer in Ihr Zentrum?

Dass junge Leute Erfahrungen suchen und etwas lernen wollen, sehen wir deutlich. Aber unser Projekt »Service Learning« zeigt auch, dass sie mit großem Idealismus in ein Engagement gehen. Im Übergang zwischen Kindheit und Erwachsensein sind Jugendliche in der Identitätsfindung und suchen nach ihren eigenen, für sie bestimmten Haltungen. **Sie wollen herausfinden, wer sie sind, wollen sich selbst kennenlernen**, und können das bei einem solchen Projekt mit einem haftenden Eindruck. Schülerinnen und Schüler der siebten und achten Klassen arbeiten hier ein halbes Jahr lang einmal die Woche als Freiwillige. Am begehrtesten sind immer die sozialen Einsätze. Auf die Frage, warum sie sich eine freiwillige Tätigkeit in einem Seniorenheim auswählt, hat mir eine Schülerin geantwortet: »**Ich habe gesehen, wie einsam mein Großvater im Krankenhaus war, und will nun etwas gutmachen**.« So etwas berührt mich. Die Schülerinnen und Schüler wollen helfen, und sie möchten in der Welt nützlich sein. Es liegt mir sehr am Herzen, dass diese Zusammenarbeit ernst genommen wird.

Bei Ihnen engagieren sich Fünfundzwanzig- bis Fünfundvierzigjährige am meisten. Trotz Karriere und Familie ist denen das Engagement für die Allgemeinheit so wichtig, dass Zeit kein Problem zu sein scheint. Was motiviert diese Gruppe?

Unter unseren Freiwilligen ist tatsächlich die mittlere Generation die zahlenmäßig größte, die sich trotz aller Anforderungen Zeit für den Dienst an der Allgemeinheit nimmt. Worauf es ihnen ankommt, sind Qualitäten, die im Berufsleben oft vermisst werden: **Sinnhaftigkeit, Selbstbestimmtheit und Gemeinschaft**. Man möchte mit seinen Fähigkeiten etwas Gutes bewirken. Etwas, das über den normalen beruflichen und familiären Alltag hinausgeht.

Ingrid Ehrhardt praktiziert täglich, wie gut das Miteinander der Generationen funktionieren kann, wie wichtig freiwilliges Engagement jedes Einzelnen für die Gemeinschaft ist. Ich konnte mich selbst davon überzeugen und fand das bedeutungsvoll, denn im nachfolgenden Werte-Index rangiert »Gemeinschaft« erst an zehnter Stelle von insgesamt zwölf klassischen Tugenden. Vielleicht liegt es daran, dass Gemeinschaft auch als unangenehm empfunden werden kann. Besonders in Verkehrsmitteln wie Flugzeug, Bus oder Bahn. Ein Schmelztiegel voller Menschen unterschiedlichster Bedürfnisse. Da prallen gelegentlich Welten aufeinander.

SUSANNE GASCHKE

schrieb in der ZEIT über »furchtbar Rüstige« (siehe Anhang):

»Diese alten Leute von heute: Sie sind agiler denn je, sie reisen, studieren, feiern – und nerven wie die Jungen. Neulich morgens, im Pendlerzug. Eine Gruppe von Rentnern steigt ein, lärmend, raumgreifend. Sie breiten Taschen und Rucksäcke aus, sie reißen provozierende Witze, sie signalisieren ihrer Umwelt: Hoppla, hier sind wir, wir haben Spaß, was dagegen? Wir Einzelreisenden, die wir vielleicht gern gearbeitet hätten oder wenigstens ungestört die Zeitung gelesen, sind wie immer feige im Angesicht von Gruppen und sitzen nur mehr innerlich schäumend da: Jemand müsste denen mal Grenzen setzen. Ein paar Manieren beibringen. Da! Jetzt haben sie den Heizungsknopf gefunden und drehen ihn bis zum Anschlag hoch! Es wird wirklich immer schwieriger mit den Alten von heute.«

Originellerweise haben das gerade die Älteren in meinem Umfeld, ich eingeschlossen, fast genauso empfunden wie Susanne Gaschke und uns über die Rücksichtslosigkeit aufgeregt. Gemeinsam mit den Jüngeren. Die wiederum sorgen dafür, dass es im Internet so richtig rund geht.

Der Werte-Index 2009

Der nachfolgende, im Buch mehrfach erwähnte Werte-Index vom Trendbüro (siehe Anhang) wurde aus über 150 000 Dokumenten im deutschsprachigen Internet ermittelt und zeigt, wie häufig und in welchen Kontexten die Benutzer zwölf grundlegende Werte unserer Gesellschaft besprochen haben. Ganz oben rangiert dabei Freiheit, an letzter Stelle Selbstverwirklichung:

1. Freiheit	2. Erfolg	3. Familie
4. Gesundheit	5. Sicherheit	6. Natur
7. Einfachheit	8. Anerkennung	9. Gerechtigkeit
10. Gemeinschaft	11. Authentizität	12. Selbstverwirklichung

»FREIHEIT wird besonders im Zusammenhang mit der Erweiterung technologischer und ökonomischer Möglichkeiten für den Einzelnen wahrgenommen. Gleichzeitig erkennen *User* die Notwendigkeit verbindlicher Regeln, diskutieren diese trotzdem kritisch
ERFOLG bedeutet für den Internetnutzer ökonomischen Erfolg. Singuläre Erfolgsrezepte gelten nicht mehr.
FAMILIE stellt sich als Sehnsuchtsfeld der Geborgenheit und Kontinuität dar, das in der Lebenspraxis aber primär zum Schauplatz von Sorgen, Pflichten und Statuskämpfen wird.
GESUNDHEIT ist die Basis eines erfolgreichen Lebensstils in der Leistungsgesellschaft. Die Notwendigkeit der Selbstoptimierung wird bereits für Kinder und Jugendliche erkannt.
Die Unmöglichkeit von SICHERHEIT führt zu einem Bedeutungszuwachs von Vertrauen.
Auf den letzten Plätzen landen AUTHENTIZITÄT und SELBSTVERWIRKLICHUNG.
Die Internetnutzer praktizieren authentische Kommunikation, anstatt darüber zu sprechen, genauso wie sie online kreativ sind, dies aber nicht diskutieren.«
Auch in der realen Welt nehmen Konfliktunlust und Einsamkeit zu, die Diskussionsbereitschaft ab.

Außer den kleinen Geschichten passieren auch die großen

Nichts auf dieser Welt bleibt, wie es ist. Ständig verändert der Planet sein Gesicht durch Wasser, Sturm, Eis und Feuer. Diese vier formen die Welt, wie sie wollen (wenn wir mal »Umwälzer« wie Vulkanismus, Plattentektonik und so weiter links liegen lassen). All die Schönheit mit ihren landschaftlichen Narben, all das menschliche Glück und Elend unseres Kunstwerks Erde ist nicht unvergänglich. Es hat gedauert, bis ich begriff, dass nur ein winziger geografischer Wandel manchmal Millionen und Milliarden Jahre braucht und anderes in Sekundenschnelle zerstört werden kann.

Heute hauen uns Manager, Banker und Politiker solche Zahlen um die Ohren: Milliarden Gewinne, Milliarden Staatsschulden, Milliarden Verluste, Milliarden Subventionen. Man kann sich die vielen Nullen kaum vorstellen! Einige wenige haben uns in ein weltweites Desaster gestürzt und wir alle müssen dafür bezahlen. Gerechtigkeit? Während Finanzfachleute – die einfachste Prinzipien außer acht ließen – überlegen, wie sie ihre Abfindungen sicherer anlegen, als sie es Kunden angeboten hatten, verschwinden Stadtteile im Ladenschluss der Pleiten. Die meisten Sparer kennen den Typ Berater, der alle naselang anruft, damit sie riestern, investieren, todsicher anlegen.

Mit meinem habe ich Glück. Seit vierzig Jahren dieselbe Sparkasse und nicht *eine* schlechte Erfahrung. Das gibt's also auch. Und dann erwischt es ausgerechnet Freunde von mir, die jeden Cent zusammenkratzen mussten. Deren Geld ist mit Lehman untergegangen und ihr Berater gleich mit. Als Nebenerscheinung beobachte ich übrigens, dass manche Firmen »die Krise« für ihr Missmanagement nutzen, um Konkurs anzumelden, Leute zu entlassen und sich aus der persönlichen Verantwortung zu schleichen. Es ist Mode, Miseren aller Art auf die Krise zu schieben. Immer sind es Einzelne, die für

Katastrophen wie Kriege und Krisen verantwortlich sind, aber nie Einzelne, die es wieder in Ordnung bringen. Das muss die Masse richten. Nur die Kraft der Gemeinschaft kann gegenüber der Kraft des Individuums eine Gesundung einleiten.

Was alle angeht, können nur alle lösen
FRIEDRICH DÜRRENMATT 1921–1990

Krisen gab es immer
Obwohl sie miteinander nicht vergleichbar sind, sind es doch die Auswirkungen. Schon 1923 vernichtete die Inflation riesige Vermögen. Ein Aktienkurs-Abrutsch in New York führte 1929 zum so genannten Schwarzen Freitag, dem folgenschwersten Börsencrash nach dem Krieg. Auch damals breitete sich der Sturz rasend schnell auf alle internationalen Handelsplätze aus. Und nach 1945? Da bezahlten unsere Eltern mit ihrer Arbeitskraft die Kriegsschulden, bauten Zerstörtes aus dem Nichts wieder auf. Und zuletzt folgten auf die Anschläge des 11. September 2001 heftige Kurseinbrüche, die sofort wirtschaftliche Probleme mit sich brachten. Neu ist lediglich, dass wir schneller als je zuvor von allem erfahren. Bringt uns das weiter? Schuldige sind nicht mehr anonym, ihre Gesichter tauchen in den Medien auf. Doch das bleibt letztlich bedeutungslos, wenn sie für ihre verursachten Schäden nicht haftbar gemacht werden können.

Was erkennen wir daraus?
Jede Generation errichtet ihr eigenes Lebenshaus auf Gewinn und Verlust der vorangegangenen. Ideell, kulturell und materiell. Wie die Geschichte zeigt, gehören sogar Schuld und Sühne dazu, ob man es nun will oder nicht. Vor diesem Hintergrund frage ich mich, warum sollte es dann die heutige Jugend schwerer haben? Und deren Perspektive düsterer sein? Noch nie konnte eine junge Generation so viel Substanz übernehmen wie hier in Deutschland, die komplette Infrastruktur eines funktionierenden Staates, unabhängig von sei-

nen Mängeln. Das Vorhandene, alles, was da ist, kann sich im weltweiten Vergleich mehr als sehen lassen. Da sollte es doch mit Liebe, Bescheidenheit, Lernbereitschaft, Einsatzfreude, Lebenslust und Zuversicht gelingen, ähnliche Kraftakte wie die Vorfahren zu schaffen.

HEIKO NEUMANN

Schuldnerberater

Ist es gerechtfertigt, die junge Generation wegen ihrer Zukunft mit einer »existenzbedrohenden Schuldenübernahme« zu bedauern?

Unsere Eltern und Großeltern in der Kriegs- und Nachkriegszeit **hatten ohne Frage wesentlich größere Lasten zu tragen**. Die jetzige junge Generation ist nicht wegen der Schuldensituation zu bedauern, sondern wegen ihres Mangels an Bodenständigkeit.

Verschuldung ohne Verantwortung: im Kleinen wie im Großen. Spielgeld für alle?

Als ich vor fünfzehn Jahren in der Schuldenberatung begann, nannte man uns als statistische Zahl »überschuldeter Haushalte in Deutschland« eine Quote von 4,2 %, übernommen aus dem Jahr 1989. **Heute sind laut Statistik 11,3 % der Haushalte überschuldet**. Dieses Problem hat sich also während der letzten zwanzig Jahre mehr als verdoppelt. In absoluten Zahlen bedeutet dies: 9,3 Millionen Menschen sind überschuldet und direkt betroffen – überproportional Familien mit Kindern! **Es gibt keinen Hinweis darauf, dass sich dieser Trend stoppen lässt, weil keinerlei Gegenmaßnahmen getroffen worden sind!**

Vor der Überschuldung steht in aller Regel die Kreditaufnahme, aber auch nicht gezahlte Mieten, Telefonrechnungen, Energiekosten, Arztrechnungen etc. können dazu führen. **Gemäß aller**

Statistiken ist der Hauptgrund für die nicht eingehaltenen Zahlungsverpflichtungen ein *ungeplantes, unerwartetes* Ereignis. Zum Beispiel Arbeitslosigkeit, Trennung, Krankheit oder Familienzuwachs.
Gerade das Risiko der Arbeitslosigkeit ist im Vergleich zu früher enorm gestiegen.
Anfang der Siebzigerjahre gab es in Deutschland ca. 150 000 Arbeitslose. 2009 sind es über 3,5 Millionen. Lagen die Konsumkredite aller privaten Haushalte bei umgerechnet 14 Milliarden Euro, liegen sie heute bei knapp 230 Milliarden Euro. Tendenz steigend!
Das bedeutet im Umkehrschluss: **Trotz erhöhtem Rückzahlungsrisiko wird eine immense Neuverschuldung gestattet. Einzig und allein zur Profitvermehrung der Kapitalgeber**! Dass die Menschen sich trotz leerer Taschen den Konsum »genehmigen«, liegt im Wesentlichen an den vermittelten Wertvorstellungen. Insbesondere durch das Fernsehen und die jeweiligen Regierungen des Landes.

Ist allein der Schuldner für diese Situation verantwortlich?

Wenn der **Fall der Nichtbezahlung eintritt, wird meistens auf den Schuldner eingeschlagen, denn er trägt die »Schuld« ja bereits in seiner Bezeichnung. Tatsache ist jedoch, dass die Gläubiger nahezu mit gleichem Schuldanteil verantwortlich sind**, mit Ausnahme privater Vermieter und Handwerker.

Zumindest Banken und Versandfirmen umwerben den Markt in einer beispiellosen Aggression. Gerade über die modernen Medien werden ständig neue Konsumanreize ausgestrahlt. **Dadurch hat der Konsument von heute kaum noch einen Bezug zur Wirklichkeit**!

Viele Banken bieten immer neue Kredite an. Grund dafür ist die Tatsache, dass circa 50 % aller Bürger *keine* Schulden haben! Auch dieser Teil soll dazu gebracht werden, endlich ins Hamsterrad einzusteigen. Kapital muss sich vermehren, gegebene Zinsen müssen durch genommene Zinsen bezahlt werden. Dazwischen liegt die Pflicht, Gehälter zu überweisen und Profite zu machen.

Wenden sich die überschuldeten Menschen direkt an Sie, erkennen also ihre Lage, oder durch wen kommen sie zu Ihnen?

Die meisten kommen aus eigenem Antrieb zu mir, weil ihnen die Situation über alle Maßen peinlich ist. Ansonsten gibt es Empfehlungen von bereits erfolgreich beratenen Freunden oder zum Beispiel der ARGE*, dem Jobcenter.

Ist die Nation zum Sparen »verdammt«?

Die Nation ist zum Erkennen verdammt! Sie wird definitiv den »Wechsel« des Generationenvertrags vorgelegt bekommen – und der ist nicht bezahlbar! Spätestens dann wird die Nation aus ihren Träumen des »gesicherten Ruhestands« gerissen. **Der jetzige Wohlstand ist nur von den kommenden Generationen geborgt worden**.

Was können wir tun?

Auch in Krisen steigen die Kreditaufnahmen! Der eingetretene Einkommensverlust wird also zunächst über die Banken weiterfinanziert. **Stattdessen muss man lernen, mit weniger auszukommen**. Der Staat darf nicht das Vorbild sein!

* ARGE oder Jobcenter bezeichnet eine regionale Zusammenlegung von Mitarbeitern der Bundesagentur für Arbeit mit denen der Kommunen, um die Integration in Arbeit und das Arbeitslosengeld II nach dem Sozialgesetzbuch II zu gewährleisten.

Mit wenig auszukommen, damit hatten wir Erfahrung. Meine Familie war im wahrsten Sinne das, was man abgebrannt nennt. Keiner darunter, der einer Branche angehörte, die zu den Kriegsgewinnlern zählte, keiner mit Beziehungen zu Kreditinstituten, keiner, der fette Geldreserven retten konnte. Das Leben war wichtiger gewesen. Doch jetzt wollten sie alle neu anfangen.

Eines Morgens, es muss im Spätsommer 1953 gewesen sein, kam Matteo zu uns an den Tisch. Mit zerknittertem Gesicht stelzte er eine Weile unruhig auf und ab, ließ sich dann schwer auf den alten Stuhl fallen und klopfte mit beiden Händen den Takt des Triumphmarsches aus »Aida« auf die Platte. Rosaria, die selbst in dem schlichten Kleid aus schwarzweißem Gardinenstoff schön und gepflegt aussah, trug schon die Kanne mit dem dünnen aufgebrühten Kaffee in der Hand. Matteo reagierte nicht, saß nur da und massierte mit den Fingerknöcheln seinen Hals, sein Kinn, als wollte er den Kiefer einrenken; die Lider geschlossen. Es kam vor, dass er in Melancholie versank, schweigend und nicht ansprechbar. Meine Oma vermutete, heute war so ein Tag. Bis mein Vater dazutrat. Sofort sprang Matteo auf, temperamentvoll wie ein junger Tänzer, umfasste ihn mit beiden Armen, hielt ihn in geringem Abstand so vor sich, dass sie sich in die Augen sehen konnten. Matteo mit leicht zurückgelehntem Kopf. Wegen des Größenunterschieds.
Aha, vermutete Rosaria, ein Problem mit dem Schwiegersohn. »Soll ich euch allein lassen?« Sie verdrehte die Augen und schüttelte den Kopf, wie sie es manchmal tat. Matteo sah sie nicht einmal an, nickte aber. Diskret verließ sie den Raum, um ihrer Tochter sofort von der dicken Luft zu berichten. Nachdem *Don* Matteo meinem Vater mit gespitztem Mund, Falte zwischen den Augen und den drei wichtigsten italienischen Fingern die rechte Wange liebevoll verknetet hatte, sagte er in eindringlichem Ton: »Setz dich zu mir, *guaglione*, mein Junge, lass uns reden. *Noch* soll die Familie nichts mitkriegen.« Opa fixierte den großen, hübschen Kerl, der sich zögernd neben ihn auf den Hocker fallen ließ. Erster Impuls meines Vaters: laute Abwehr

mit schneller Flucht. Am besten beides gleichzeitig. Stattdessen brummelte er: »Dann behalt es besser für dich, ich verquatsch mich leicht.« – »Hör mir einfach zu«, drängte der Ältere. »Ich will raus hier aus dem Dorf, aus diesen Verhältnissen, doch das schaffe ich nicht mehr allein mit Rosaria. Wir müssen uns alle zusammen auf den Weg machen.« Amen, dachte der Schwiegersohn. Diese theatralischen Italiener, vorneweg Matteo.

Vater wusste, wie sich blutende Füße anfühlen, wenn man keine Socken besitzt. Er kannte den Zustand, in dem man nichts als Hunger spürt, weil er den letzten Knust seiner Frau gegeben hatte. Und er konnte abrufen, wie es ist, wenn man nur noch aus Sehnsucht besteht. Sehnsucht nach Zuhause, nach Frieden und dem Ende der Verantwortung. Schon in jungen Jahren hatte er etliche Lektionen gelernt. Aber nichts über Geheimnisse, Strategien und Tricks, falls man davon absah, dass er manchmal etwas erfand, um seine Schwiegereltern oder deren Tochter zu besänftigen. Die konnte die Augenbrauen so arrogant hochziehen wie keine Zweite und tagelang kein Wort mit einem sprechen, wenn man sich gegen sie und ihre Familie stellte. Wer wäre da schon scharf auf tötende Blicke. Den Vater seiner Frau abblitzen lassen? Mit Sicherheit würde Matteo zwischen Suppe und Spaghetti bissige Bemerkungen ausstreuen über »Deutsche ohne Familiensinn«. Und dann hätte er sie alle gegen sich, den ganzen italienischen Verein! Und so schlecht war sein Vorschlag gar nicht. Vater begann zu träumen. Opa pustete erleichtert Luft aus und forderte seinen Schwiegersohn zu einem Spaziergang auf. Das kannte ich!

Auf dem Nachhauseweg trotteten die beiden unterschiedlichen Männer über das lädierte Kopfsteinpflaster durch die trübe Dorfstraße, nahmen kommentarlos die Umgebung wahr und schwiegen, jeder in eigene Gedanken versunken.
Derweil beobachtete ich meine Mutter, wie sie vor der braunen Haustür stand, deren lange Bretter mit dunklem Holz vertikal ver-

nagelt waren. Zur Sicherheit, ehe sie völlig auseinanderfiel. Bauer Arved sorgte schon dafür, dass uns kein Luxus zu Kopf stieg. Mama setzte sich mit ausgestreckten Beinen auf die abgewetzte Steinschwelle und sah Vater mit Opa anrücken. Automatisch nahm sie eine elegantere Haltung ein, zog die Knie höher und umfasste sie mit beiden Armen, auf die sie verführerisch ihren Kopf legte. Wie schön sie ist, dachte ich.

Jetzt kauerten wir dicht nebeneinander, ich wie ihre erwachsene Freundin, und meine Mutter erzählte mir von früher, weil etwas an Vaters Haltung sie an die erste Begegnung erinnerte. Zum fünfzehnten Geburtstag hatte sie ein besonders gutes Zeugnis aus ihrer Klosterschule heimgebracht, und ihre Eltern schenkten ihr zur Belohnung eine Rundreise, die sie alle drei gemeinsam unternehmen würden. Jesses, eine Rundreise! Ich nickte, um zu verbergen, dass ich keine Ahnung hatte, was das wohl sein mochte. Die zwei eingeplanten Ferienmonate sollten meine Mutter in die weite Welt einführen, ihr unvergesslich bleiben und nebenbei ihre Sprachbegabung fördern. Mit dem nagelneuen, schicken Fiat-Luxustorpedo fuhren sie zuerst nach Rom, Venedig und Ungarn. Und nach Starnberg, wo Mama sich am Badestrand in meinen Vater verliebte. Bestimmt konnte sie schon damals so überheblich gucken, dass sich ihr niemand zu nähern wagte. Bis auf meinen Vater. Der kam lässig angeschlendert, setzte sich einfach auf ihre Decke, fragte dabei: »Darf ich?«, und lag schon auf seinen Ellbogen gestützt neben ihr.

»Ich hatte ihn vorher gesehen, weißt du«, Mama zwinkerte mir zu – nicht zu fassen. »Zwar nur aus den Augenwinkeln, aber der große Blonde mit den breiten Schultern und den vollen Lippen war Mittelpunkt einer Gruppe, die Ball spielte. Und von Sport verstand der was, das kann ich dir sagen.« Als er dann neben ihr hockte, ignorierte sie ihn einfach, doch der freche Kerl stibitzte sich eines der typisch italienischen Eierbrötchen, Rosarias Spezialität, und biss hinein. Mamas Deutschkenntnisse waren gering, einiges verstand sie, aber beim Sprechen genierte sie sich. Also hauchte sie ein *go away* und drehte ihm den Rücken zu. Nach einigem

Geplänkel hatten sie begonnen, sich auf Englisch zu unterhalten, zusammen zu lachen und sich im Wasser zu balgen. Seine Kumpel begleiteten das mit hämischen Bemerkungen, um die sich niemand scherte. Von da an sahen die zwei sich jeden Tag, verliebten sich ineinander, und das im siebten Himmel schwebende Schulmädchen hatte Mühe, diesen Zustand vor den Eltern zu verbergen. Vater verbrachte diese denkwürdigen Ferien bei einer Tante. Er stand bereits im Abitur und war sicher, eine große Karriere vor sich zu haben. Nicht als Musiker wie sein alter Herr oder als Pastor wie der Vater seiner Mutter, sondern als Diplomat. Ja, so hatte sich mein Vater das Leben vorgestellt. Sein Land würdig als Attaché zu vertreten, das war sein Ziel. Doch nichts lässt sich planen – Chaos, Zufall, Irrtum steuern dagegen. Und so dauerte es noch vier Jahre, bis beide Elternseiten weichgekocht waren, das Kloster verlassen werden und das junge Paar heiraten durfte, abgesehen von zerplatzten Karriereplänen und diversen Kriegsopfern.

Mir ist es wichtig, von den Eltern erfahren zu haben, wie sie sich als Heranwachsende, als junge Verliebte fühlten. Damit stellten sie eine Verbindung zwischen uns her, die es mir später ermöglichte, Situationen meiner Kinder und Enkel zu verstehen. Ich brauchte mich lediglich in meine eigene und die frühere Lage meiner Familie zu versetzen.

Nachdem Mutter ihren verbalen Ausflug in die Vergangenheit beendet hatte, fiel uns auf, wie intensiv Opa und Vater miteinander tuschelten. Interessantes Ergebnis vom Spaziergang? Wir tauschten wissende Blicke. Die Männer planten etwas, das fühlten wir Frauen, entsprechend unserer Altersklasse. Meine Schwester glaubte an einen abenteuerlichen Ausflug; ich war sicher, es ging ums Essen und um unseren Vermieter Arved; Mama vermutete mit leuchtenden Augen eine überraschende Anschaffung, und Oma schwante Fürchterliches. Wir vertrauten einander unsere Gedanken an, von denen meine Schwester der Wahrheit noch am nächsten kam.

Es wurde für alle ein ereignisreiches Jahr in Deutschland, denn die Männer wollten sich gemeinsam mit den italienischen Verwandten ein neues Standbein aufbauen. Darum verließen wir das Dorf und zogen in eine schöne, große Wohnung in der Stadt. Mit einem grünen Vorgarten.

Mein letzter Eindruck beim Abschied: Bauer Arved ist ja gar nicht so groß wie ich dachte. Dabei schien er vorher immer riesig gewesen zu sein.

Mein erster Eindruck im neuen Umfeld: nette Gesichter in der Nachbarschaft. Und die Deutschen entdecken Italien als Urlaubsland. Dann werden sie zu uns bestimmt freundlicher.

Auf rauen Wegen zu den Sternen

Beppo, Matteos kleiner Bruder, besuchte mit Cosimo, dem jüngsten Bruder Rosarias, die Familie in Deutschland und wollte sich dabei etwas umsehen. Großvater, Initiator neuer Ideen, hatte mit seinem Schwiegersohn und den beiden Jungs Bilanz gezogen, um danach einen couragierten Entschluss zu fassen. Für eine Rückkehr nach Italien sprach wenig. Ihr dortiger Besitz lag in Schutt und Asche. Beppo und Cosimo waren als Partisanen der Widerstandsbewegung aufgefallen und hatten zwei brutale Strafaktionen der Faschisten knapp überlebt. Vater wollte ebenfalls nicht zurück. Schließlich musste er nun seine eigene Familie versorgen und konnte sein Studium an den Haken hängen. Keiner der vier sah in Italien eine Perspektive, sie würden vor dem Nichts stehen.
Hier war zwar alles fremd, Menschen, Mentalität, Sprache, auch das Land, aber es befand sich im Aufbruch. Das spürte man deutlich. Und Vater wäre ihr Dolmetscher, ihr Entree ins deutsche Herz – jawohl! Jeder war bereit, ganz von vorn etwas völlig Neues zu beginnen, über das sie lange nachgedacht hatten. Auch aus heu-

tiger Sicht ein grandioser Schritt! Ein weiterer Teil des Klans rückte an, Verwandte und Freunde legten zusammen, ohne Sicherheiten, ohne Garantien. Onkel Cosimo, zielstrebig wie mein geliebter Esel, mietete einen zerbombten Laden, der in Gemeinschaftsarbeit restauriert und im italienischen Stil hergerichtet wurde. Dort kochte seine Frau Valeria nach alten Rezepten aus ihrer Heimat Sardinien.

In der opernverrückten Familie lief immer irgendwo eine Arie. *zio* Cosimo, ein leidlicher Bariton, sang an Festtagen selbst vor seinen Gästen. Noch dazu weckten deutsche Schlager die Liebe zur italienischen Lebensart, zu Land und Leuten: »Wenn bei Capri die rote Sonne im Meer versinkt« – »Nimm mich mit nach Italien« – »Arrivederci Roma« – »Zwei kleine Italiener« ...

Binnen kurzer Zeit war *il ristorante* ausgebucht. Für Einheimische eine Tankstelle der Lebensfreude und Ferienträume. Onkel Beppo, unser intellektueller Akademiker, schaffte Ähnliches mit *Gelato italiano*, einer trendigen Eisdiele, die ein beliebter Treffpunkt junger Leute wurde. Alle Einnahmen teilten sich die vier Familien, Überschüsse erhielten die Gläubiger. Nach vier Jahren besaßen beide mehrere Läden und beschäftigten außer den Landsleuten verschiedene Nationalitäten, Menschen auf der Suche nach einer Chance, so wie sie selbst es gewesen waren. Vater und Großvater importierten feinste italienische Stoffe, Gabardine, Organza, Seide, die dann von handwerklichen Künstlern aus der Heimat zu Kleidern, Kostümen und Anzügen verarbeitet wurden. Diese italienische Enklave konnte sich nur deshalb etablieren, weil die Familien bereit waren, fremde Pfade zu betreten, weil sie zusammenhalten, zupacken und Ideen umsetzen wollten, weil sie begabt, tüchtig und integrationswillig waren. Kein visionärer Traum, der sich hier erfüllt hat. Aber Lernbereitschaft, Flexibilität und Mut zum Risiko wurden so großzügig belohnt, dass alle im Nachhinein von ihrem »deutschen Traum« sprachen und nicht von einem »waghalsigen Unternehmen«, als das es ja eigentlich begonnen hatte.

Für uns Kinder konnte es nicht besser laufen, denn wir durften jederzeit vorbeikommen und sogar Freunde mitbringen – Tanten und Onkel luden uns immer ein. Hausgemachte Nudeln, *pasta fatta in casa*, Süßes wie *profiterol* und *gelati* mit der einzigartigen Schokoladensoße *sanguinaccio*, so viel wir wollten: Schlemmen nach Herzenslust. Verwundert registrierte ich, dass meine Klassenkameraden die Ausflüge in diese exotische Welt nicht nur wegen der kostenlosen Leckereien liebten, sondern die ungezwungene Atmosphäre, die großzügige Herzlichkeit und die erkennbare Freiheit regelrecht aufsogen. Sie hatten Respekt vor den Erwachsenen und vergaßen nie, sich zu bedanken. Meiner Beliebtheit war das durchaus zuträglich und schwappte auch auf die neue Ballettschule über. Der Unterricht dort gehörte zu meinen aktuellen Pflichten. Statt Mutter triezte mich nun Martha, die ebenfalls Grazie, Körperspannung, Disziplin und Teamgeist lehrte, was damals noch Gemeinschaftssinn hieß. In den Pausen musterte ich ihre scharf geschnittenen Züge, die das Gesicht ausmachten. Martha hatte etwas Strenges und Hartes an sich. Nichts Gemütliches. Mit finsterer Miene blickte sie uns an und befahl: »Zehen durchbiegen, Haltung, Kopf gerade.« Keine Verbesserung gegenüber Mamas Trainingsstunden.

Die wiederum lud sich Gäste ein und spulte immer das gleiche Programm ab. Langweilige Frauen aus der Gegend balancierten Teller auf dem Schoß, schaufelten den selbst gebackenen Kuchen in sich rein, tranken italienischen Espresso, den Mama in der alten Maschine brühte und warteten. Auf mich. Am schlimmsten war Frau Jensen, die Keks und Eierlikör mitbrachte, wenn sie zu Besuch kam. Blanker Horror! Kaum saßen die Frauen beieinander, alte Fotos und Gläser mit dem scheußlichen Eigelb vor sich, da rief Mutter: »Kind, komm und zeig unseren lieben Gästen, was du Neues kannst.« Ich musste rein in Tutu und Schläppchen, Haare im Nacken festbinden und trippelnden Schrittes mit positionierten Extremitäten im Türrahmen erscheinen: ein paar *Pliés*, *Tendus* und eine Andeutung von *Relevé*. Währenddessen sah Mama niemals mich an, sondern nur in die Gesichter der Damen. Je begeisterter deren Miene, desto freundlicher auch ihre. »Macht sie das nicht gut?« Wer würde ihr widersprechen? Nach zehn bis fünfzehn Minuten durfte ich gehen.

Mir graute vor diesen Auftritten, aber ich konnte mich nur selten verkrümeln, weil Mama schon immer sehr früh ihre Wünsche anmeldete. Und nicht zu gehorchen, wollte ich tunlichst vermeiden. Meine Schwester hatte geschickter gewählt, denn Pferde und Florett konnte sie schlecht präsentieren.
Der Rest der Familie war weniger fordernd, da durfte ich ganz ich selbst sein, und nach den Hausaufgaben lesen, singen oder spielen. Mit Gleichaltrigen! Nur vom Tanzen hatte ich dann die Nase voll durch den drakonischen Unterricht und Mamas ätzende Frauenrunde.
Manchmal brütete ich über einer Rechenaufgabe und beobachtete meinen Vater. Der saß auf dem bequemen Sofa neben mir, kaute zerstreut an einem Stift (was er mir verboten hatte) und schien wieder etwas Neues zu planen. In seiner Freizeit hockte er über Büchern und las hochkonzentriert.
Nur Großvater, die Onkel und Tanten arbeiteten zielstrebig wie bisher, voller Freude in ihren neuen Berufen und nannten sich selbst »unternehmungslustige Glückspilze«.

Alle diese kleinen Geschichten unter Millionen anderer zeigen, was auch in aussichtslos wirkenden Phasen zu schaffen ist. Denn was uns Menschen ausmacht, ist die Hoffnung, der Zwang zur Selbsterhaltung und die Fähigkeit zum Wandel, die wir uns bewahrt haben. Darum bin ich überzeugt:

Jede Generation hat ihre Chancen und Möglichkeiten:
Aber von nichts kommt nichts – eine sehr simple Aussage, die auf anspruchsvollere Weise von den bereits zitierten Experten durch ihre Erfahrungen bestätigt wurde.
Jede Generation, jeder Mensch braucht Perspektiven und Mutmacher:
Wie man heruntergerissen wird, können wir täglich sehen, hören und lesen. Ein angesehenes Magazin betitelte eines seiner Hefte: »Die neue Trümmergeneration. Finanzkrise, Glaubenskrise, Klimakatastrophe. Was für eine Welt hinterlassen wir eigentlich unseren Neugeborenen?«

Ja, *was* hinterlassen wir denn? Errungenschaften wie Freiheit und Demokratie, eine weltweit anerkannte Infrastruktur mit Schulen, Krankenhäusern und Straßen sowie ein soziales Netz – klar, alles zu wenig, alles unvollkommen, aber immerhin besser als je zuvor! Davon steht nichts im Artikel. Und es kann nicht nur um *unsere* Hinterlassenschaften gehen, sondern auch um eine über Jahrtausende entwickelte Kultur, die das Heute geprägt hat und sich im Morgen fortsetzen wird.
Man sollte die Gegenwart und sich selbst nicht *zu* wichtig nehmen. Was immer der Staat durch welche Mittel oder Konjunkturprogramme in das Gemeinwesen, Bildung, Forschung und anderes investiert, bleibt ein Wert, von dem mehrere Generationen profitieren. Auch das könnte umweltfreundlicher, preiswerter, besser sein – aber auch viel schlechter. Kein Wort davon im Artikel! Schulden müssen bezahlt werden, so viel ist sicher, und ein zunehmender Teil des erwirtschafteten Volksvermögens wird für deren Zinsen benötigt. Trotzdem verändert und vergrößert sich der gesamte »Kuchen«. Nicht zuletzt durch neue Möglichkeiten der Wertschöpfung, ob im Bereich der Umwelttechnologien oder durch Ergebnisse aus der Forschung, um nur einige zu nennen.

Eine Krise, in der sich Menschen oder Gesellschaften befinden, muss man auch als Reinigungsprozess verstehen, keine ist mit der anderen vergleichbar. Sie ist jeweils *jetzt*, es ist *diese* individuelle Krise; sie war es nicht gestern und wird es nicht morgen sein. Doch mit Sicherheit gab es gestern eine *andere* Krise, ebenso wie unsere Neugeborenen morgen ihre *eigene* erleben werden. Und immer gab es unvorhersehbare Lösungen, immer gab es neue, vorher nicht erkannte Wege aus der jeweiligen Krise! Das ist doch phantastisch!

Wie soll sich ein Teenager von heute optimistisch in seine Zukunft begeben, wenn er täglich mit Trümmermeldungen konfrontiert wird? Wer ständig liest und hört: »Es lohnt sich sowieso nicht, weil alles den Bach runtergeht«, wird irgendwann allen Mut und damit den Glauben an sich selbst verlieren. Ich gehe davon aus, dass jeder von uns eine bessere Welt will, sogar die Zyniker mit ihren sarkastischen Sprüchen, doch das gelingt uns nicht durch Aufzählung negativer Umstände, ohne die positiven gleichwertig zu behandeln. Für ein optimales Miteinander sollten sich alle anderer Mittel bedienen als dieser destruktiven, unreifen Spekulationen.

Mir ist das Krisengerede ohnehin in zu engem Denken geparkt, und manche Zeile kommt mir vor wie ungefilterte Wichtigtuerei. Schlechte Voraussetzungen, Schulden, Unsicherheiten, mangelnde Perspektiven relativieren sich, wenn man die Bedingungen anschaut, die wir Menschen jeweils vorgefunden haben (unverzichtbar dafür das Wissen um Geschichte). Nehmen wir ruhig nochmal die jüngste Vergangenheit mit ihren zwei großen Kriegen als Beispiel. Was *diese* nachfolgenden Generationen antrafen, mit welcher Last eines Erbes *sie* umzugehen lernen mussten ... da sollte sich doch Angst über *unsere* Hinterlassenschaften in Grenzen halten und lieber aufbauendem, verantwortungsvollem Handeln Platz machen. Einer meiner ketzerischen Gedanken dazu dreht sich um die gegenseitigen Schulden der Staaten, die sich für mich wie ein endloses Monopoly-Spiel darstellen. Welches Land wird je ans andere die Billionen und Billionen abtragen können? Vielleicht erlassen ja irgendwann alle allen alles, und es geht zurück auf Null über Los. Das zum einen.

Zum anderen siegt natürlich mal wieder die Katastrophenmeldung über die brennenden Alltagsprobleme, wie den immensen Nachlass an Gefühlsarmut, Gleichgültigkeit oder Abstumpfung. Warum sonst steigen die Zahlen verwahrloster, gewaltbereiter Kinder und Jugendlicher so rasant an? Oder das Gegenteil: Überprotektion und Fernhalten aller Probleme? Warum registrieren alle Fachleute an der Basis Zunahme von Verantwortungslosigkeit, Realitätsferne und mehr? Für diese Entwicklung ist nach meiner festen Überzeugung die gewollte überbordende Darstellung von Gewalt in den Medien mit ein Grund – und die Verantwortung klar zuzuweisen, im Gegensatz zu manch anderer. Vieles der medialen Beeinflussung wirkt sich unwiderlegbar negativ aus. Und warum werden die Entschei-

dungsträger dieser meinungsbildenden Medienprogramme nicht nach *ihrem* Beitrag zu einer besseren Welt gefragt?
Ohnehin wird lieber gejammert als gejubelt. Doch jammern bringt uns nicht weiter, auch wenn ich mich mitschuldig fühle, denn *wir* sind die Generation, die mit unausgegorenen, antiautoritären Erziehungsversuchen eine Saat gestreut hat, die unsere Kinder an ihre weiterreichten. Und wir waren blöd genug, mit neuer Bildungseinstellung Autorität und Vorbildfunktion aufzugeben, ohne ein Äquivalent zu entwickeln. Gut war jedoch unser Antrieb »Mein Kind soll es mal besser haben als ich«. Dass dieser Wunsch später auf der Strecke blieb, ist ein großer kultureller Verlust. Und *wir* sind auch diejenigen, die den »Jugendkult« erfunden und ihn den Nachfahren überlassen haben. *Wir* sind die, die sich im gemütlichen Wohlstandsfett des Wirtschaftswunders kaum noch Armut vorstellen konnten. Heute stehen wir vor den Früchten. Natürlich war alles gut gemeint, alles nur zum Besten der Kinder – doch nun ist Schadensbegrenzung angesagt. Gerade, wer heute so um die dreißig ist, will in nichts den Vätern nacheifern und sagt deutlich: Lasst uns bloß mit euren bewährten Rezepten in Ruhe. Das ist nur *ein* Ergebnis aus meinen vielen Gesprächen mit dieser Altersgruppe.

PROF. PETER WIPPERMANN

Trendforscher und Professor für Kommunikationsdesign

Müssen Eltern konsequenter erziehen?

Man kann seine Kinder nicht einerseits verhätscheln und andererseits ausgrenzen – das funktioniert auf Dauer nicht. Hier müssen viele Eltern umdenken.
Demonstration, Aufstand, Revolte? Das war gestern. **Heute wird entzogen.** Die meist hochsensiblen Jugendlichen würden zerbrechen, wenn sie realisierten, welche Verantwortung auf sie zukom-

men soll. Also bleibt Entzug die Lösung. Bloß nichts entscheiden. **Ein enorm wichtiges Thema, das in der Politik einfach nicht diskutiert wird. Weder Wahlboykott noch Rentenversicherung. Da rollt ein riesiges Problem auf uns zu.**
Es gibt etliche Reportagen über »die armen und verlorenen Rezessionskinder« – eine reine Medienerfindung! Alles ist im Wandel und Jugendlichen nichts so wichtig wie ihre Freiheit. Kein anderer Wert wird so intensiv, so oft und in einem derartig breiten Spektrum diskutiert. **»Freiheit« steht an erster Stelle des vom Trendbüro ermittelten Werte-Index.**

Sehen Jugendliche Freiheit – nach Ihrer Analyse – nicht nur als persönliches, sondern auch als politisches und soziales Thema?

Unbedingt. Sie empfinden manche Gesetze oder staatliche Maßnahmen als **Freiheitsbeschränkung**. Gleichzeitig wird deren Notwendigkeit als Grundlage für einen demokratischen Rechtsstaat und als **Garantie der Freiheit** vieler akzeptiert. Als **Bedrohung** nehmen Jugendliche biometrische Pässe wahr, Vorratsdatenspeicherung und andere Maßnahmen zur Kriminalitätsbekämpfung. Junge Internetnutzer diskutieren, wie weit solche Maßnahmen gehen dürfen, und sie fürchten um ihre **Persönlichkeitsrechte**.

Das klingt nach großem Sicherheitsbedürfnis. Wie ist hier die Auswertung?

Sicherheit ist in der Diskussion eng im Kontext Freiheit angesiedelt. Die **Gewissheit, dass fast nichts mehr sicher ist, steigt bei den Jugendlichen ebenso wie der idealistische Wunsch nach Sicherheit**. Sicherheitsangebote wirken oft verdächtig. Viele bemängeln, dass unter dem Vorwand der Sicherheit ihre persönliche Freiheit eingeschränkt wird.

Es existiert eine neue, globale, virtuelle Welt, die für Milliarden Menschen ein weiteres Zuhause ist – das steht schon mal fest. Und nie mehr wird es, wie es einmal war – auch das steht fest. Sogar Älteren bleibt diese Internet-Tür nicht versperrt, viele beziehen daraus bereits ihre Informationen. Doch wann immer ich höre: »Jetzt bin ich eng mit der Jugend verbunden«, wundere ich mich, weil dieser Weg keinen leichten Zugang zu ihr sichert. Die Jugend spricht eine eigene Sprache voller Lust am *network* und setzt ihre eigenen Prioritäten. War das mal anders?
Wie entsetzt hat mein Opa auf die Malerei der »jungen Wilden« oder auf Louis Armstrong und Little Richard reagiert – er nannte es: »Kleckserei, die Augenschäden verursacht« und »Hottentottengedröhne, das dein musikalisches Gehör komplett verderben wird«. Als junge Leute waren wir zwar nicht im Netz, aber auch unter uns. Wir entdeckten damals eine neue Mobilität und variierten alte Werte. Daran hat sich kaum etwas geändert. Selbst, wenn sich viele nichts oder nur wenig aus »dem Netz« machen, finden sie reichlich alternative Möglichkeiten für ein gutes Miteinander.

Jede Form von gemeinsamer Aktivität lässt Grenzen fallen: altersmäßige, ethnische, ökonomische Grenzen. Interessiert man sich für ein und dasselbe, ist man schnell miteinander im Geschehen. Ob beim Fußball, Segeln oder Malen, beim sozialen Engagement, Kochen, Spielen oder in der Tierpflege.
Produktive Gemeinschaftserlebnisse stärken das Selbstvertrauen, den Sinn für Verantwortung und ein soziales Miteinander. In einer Atmosphäre der Ermutigung fördern sie Hilfsbereitschaft, Kreativität, und steuern die Energie in die richtigen Kanäle statt in Egoismus und Selbstbetäubung.
Faktisch sind Kinder heute in der ganzen Welt zu Hause, früher endete deren Vorstellungskraft meistens an der Dorfgrenze. Jetzt trifft man Fans von Werder Bremen und dem FC Barcelona in Paris oder Pittsburgh. Alle haben Internet und können sich nach Belieben Autorennen und Fußballspiele ansehen. Diese Möglichkeiten heben

Grenzen auf! In den Mannschaften kickt ein Junge aus der Eifel mit einem aus Eritrea, und beide brauchen nicht einmal eine Sprache für ihre Kommunikation. Sie lernen von Trainern, die ihre Väter sein könnten, den Umgang mit dem Ball und den Kameraden. Schießt einer daneben, versucht er beim nächsten Mal etwas Neues. So wird das Spiel zum Lehrer. Das lässt sich in jeden kleinen Verein transportieren, gilt für Hobbybastler ebenso wie für Wanderer. Sobald man ein Ziel hat, ist auch nonverbale Verständigung möglich, die Unterschiede verschwimmen.
Außerdem hilft Gemeinschaft gegen Einsamkeit.

Ein paar Feststellungen zum aktuellen Sein oder Nichtsein:

- Wie schon Legionen unserer Vorfahren sind wir Zeitzeugen eines Umbruchs. Und immer dann, wenn umwälzend Neues geschieht, geht auch etwas verloren.

- Wir Menschen spüren Verluste meist stärker als Gewinne; ein Gefühl, das die nüchterne Einschätzung und realistische Prognose beeinträchtigt. Während der Glückstaumel uns kurz und heftig aufrichtet, wirkt der Schmerz über Verlorenes lange und bohrend in uns nach.

- Der heutigen Jugend steht durch ihre Vernetzung auf andere Weise als früher die gesamte Welt offen. Mehr als es Ältere trotz aller Reisen je gekannt haben.

- Gegen das Internet kommen unsere üblichen Angebote an die Jugend nicht an. Wir müssen zusätzlich ganz andere Werte bieten und entwickeln.

- So gut Ältere sich auch virtuell zurechtfinden mögen, *ihre* Domäne wird das Internet nie mehr. Dann schon eher der Fernseher oder die Gemeinschaft.

- Ein neues Zeitalter ist angebrochen, dessen Entwicklung wir nicht absehen können, obwohl wir täglich die Schritte dahin erkennen.

Solche evolutionären Sprünge haben immer etwas Melancholisches. Die Weltordnung, bisher vertraut und übersichtlich, gerät in Zeitlupe aus den Fugen. Aber warum bedauern die Menschen aller Epochen so sehr, dass sich die Dinge, die sie gewohnt waren, auflösen und sich etwas völlig Neues daraus ergibt? Ich glaube, uns wird dabei unsere eigene Endlichkeit bewusst. Wir kommen nicht mehr mit, fühlen uns von den Veränderungen ausgestoßen, sind plötzlich alt. Das kann eine phlegmatische Fünfunddreißigjährige genauso erwischen wie einen agilen Achtziger. All das Kommende, all das Neue, verursacht mehr Unbehagen als Neugier. Und stellen wir uns nicht dauernd die Sinnfrage? Dass wir die Begrenzung unserer Lebenszeit akzeptieren können (auch, wenn sie sich weiter nach hinten schieben lässt), resultiert möglicherweise daraus, dass wir wirklich nichts mehr mit den Veränderungen zu tun haben wollen. Ich jedenfalls ziehe durch diese Erkenntnis auch dem Tod einige fette Schreckenspunkte ab. Bei allem Interesse an meinem Umfeld merke ich doch, dass bestimmte Entwicklungen für andere bestimmt sind, für meine Nachkommen, nicht für mich. Ewiges Leben auf Erden? Nein danke. Ewige Jugend mit künstlich jugendlichem Äußeren und gereiftem Innern? Um Gottes Willen nein!
Aber seine persönliche Zeitspanne wach, offen, sinnvoll zu verbringen und dann loszulassen – das wird bis zuletzt mein Übungsprogramm bleiben. Hoffe ich!
Das Dasein ist schließlich, solange es dauert, spannend genug. Und es bietet permanente Herausforderungen. Ich fühle davon viele, erkenne einige und schaffe manche. Die dann allerdings mir gemäß. Mein individueller Trost lautet: Nicht aufgeben! Immer wieder von vorn starten – es lohnt sich. Gerade im Dialog mit Jüngeren und Älteren. Wie können wir trotz aller Unterschiede voneinander profitieren? **Wir müssen in uns selbst, in unsere Nachkommen und Mitmenschen investieren: Gefühle, Wissen, Werte, Zeit. Besonders Zeit!** Es geht

nicht nur darum, zu steuern, zu funktionieren, sondern in erster Linie um den ernsthaften Versuch, ein würdiges Leben zu führen, und das auch anderen zu ermöglichen. Unser Blick muss sich schärfen, damit Perspektiven und Stolperfallen realistisch erkannt werden. Egal, in welchem Alter. Was wir uns für uns selbst wünschen, sollten wir weitergeben.

PROF. DR. HORST W. OPASCHOWSKI

Zukunftsforscher

Fressen Alte die Zukunft der Jungen? Oder gibt es Hoffnung für ein sinnvolles Miteinander?

Zuerst einmal verweist die Bevölkerung die These von den Alten als Zukunftsdieben dorthin, wohin sie gehört: ins Reich der Märchen und Legenden. Die Realität ist nämlich besser als gedacht. Aus der Gesellschaft der ICHlinge wird eine Gemeinschaft auf Gegenseitigkeit. Die Repräsentativumfragen der Stiftung für Zukunftsfragen weisen überzeugend nach: Das Vertrauen in den mitmenschlichen Bereich wächst zusehends. Hilfsbereitschaft steht besonders hoch im Kurs. **Gerade in Krisenzeiten machen die Menschen die Erfahrung des Aufeinander-Angewiesenseins. In Deutschland ist Verlässlichkeit der wichtigste Wert geworden, dann folgen direkt Freundschaft und Hilfsbereitschaft**. Werte spielen für den sozialen Fortschritt unserer Gesellschaft eine immer größere Rolle.

Also ist der demografische Wandel keine Katastrophe, wie so oft zu lesen ist?

Von einer Katastrophe sind wir weit entfernt. Es ist allerdings wichtig, dass Politik und Wirtschaft darauf vorbereitet sind. Der demografische Wandel wird eine grundlegende Beschäftigungsänderung in der Arbeitswelt zur Folge haben. Hier heißt es dann nicht mehr »Mit fünfzig zum alten Eisen«, sondern »Re-Start mit fünfzig«. Der demografische Wandel führt auch zu veränderten Konsumbedürfnissen und Lebensqualitätsansprüchen. Dies müssen Wirtschaft und Werbung bedenken. **Nicht zuletzt wächst der Wunsch nach einer Generationengesellschaft, in der Alt und Jung konfliktlos miteinander leben und nicht auf Kosten der nächsten Generationen Schulden machen**.

Es gibt viele Erhebungen zum Lebensgefühl der jungen Generation. Ich selbst hörte oft Aussagen wie »Die Zukunft ist keineswegs düster, es gibt gute Perspektiven, denn wir sind auf alles vorbereitet, global denkend und stand-by-vernetzt«. Halten Sie diese lässige Haltung für vorgeschoben?

Nein, denn in Konturen zeichnet sich eine neue Generation V ab, in der Vertrauensbildung zur großen Herausforderung wird – nicht nur im zwischenmenschlichen Bereich, auch im Arbeitsleben und in der internationalen Politik. **Die »drei V«: Vertrauen, Verantwortung, Verlässlichkeit – sind der soziale Kitt, der unsere Gesellschaft zusammenhält**. Das größte Vertrauen bringen die Jugendlichen ihren Mitmenschen entgegen. Dies lässt für die Zukunft hoffen.

Ich habe als Mädchen nicht gewusst, wie andere leben. Außer in der nahen Umgebung. Heute sieht jeder perspektivlose Mensch – besonders Teenager – entweder sein hoffnungsloses Spiegelbild oder Pomp und Pracht im Fernsehen. Die Verantwortung der Medien müsste ständig zunehmen, wächst auch das der Macher?

Natürlich sind auch die Macher als Nutzer dieser Medien verantwortlich. Sie müssen mehr Informationsmanagement leisten.

Zum Beispiel müssen sie wissen, wo und wie Wissen zu haben ist; sie brauchen Mut zur Auswahl und sollen Prioritäten setzen. Diese Kompetenz müssen sie Kindern und Jugendlichen weitervermitteln.

Zu vermitteln gäbe es einiges. Aus Erfahrung weiß ich, dass Fernsehgewaltige Heulkrämpfe, Leiden und Qual den sanfteren Gefühlen ihrer Show-Kandidaten vorziehen. Herbe Kritik, die Verletzung und Wut auslöst, ist allemal telegener als ein zufriedenes Lächeln. Dann wenigstens Freudentränen, begleitet von stammelnden Dankesworten. Jeder kennt entsprechende Formate, deren Erfolg angesichts der Vorwürfe ein Mysterium darstellt. Programmideen sucht man sich in der ganzen Welt zusammen. Warum nicht mal eine gute aus Italien? Während man die hiesigen Kids runterputzt, übernehmen dort prominente Künstler Patenschaften, begleiten ihre Schützlinge motivierend und fröhlich durch Songauswahl, Choreografie, Styling und Präsentation. Mit einem positiven Moderator und einer positiven Wirkung. Ob sich wohl gerade in diesen Bereichen Gravierendes ändert, wenn Netz und Fernsehen völlig zu einer Einheit verschmelzen? Ich fürchte, eher nicht.

Vielleicht hilft Ihnen eine meiner kleinen Schutzmaßnahmen: Ich lese und sehe Nachrichten nie morgens, wie es viele in meinem Beruf gewohnt sind. Früh bin ich noch verletzlicher, angreifbarer als sonst, und ich möchte nicht das Elend der Welt einatmen. An anderen Tagen beschließe ich totale Medienabstinenz zugunsten kreativer, aufbauender Dinge oder Begegnungen. Sie glauben ja nicht, wie stimulierend das wirkt.

Es gab eine Phase, in der haben viele meiner Freunde ihr Fernsehgerät abgeschafft. Kein schneller Zugriff mehr auf leichte Kost. Einige leben bis heute ohne Glotze. Mit der Begründung: »Wenn man

einen Fernseher hat, bleibt man auch vor ihm hängen. Man sitzt herum, die Zeit läuft, ebenso wie die Menschen draußen. Nur du hängst fest.«
Besiegeln nicht die Zuschauer selbst ihr Schicksal und das ihrer Nachkommen, wenn sie tatenlos und ungefiltert alles angucken? Nach den Gesetzen der Logik müssten sie dem Gezeigten immer ähnlicher werden, sich damit identifizieren, deutlich weniger differenzieren. *Andere* sind schließlich für ihre Unterhaltung zuständig, für dieses vermeintliche Wohlbefinden, das auch Suchtmittel erzeugen, zu denen man dann übrigens leichter greift – wie Fachleute ermittelt haben. Wozu sich selbst bemühen, reden, aktiv werden? Dabei vertieft sich der Eindruck, als würden Zuschauer, die sich zu nichts verpflichtet fühlen, sogar die eigene Ohnmacht genießen. Womit sie einfalls- und verantwortungslosen Programmgestaltern in die Hände spielen. Deren Satz »Dem Publikum gefällt's, sonst würde es nicht einschalten« ist sicher nicht nur mir als Antwort auf berechtigte Kritik vertraut. Hier sind auch *die* Eltern schlechte Vorbilder für ein Miteinander, die mit den ihnen gedankenlos folgenden Kindern zwar gemeinsam, aber reflektionsfrei auf dem Sofa hocken. Wie viel effektiver und aufbauender wäre stattdessen ein Spaziergang, Vorlesen oder ein Spiel!

Die Verlockung vierundzwanzigstündiger Unterhaltung bietet nun mal die bequeme Möglichkeit, allen Pflichten aus dem Weg zu gehen. Eltern flüchten aus Egoismus, Überforderung oder Hilflosigkeit in diese Ablenkung und machen so auch ihre Kinder zu Konsumenten und distanzierten Voyeuren. Ohne seine Bedürfnisse im sozialen Miteinander zu relativieren, lernt man als junger Mensch weder mitfühlendes Handeln noch etwas über die gegenseitige Abhängigkeit! Dazu braucht man Interaktion und Austausch. Doch ich sehe Licht am Ende des Tunnels.
Schuldnerberater, staatliche, ehrenamtliche und gemeinnützige Ratgeber oder Hilfsorganisationen verlieren langsam den Nimbus der »letzten Instanz für Versager«; eine Wahrheit, der sich niemand

gern stellt. Nach einigem Leidensdruck werden diese Fachleute mittlerweile häufiger aufgesucht und können Erste Hilfe leisten. Vielen jungen Leuten in schwierigen Situationen zeigt auch das Internet immer öfter neue Wege auf. Gleichaltrige erzählen einander dort von ihren positiven Erfahrungen, unterstützende Institutionen eröffnen bessere Möglichkeiten als das tägliche Dahindämmern, und manchen generationenübergreifenden Projekten gelingt es, die Betroffenen mit spannenden Angeboten aus dem Sumpf der Perspektivlosigkeit zu ziehen. Dass es – wie meistens – auch eine Kehrseite der Medaille durch Gewaltaufforderung, Diffamierung und Schlimmeres gibt, ist sicher allen bekannt.

Um für den Anfang Mut zu machen, wenigstens für eine sanfte Richtungsänderung ins Positive, erzähle ich von meinen Einflüssen und Überzeugungen, den Erinnerungen an Meilensteine und prägende Menschen. So oder so! Nie ging es ohne andere, immer war das Miteinander wichtig.

Vielleicht spielen Sie schon lange mit dem Gedanken an ein Engagement, ein Hobby, einen alten Traum, den Sie aus aktuellem Anlass ständig verschoben haben. Und vielleicht ist gerade *jetzt* der Zeitpunkt da, es tatsächlich anzupacken. Wir wissen ja, wir können nicht ewig zögern. Nur vom Sofa aufstehen und auf andere zugehen, muss jeder selbst. Für alles, was man tut, ist der eigene Wille die Triebfeder. Auch schwächere Menschen können das üben. Mit jedem überwundenen Hindernis – und sei es noch so klein – kommt man der eigenen Zufriedenheit näher.

Mit dem ersten Schritt beginnt alles.

Seit vielen Jahren lebe ich nach der 100 %-Devise. Was das ist? *Jeder* Mensch, den ich kennenlerne, bekommt sofort diese kompletten 100 %. Es ist dann an ihm, das zu halten oder abzubauen. Meine heimliche Bilanz trotz aller schlechten Erfahrungen ist bemerkenswert. Der Anteil »meiner Hundertprozentigen« ist auch nach zig Jahren erheblich höher als der der »Absteiger«. Und die müssen mir und anderen dafür schon schwer zugesetzt haben!

Neulich fragte mich die Journalistin Katharina Jakob, ob mich die Häufigkeit von Krankheit und Tod in meiner Biografie nicht von anderen entferne, sogar trenne. Darüber hatte ich vorher nie nachgedacht, kam nun aber zu der Erkenntnis: Nein, es hat mich meinen Mitmenschen näher gebracht. Das Wissen um unsere Endlichkeit, die bewusste Wahrnehmung des hauchdünnen Fadens, an dem unser Leben hängt, das Spüren der Zerbrechlichkeit aller Beziehungen, Gefühle, Gesundheit ... das macht einfach nachsichtig, demütig und weniger nörgelig. Mit ein Grund, verbale Attacken auf diejenigen, die sich bemühen, zu verurteilen. »Gutmensch, Frauenversteher, Weichei, Demutsfuzzi« – nur ein paar dieser negativ besetzten Bezeichnungen für Personen, die um etwas ringen. Ihr Versuch, gut zu sein, Frauen zu verstehen oder sensibel auf Eindrücke zu reagieren, ist doch lobenswert.

Und Demut ist nichts Kriecherisches.
Demut ist natürliches Selbstbewusstsein und die Erkenntnis der eigenen Grenzen.
Demut ist der Schlüssel, nicht Stolz oder Überheblichkeit.

Alles dreht sich

Der Mensch von heute hat nur ein einziges
wirklich neues Laster erfunden:
die Geschwindigkeit

ALDOUS HUXLEY 1894 – 1963

Fernsehen war Mitte der Fünfzigerjahre in Deutschland noch kein Thema. Schwarzweißes dröhnte aus nagelneuen klobigen Geräten, die sich nur wenige leisten konnten, ein einziger Sender sorgte für das schlichte Programm. Ansonsten waren alle wie von Sinnen. Eine Stimmung im Land, die später verschwand wie das Ungeheuer von Loch Ness, wie Petticoats, Vespas und Hula-Hoop-Reifen. Einfach weg – um plötzlich, Jahre später, ohne jede Vorwarnung wieder aufzutauchen. Nur für kurze Zeit, bis neue Moden als attraktiver galten. Ich hörte einmal, wie Onkel Cosimo zu meinem Vater sagte: »Hier haben sie's tatsächlich geschafft, geheimnisvolle Augen durch gefüllte Büstenhalter zu ersetzen.« Als ich mehr darüber wissen wollte, hieß es: »Das erklär ich dir später.«

Am 13. Dezember 1955 wurden wir Mädchen zum ersten Mal von *Santa Lucia* beschenkt; so, wie es in Italien üblich war. Es gab Süßigkeiten als Vorgeschmack auf das diesjährige Weihnachtsfest, und die Kleinen aus der Verwandtschaft staunten mit riesigen Augen alles an. Dafür hatte Rosaria gebastelt, Waren getauscht und viel versucht, um ihren Lieben auch in Deutschland ein schönes Fest auszurichten. Mit Lachen im Raum und Verdi im Radio.

Heute ist in Italien kaum etwas anders als bei uns oder anderswo in Europa. Hyperaktive, abgelenkte Kinder glotzen in anbiedernde, laute Fernsehsendungen. Eher hysterisch als fröhlich, quengelig statt zufrieden. Hohe Gehfaulheit der Eltern infiziert auch die Nachkommen, Natur verliert ihre Faszination. Das gesangsbegabte Volk singt nostalgisch Banales oder massentaugliche Schnulzen. Aktive Musik findet kaum statt. Eindeutig geringe Leistungen der Kinder werden von Erwachsenen in den Himmel gelobt, um mühsam Motivation anzuschieben. Nationale Unterschiede schrumpfen. Das Italien meiner Kindheit konnte ich in den Familien, die ich zwischendurch besucht habe, nicht wiederfinden. Wie bei uns wird auch dort eine Umkehr stattfinden, das Miteinander neue Wertschätzung gewinnen müssen.

Finanzielle Schwierigkeiten gab und gibt es überall. Vater musste anfangs eine Menge davon überwinden. Die Investition für teure Stoffe war hoch, ebenso der Schuldenberg. Ein Ertrag kam nur zögernd, und er fühlte sich zu stolz, Matteo oder Cosimo um Hilfe zu bitten. Es war die Zeit unserer Spaziergänge, geköpfter Sparschweine und engster Verbindung zueinander. Doch langsam lockerte sich der Knoten, Vater atmete anders und übertrug seine Erleichterung auf uns alle.
Die meisten Familien sparten lange für ein kleines Auto, einen Urlaub in der Nähe oder einen Umzug und bezahlten diese weltbewegenden Wünsche mit Bargeld, das sie ehrlich verdient hatten. Nicht aus illegalen Quellen oder am Finanzamt vorbeigeschmuggelten Einnahmen. Sie holten am Monatsende den Lohn der Arbeit aus einer Papiertüte und verteilten wenige Scheine: »Hier, dein Haushaltsgeld«, an die Gattin, »eine Mark für dich, mein Mädchen« … bis alles weg war. Der größte Teil blieb in Vaters Tasche.
Am Morgen des 23. Dezember, einen Tag vor Heiligabend, kam er mittags nach Hause, viel früher als sonst und verbreitete allein durch seinen Gesichtsausdruck und wenige Bewegungen eine seltsame Spannung.

»Du liebe Güte, was ist denn los?«, Mutters Antennen waren auf Panik abonniert. Mit den ausladenden Gesten eines Königs, der sein Volk begrüßt, führte Vater uns ans Fenster, wo wir uns zu sechst gegenseitig die Sicht versperrten. Es war ein schneefreier, feuchter Tag, drei bis fünf Menschen gingen auf der Straße entlang, am Rand parkten wenige Autos, jemand stopfte Müll in den Kasten. »Ja und?«, schnarrte Mutter ungeduldig; wir anderen sahen Vater fragend an. Bis auf Matteo, der wohl mehr wusste. »Na gut, dann kommt mal mit!«, Treppe runter im Entenmarsch.

Der schwarze Opel hatte einen Kilometerstand von 67 200, aber Vater war endlich sein eigener Kommandeur, nicht mehr fremdbestimmt und voller Verantwortung für andere, nein, mit diesem Fortbewegungsmittel würde er uns in eine neue Zukunft lenken. Alle lächelten. Ich sah seine Begeisterung und war glücklich, diesen Augenblick mit ihm zu teilen. Er lud uns ein, setzte sich ans Steuer der alten Karre, Mutter und meine Schwester daneben, die Großeltern und ich im Fond. Fuhren mehr als vier Autos auf der Straße, mussten alle den Mund halten.

»Ich kann mich nicht auf den Verkehr konzentrieren, wenn ihr hier rumquatscht. Ein Wort und ich fahre rechts ran.« Diese massive Drohung war nach etwa einer Stunde so vertraut, dass ich sie leise mitsprach. Natürlich wollten wir weiter, rechts ran sah es trostlos aus, und so bildeten wir eine stumme Fahrgemeinschaft, bis Vater ein Lied anstimmte. Am liebsten »Im Frühtau zu Berge wir zieh'n, vallera ...«. Rosaria sah dann aus wie Craquelé, feines gesprungenes chinesisches Porzellan, den Blick schicksalsergeben auf das Innendach gerichtet. Genau der passende Moment für meine Schwester. Die nahm ihre Hand aus dem Mund und zeigte auf einen Vorderzahn, der sich beträchtlich nach rechts neigte. »Igitt«, betonte Mama und verzog das Gesicht zu einer angeekelten Grimasse. »Wieso igitt, ist doch toll«, lispelte das Kind. »Man kann die Zunge drunterschieben und mit dem Zahn rumwackeln. Mir und dem Zahn gefällt das, es ist wie Ballett im Mund.«

Unser Vater zischte: »Ruhe, sonst fahr' ich rechts ran.«

Schritt für Schritt, vor und zurück

Langsam mauserten wir uns. Zwar nicht zum Vorkriegsstatus beider Eltern-Familien, doch immerhin zu einem eigenen, einigermaßen sicheren Leben. Vor allem aber gab es entspannte, themenreiche Gespräche im großen Verwandten- und Freundeskreis; wir hatten Zugang zu Bildung und Kultur, anders als heute, einer Zeit, in der viele Puccini für ein neues Heißgetränk halten. Für uns gab es spürbare Liebe, Zuversicht und einige Rituale. Freitags war Badetag. Der große kupferne Kessel wurde stundenlang geheizt, das Badezimmer dampfte wie die Sauna, die wir in Schweden beim Großvater kennengelernt hatten, und Entchen und Schaum bedienten sämtliche Klischees. Aber so war's nun mal. Wenigstens *eine* Mahlzeit musste gemeinsam eingenommen werden – nur Krankheit oder andere schwere Geschütze erlaubten Abwesenheit. Eine leider verloren gegangene Sitte, die heute die Generationen trennt. Meistens waren diese Essen die schönste Zeit des Tages. Jeder erzählte vom Erlebten, von Tränen und Triumphen.
Einmal stellte sich Großvater danach ans Fenster und sagte mit dem Rücken zu mir: »*Tua nonna* und ich haben jetzt eine eigene Wohnung. In zwei Tagen ziehen wir um.« Ich erstarrte, ein Schmerz zog durch meinen Bauch, wie ich ihn nicht einmal vor einer Prüfung kannte. Und der gehörte zu den schlimmsten. Im Haus von Cosimo war eine geräumige Altbauwohnung frei geworden und der hatte sie sofort »reserviert«. Von uns aus musste man nur vier Stationen mit der Straßenbahn fahren, aber in dem Moment kam es mir weiter vor als der Mond. Dabei besuchten wir Cosimo und Beppo sowieso mindestens zwei-, dreimal in der Woche. Doch die Großeltern? Die sollten bei mir bleiben! Loslassen war meine Schwäche.

Unter meinen Freundinnen sehnten sich einige nach grenzenloser Freiheit; ohne Regeln, ohne Tabus. Ich hingegen war ein Mädchen, das ein Gefüge brauchte, Erklärungen; nur so konnte ich frei fliegen. Und ich beanspruchte mehr Raum, mehr Aufmerksamkeit, als mir

meine Eltern bieten konnten. Mit vierzehn hatte ich bereits gelernt, in der Außenwelt ohne Antworten eigene Grundsätze aufzustellen. Mein sicherer Hafen blieben die Großeltern, deren Haustür mit den zwei Flügeln mir immer wie ausgebreitete Arme erschien. Auch in ihrer neuen Wohnung. Aber gelegentlich machte sich doch das elterliche Erbe bemerkbar. Über Kreuz! Äußerlich ähnelte ich meiner Mutter, innerlich meinem Vater. Bei meiner Schwester war es genau umgekehrt. Während meine Mutter sich in jeder Pfütze betrachtete und meine Schwester ihr nacheiferte, war ich zu ihrem Leidwesen völlig uneitel. Wie mein Vater achtete ich auf mich, trieb Sport und bewegte mich durch meinen Ballettunterricht graziös, doch meine Unzulänglichkeiten blieben mir immer bewusster als alles Äußere. Ich habe nie aufgehört, Erwartungen an mich und das Leben zu stellen. Nie ganz sicher, nie ganz zufrieden – eine Suchende. Das musste ich von meinem Vater geerbt haben, denn er gab seine feine Arbeit auf, mit der er gutes Geld verdiente, empfahl Matteo sogar einen Ersatzmann, einen richtigen Designer, und eröffnete ein Feinkostgeschäft. Dafür hatte er heimlich ein Jahr lang gebüffelt, um die Prüfungen als Lebensmittelkaufmann zu bestehen. Und wie besessen gespart, ohne uns etwas zu sagen. Warum tat er das?
»Ich will einen eigenen Betrieb haben und nicht mehr so viel reisen. Dann habe ich auch mehr Zeit für dich.« Ach, Papa, du und deine Illusionen.
Es gab in seinem Laden Milch in Kannen, große Schinken, italienische Pasta, französischen Käse, spanischen Wein – und es roch einfach köstlich. In den Ferien wurde ich Vaters Assistentin und sah, wie viel er verschenkte. Einer alten Frau, die nur wegen der Milch kam, steckte er Wurst und Käse in die Tasche, während sie sich mit mir unterhielt. Nie wog er richtig ab. Die, denen es nicht gut ging, erhielten immer mehr als bestellt. Ob sich das rechnete?

Wenn du meine Äpfel nicht magst, schüttele nicht meinen Baum

Mir fehlte die Natur, ich vermisste die Tiere, und ich hatte es satt, »zu parieren«, dauernd irgendwo Position zu beziehen oder um etwas kämpfen zu müssen. Um mein Ansehen in der Klasse, um den Respekt des Pfarrers, der auf meine Fragen im Religionsunterricht richtig wütend reagierte, um einen guten Platz im Sport oder beim Ballett. Ich wollte mich nicht rechtfertigen, nicht auf meine Schwester aufpassen, nicht von meiner Mutter kontrolliert werden, ob ich wirklich zur Beichte gegangen bin, gegen die sich alles in mir sträubte. Warum sollte dieser unbeherrschte Priester, der zufällig Theologie statt Ackerbau studiert hatte, mir im Namen Gottes die Absolution erteilen und meine Sünden vergeben können? Warum sollte ich sie ihm überhaupt erst aufzählen? Da stimmte doch was nicht.

Ich rebellierte und bekam Hausarrest. Nachdem ich als »Spaghetti« Klassenkloppe bezogen hatte, fing ich hinter einem Kiosk jeden Beteiligten einzeln ab und haute ihm eine abgebrochene Holzlatte auf die Schulter. Wie einen Ritterschlag, nur schmerz-hafter. Und weil ich nicht petzte, herrschte scheinbar Frieden in der Klasse. Doch noch zweimal musste ich mich wehren, dann war Ruhe.

Eine Aussage meiner Deutschlehrerin fand ich ungerecht und kommentierte dies mit einer empörten Bemerkung. Mein Vater wurde vorgeladen – zusätzlicher Ärger für mich, wo ich sowieso schon so missmutig war. Gemein, dachte ich. Katharsis, meinte mein Vater. Mir hing alles zum Hals raus und ich zweifelte daran, dass die Entscheidung meines Großvaters, der Familie nach Deutschland zu folgen, überhaupt richtig war. Ich wollte mich für immer im Arm meiner Oma verkriechen.

Wie ein Schluchzen steckte die Sehnsucht nach früher in mir. Nach der Weite, den Tieren und nach Freiheit. Ich vertrug den Weihrauch in unserer Kirche nicht, bei der Fronleichnamsprozession oder langen Messen kippte ich regelmäßig um, weil ich nüchtern bleiben musste, um die Hostie zu empfangen. Ständig war mir schlecht. Und außerdem fand ich jede Überwachung erniedrigend. Hatte ich dies erledigt, das getan und jenes gelassen …

Dieses Auf und Ab nennt man wohl Pubertätsbeginn.

Da kam mir das Fahrrad gerade recht. Onkel Cosimo schenkte mir ein dunkelgrün glänzendes Prachtstück, und mein Vater brachte mir das Fahren bei. Ich weiß noch genau, wie ruhig er stets überlegte, was zu tun ist, um es dann der Reihe nach anzugehen. Mein Erstgeborener ist genauso. Erst denken, dann handeln. Von mir hat er das nicht. Zum Ausgleich verfüge ich über ein sehr gutes Gedächtnis. Noch immer putze ich mein Fahrrad so, wie mein Vater es mir gezeigt hatte.
Mit meinem neuen Luxusgefährt würde ich die täglichen Herausforderungen lösen. Keine Frage! Es verlieh mir Flügel, eine Freiheit, die meinen Radius vergrößerte. Was konnte ich jetzt alles tun, wie weit würde ich nun kommen ... sogar die Wohnung der Großeltern rückte näher, die Schule, die Restaurants und Eisdielen ebenfalls. Halleluja!

Das Entdecken ganz anderer Gefühle als die innerhalb unserer Familie war eine spannende Angelegenheit. Es begann mit den ersten Kinoerlebnissen. Freunde und Verwandte nahmen mich mit in die leeren Nachmittagsvorstellungen. Bei »Serengeti darf nicht sterben« heulte ich so laut, dass mir meine Tante ein Taschentuch in den Mund stopfte. Dasselbe tat eine Nachbarin, als ich mich zu sehr von Liselotte Pulvers Lachen anstecken ließ. Vor Erregung kaute ich auf allem herum, Tränen kullerten und es gab manchen Kloß zu schlucken. Dann wollte ich wie Marika Rökk über die Bühne tanzen, und später so abgedreht verliebt sein wie Jean Seberg und Jean-Paul Belmondo in »Außer Atem«. Die Filme entführten mich in eine Welt der Imagination, der Träume, alles schien möglich. Und sie weckten in mir eine vage Sehnsucht nach etwas Unbekanntem. Man sah fabelhafte, aufregende Szenen, die auf große Veränderungen hinausliefen. Nur im wahren Leben deutete nichts darauf hin.

Ich kannte als heranwachsendes Kind den Begriff Hormone nicht, aber auch als unbekannte Größe führten sie in dieser Zeit ein explosives Eigenleben.

WOLFGANG BERGMANN

Familientherapeut

Ist die Pubertät mit einem Drogenrausch vergleichbar?

Während der Pubertät gleicht der Gehirnbalken – unser Hochleistungskabel – einer Großbaustelle. Eltern und Lehrern mag manche Handlung wirr erscheinen, doch für das erwachsen werdende Kind ist es überfließende Kreativität.
Alles, was Gefahr oder Spannung verspricht, ist *cool*. **Deshalb steigt die Anfälligkeit für Drogensucht, Extremsport und Sekten.** Das Großhirn verändert sich, das Gedächtnis wird schwächer, schulische Leistungen schlechter. Vermeintliche Unaufmerksamkeit ist also hauptsächlich auf diesen notwendigen »Umbau« zurückzuführen.
Auch wenn sie ihre Eltern an den Rand des Wahnsinns bringen, **pubertierende Kinder erleben selbst die größte Verwirrung ihres Lebens**, nur vergleichbar mit schwerem Alkoholeinfluss eines Erwachsenen.
In der einen Minute noch stolz auf neu erlangte Selbstständigkeit, krabbeln sie in der nächsten vor lauter Unsicherheit am liebsten zurück in Mamas Schoß.
Fazit: Pubertät muss man durchstehen. Als Erwachsener mit großer Aufmerksamkeit.

1. **Gelassen bleiben**, wenn sich das Kind beim Rennen gegen Wände Beulen zuzieht.

2. **Durchsetzungsstark sein**, sobald sich das Kind in ernsthafte Gefahr begibt.

3. **Stärke zeigen ist wichtig, aber sie hat nichts mit Lautstärke zu tun.**

Ich zeigte leise und laute Stärke und beschloss: Dies Jahr bin ich alt genug für Experimente. Obwohl ich nun perfekt Deutsch sprach, begegnete ich unbekannten Menschen gern mit starkem Akzent, wie ich ihn noch von den Anfängen meiner Mutter kannte. Das machte mich in meinen Augen interessanter und brachte mich in die Nähe von aktuellen Stars wie Gina Lollobrigida. Noch gravierender war eine andere Neuigkeit. Bisher hatte ich Tagebuch geschrieben und darin auch meine Gedichte, Liedertexte und Kurzgeschichten notiert. Doch das war Kinderkram. Inspiriert von gigantischen Filmen und ersten Matinee-Vorstellungen in der Oper begann ich, mir Theaterstücke auszudenken und die Rollen mit den Menschen, die ich kannte, zu besetzen. Schwülstige, hochdramatische Szenen, total humorfrei. Eine Phase, die mich harter Kritik aussetzte. Aber ich lernte. Und ich verliebte mich. Zuerst in Elvis, den lässigen Sänger aus Amerika, den ich in herrlich kitschigen Filmen bewunderte, bei denen er sich singend, tanzend und mit tausend Mädchen knutschend durchkämpfen musste. Dann in Elvis, einen Jungen, der ihm auf hellere Art ähnelte und nicht weniger lässig wirkte. Wie er richtig hieß, habe ich vergessen. Aber nicht, wie sich in mir eine Armee von Ameisen mit Schmetterlingen abwechselte. Tarantella ganz unten im Bauch! Ich hatte keine Ahnung, wie ich damit umgehen sollte. Aufklärung war nach der Religion das nächste Brachland meiner Familie. Wahrscheinlich hing das sogar zusammen.

Elvis und ich hatten uns geküsst, gestreichelt und vorsichtig berührt. Dabei war es geblieben. Es lag zwar mehr in der Luft, aber ich befürchtete das Schlimmste, denn ich war durch nichts auf diesen Gefühlssturm vorbereitet. Vage wusste ich, dass bei solchen Dingen Babys entstanden, doch wie und wodurch war mir unklar. Würde ich jetzt schwanger? Dann bliebe uns beiden nichts als der Tod. Ich ließ den verdutzten Jungen stehen und rannte tränenüberströmt nach Hause. Meine Mutter drehte sich zu mir um, lächelte dabei: »Kind, beruhige dich. Gab es Streit mit deinen Freundinnen? Am Ende kommt alles wieder in Ordnung, wart's nur ab. Und wenn es

nicht in Ordnung kommt, ist es eben noch nicht zu Ende.« Mein Schluchzen verstärkte sich. »Niemals«, wimmerte ich und verkroch mich in die Polster. Amüsiert grinsten sich die Eltern an und zuckten dann die Achseln.
Elvis war es, der mir sagte: »Vom Küssen passiert hundertprozentig nichts. Garantiert keine Schwangerschaft. Ausgeschlossen.« Ich glaubte ihm. Wem sonst?

Einen Trick hatte ich von meinen Eltern gelernt: Um als junges Liebespaar ungestört schmusen zu können, inszenierten sie herzzerreißende Verabschiedungen auf dem Bahnhof. Mit Elvis habe ich das genauso gemacht. Natürlich hat das heute niemand mehr nötig, weil sich alle unentwegt überall küssen dürfen, aber es entgeht ihnen auch ein bestimmter Reiz. So kribbelte es auf unglaubliche Weise und brachte uns zum Lachen. Für mich gab es nie eine schönere Form körperlicher Liebe als den prickelnden Mix aus erotischer Anziehung, großer Zuneigung, sinnlicher Freude aneinander, und Humor – alles gleichzeitig. Fehlte nur eine dieser wichtigen Komponenten, wurde ich das, was man mittlerweile als *abgetörnt* bezeichnet. Damals war ich ein hübsches, zickiges Mädchen, oft aus Selbstschutz zu laut. Und zu neugierig. Auf alles, was man erleben kann. Jungs liefen hinter mir her, doch ich fand, Gefühle sind einfach eine verdammt mühsame Sache. Der Verstand urteilt klar, aber der Körper kooperiert nicht.
Vermutlich kommt euch die folgende Situation bekannt vor: Wenn du nicht verliebt bist, interessiert sich kein Mensch für dich. Kaum liebst du jemanden, rennen dir plötzlich zig andere nach und wollen dich auch. Die Aura scheint sich zu verändern, möglicherweise sendet man unbewusst Signale aus. Geruchsstoffe? Liebe ist jedenfalls ansteckend, genau wie Leidenschaft, Begeisterung, Wärme …
Schloss ich meine Augen, sah ich mich mit einem zärtlichen Mann, einem Typen wie Vater oder Großvater, mindestens fünf Kindern, einem Haufen Tiere und einer künstlerischen Karriere. Genauso würde meine Zukunft sein. *Basta*!

PROF. WILHELM SCHMID

Autor und Philosoph

Blicken wir zu wenig hinter das Offensichtliche?

Wenn man sich verliebt, verändert sich die Welt ... für mich. Und wenn ich diese Liebe wieder verliere, verwandelt sie sich erneut. Was sagt das über die Welt aus? War die Welt tatsächlich anders oder war nur mein Blick auf sie verändert? Niemand würde sagen: Die Welt war anders, denn was schert sich die Welt um mein persönliches Glück oder Unglück! Es hängt also von der Perspektive ab, mit der wir auf die Welt schauen. Für die Lebenskunst bedeutet dies, dass wir uns in jeder Situation klar darüber sein müssen: Es gibt immer auch andere Perspektiven. Ich nenne das die hermeneutische Kompetenz, die Fähigkeit, mehr in den Dingen zu vermuten als wir momentan sehen. Dann werden wir nicht so schnell in die Sackgassen des Fühlens und Denkens geraten.

Vergleiche ich meine Pubertät zum Beispiel mit der meiner Enkelin, so ist sie mit zehn Jahren in vielem weiter als ich es mit fünfzehn war: Ständig verliebt verbittet sie sich in deutlichen Worten, dass ich ihr Gefühl zu Patrik, Mehmet oder Julian »gernhaben« nenne. Sie besteht beharrlich auf Liebe, »gern« hätte sie ihre Freundin. Außerdem weiß sie sehr wohl, woher Babys kommen und wie sie entstehen, hat eine Vorstellung vom Verhüten und eine davon, wann sie in etwa »damit ernst machen« will. Momentan möchte sie selbst keine Kinder kriegen, sondern eine akademische Laufbahn einschlagen. Alternativ kämen noch Filmstar oder Olympiasiegerin infrage.
Oft treten diese Zwerge so eloquent und sicher auf, dass man vergisst, wie jung sie eigentlich sind. Eben noch textete sie ein wütendes Lied gegen den treulosen Geliebten, um eine Stunde später mit Daumen im Mund auf Omas Schoß zu kuscheln.

PASTOR BERND SIGGELKOW

Leiter »Die Arche«

Ist das alles für ein Kind nicht viel zu viel und viel zu früh?

Etliche Jugendliche wissen technisch alles über Sex, aber gar nichts über Zärtlichkeit und Zuneigung. Emotionale Armut und Hunger hängen oft genug eng zusammen.

Viele Eltern setzen ihre Kinder gern vor den Fernseher, um selbst ungestört zu sein. Welche Erfahrungen machen Sie damit?

Schlechte, denn unsere Besucherzahlen steigen ständig. Obwohl viele Eltern zu Hause sind und eigentlich Zeit hätten, bleiben die Kinder oft auf der Strecke. **Es gibt kaum Emotionen in den Familien**. Dieses Feld überlässt man lieber dem Fernsehprogramm. **Schlimm ist, dass schon im Nachmittagsprogramm gezeigt wird, wie man es hinkriegt, für Straftaten nicht belangt zu werden**, und Kinder mit ihrem natürlichen Nachahmungsdrang diesen negativen Vorbildern folgen. Und es wird in den Medien eine Welt suggeriert, die die Kinder nicht haben können. Es fehlt nicht nur das Geld, sondern hier sind die Kinder in den ganzen Prozess, der mit dem Mangel an Geld zusammenhängt, involviert: Sie wissen, dass sie arm sind und müssen sich schon früh mit diesem existenziellen Problem auseinandersetzen. **Dadurch sind sie nicht mehr richtig Kind**. Und weil alle dem Fernsehbild nacheifern wollen, wird am Ersten des Monats das Geld für Luxusartikel ausgegeben. Oft das einzige Highlight, das die Familie noch hat.

Nach Angaben des Kinderschutzbundes lebt jedes sechste Kind in Deutschland in Armut. Und das in jeder Hinsicht: finanziell, sozial und gefühlsmäßig.

Die Zahlen steigen. **Millionen Kinder verwahrlosen, wobei man durchaus von einer Art Wohlstandsverwahrlosung sprechen kann**. Beide Elternteile arbeiten, um sogar mit mehreren Jobs ihre Kinder durchzubringen. Die sind dann von früh bis spät auf sich allein gestellt. Kinder werden immer mehr zu einem Luxusartikel, der dadurch in Armut abgleitet – in **Einkommens-, Sozial- und in Gefühlsarmut**.

Was hat das für Folgen, wenn kaum Chancen auf Gefühlsvermittlung, Bildung und Kultur bestehen?

Es gehen enorme Potenziale verloren. Bei unserer Arbeit merken wir: **Sobald Kinder individuell gefördert werden, lassen sich Begabungen ausbauen und die Lust nimmt zu, wieder etwas für die Schule und für sich zu tun**. Weil das Kind erfährt: Wenn ich mich anstrenge, habe ich auch Erfolg. Diese Wirkung wird viel zu wenig suggeriert. Schließlich liegt die Lösung nicht darin, Kinder noch früher in den Kindergarten zu schicken, noch eher in die Schule, **sondern es kommt für eine gesunde Entwicklung auf ein gesundes Miteinander an. Wir müssen unsere Kinder wieder in den Blick bekommen**. Das, was wir heute in sie investieren, bekommen wir zurück. Und das, was wir nicht investieren, wird uns genauso treffen. Wie ein Bumerang.

Gibt es eine Art Vererbung des Elends?

Ganz gewiss. Die Kinder setzen gezwungenermaßen oft die sozialen »Karrieren« der Eltern fort, **wachsen förmlich in regelrechte »Sozialhilfeempfängerdynastien« hinein**, ohne Chance, je wieder rauszukommen. Eltern leben ihren Kindern vor: »**Ich kann nichts und ich bin nichts**«, bis diese ebenso denken. Sie hören täglich: »**Wir haben kein Geld, wir können uns das**

nicht leisten«. Keinen Musikunterricht, keine Nachhilfe, kein Kino, keine Extras. Häufig genug nicht einmal Notwendiges für den Schulalltag. **Hier kann Hilfe nur von außen kommen. Perspektivlosigkeit ist eine regelrechte Seelenqual**, unter der viele Menschen in unserem Land zu leiden haben und die schnell in Aggression umschlagen kann.

Gerade für Jugendliche ist nicht nur Geld Mangelware, sondern vor allem auch die gemeinsame Zeit mit den Eltern?

In einer Phase, in der Jugendliche irgendwo in der Galaxie zwischen Kindheit und Erwachsenwerden herumirren, brauchen sie Erwachsene, die sich Zeit für sie nehmen, Fragen beantworten, die ihnen auf dem Herzen liegen, die sie und ihre Sorgen ernst nehmen. **Sie brauchen Zeit für Gespräche, in denen die Eltern ihnen davon erzählen, welche Probleme sie selbst in den schwierigen Teenagerjahren hatten und wie sie damit umgegangen sind**.

Glücklicherweise habe ich das getan und tue es noch – das Gespräch suchen, über Erkenntnisse sprechen und zuhören. Zeit war auch bei mir ein knappes Gut, doch dafür wurden die zusammen verbrachten Stunden prall gefüllt, intensiv zum Austausch von Erfahrungen, für Reisen und gemeinsame Erlebnisse genutzt. Lernen auf Gegenseitigkeit. Und wahrscheinlich trotzdem nicht genug.

Bernd Siggelkow erwähnte im Gespräch, dass gerade die Älteren seine Hilfsangebote scheuen, weil sie sich ihrer Armut schämen. Bei den Kleineren wird das auch in der Schule stark spürbar, wo alle sozialen Schichten nebeneinandersitzen. Da lässt sich kaum kaschieren, dass es vielen Kindern sogar an Heften, Stiften, Zirkeln, der Grundversorgung, mangelt. Bis zur Pubertät scheinen aber die Jüngeren leichter Hilfe anzunehmen, während Ältere alle möglichen

Auswege suchen, um das nicht tun zu müssen. Hilfsbedürftig zu sein oder als hilfsbedürftig wahrgenommen zu werden, kann sehr beschämend sein. Weder Jugendliche noch Erwachsene zeigen sich gern als jemand, der Unterstützung benötigt. Um Hilfe zu bitten, setzt Souveränität voraus. Und um die zu erlangen, braucht es Zeit und Zuwendung. Eine Katze, die sich in den Schwanz beißt.
Die einzige Chance, seinem Teufelskreis zu entfliehen, besteht in der Auflehnung gegen ihn. Besteht in der Selbstmotivation oder darin, sich Hilfe zu holen und seinen eigenen neuen Weg zu suchen. Sonst bleibt man im Sumpf der Hoffnungslosigkeit stecken. Statt gar nichts zu tun, vor dem Fernseher und dem Selbstmitleid zu zerfallen, sehe ich im Einsatz für die Gemeinschaft eine befriedigende und sinngebende Alternative. Um eine Entscheidung dafür oder dagegen zu treffen, reichen schon ein paar Probestunden!

Was kann man miteinander für die junge Generation tun?

- **Motivation am Leben erhalten**. Kinder und Jugendliche müssen sich auf etwas freuen können, für das sich »Ackern« lohnt. Sie brauchen Konsequenz und einen Halt gebenden Rahmen, aber keine falschen Töne. Stattdessen genügt es oft, selbst etwas vorzumachen, um zum Mitmachen zu bewegen.

- **In der Schule Fähigkeiten statt Fehler suchen**. Das muss in der Kinderbetreuung anfangen, die dann den Stab an Lehrer und später an Dozenten weiterreicht. Statt Massenkinderhaltung brauchen wir kleinere Gruppen, weil erst so eine individuelle Förderung möglich ist und Begabungen statt Mängel erkannt werden können.

- **In Fachkräfte investieren**. Erzieher und Lehrer sind Stützpfeiler unserer Gesellschaft. Ihre Ausbildung muss hohe Qualität haben, ihr Image und ihr Verdienst aufgewertet werden. Bildungspolitik ist Gesellschaftspolitik!

- **Echtes Lob für echte Leistung. Sofort!** Bei einem Klassentreffen sagte die Lehrerin zu Angelika, ihrer ehemaligen Schülerin: »Du warst mit Abstand die Talentierteste, ich habe riesengroße Stücke auf dich gehalten.« Angelika fiel aus allen Wolken – nie hatte sich ihre Lehrerin so geäußert. Vielleicht wäre Angelika sonst mutiger und selbstbewusster in ihrer Berufswahl gewesen. Meckern fällt den meisten leicht, Erfreuliches behalten sie gern für sich. Aber loben macht Spaß.

- **Zuhören**. Das Kind ermutigen, über seine Probleme zu sprechen. Um Angst und Scham zu bezwingen, lässt man es sein Anliegen in der dritten Person erzählen und macht so ein Spiel daraus. Wenn kein akuter Ernstfall besteht, kann man mit einfachen Übungen beginnen. Das Kind fragt zum Beispiel: »Stell dir vor, Peter hätte eine Zigarette geraucht. Wie würdest du reagieren?«

- **Wertschätzung vermitteln**. Ohne dieses Gefühl können Halbwüchsige kaum Selbstvertrauen aufbauen. Je mehr wir ihre Entscheidungsfreiheit, Selbstständigkeit und Verantwortung fördern, aber auch die daraus resultierenden – vielleicht falschen – Handlungen anerkennen, desto sicherer wird ein junger Mensch.

- **Spaßmacher zulassen**. Paradiesvögel und Individualisten sind das Salz in der Menschensuppe. Ohne sie wäre alles so viel blasser und langweiliger. Darum hetzen wir nicht gegen den sonst so faulen, lauten Klassenclown, sondern ermutigen unsere Kinder, sich mit ihm anzufreunden. Ohne Spaß im Leben und ohne ausgelassene Freude am Tun überspringt man Hürden schwerer.

- **Anregende Beispiele geben**. Im liebevollen Elternhaus bietet sich genug an. Aber bei Ärmeren können manchmal besser gestellte Eltern von Freunden ganz neue Welten für ein Kind eröffnen, das seine Träume schon aufgegeben hatte. Vielleicht erlebt es dort nachahmenswerte Aktivitäten, eine sichtbare Berufswelt, in der das alleingelassene Kind zum Beispiel ein Praktikum machen, Einblick und Selbstvertrauen gewinnen kann. Oder es sieht hier Eltern, die sich Zeit nehmen, Harmonie als Grundgefühl vermitteln. »Das will ich auch« reicht oft schon als Motivationsschub.

- **Aktivitäten und Streitkultur fördern**. Alle Schulen sollten Schüler-Schlichtungsgruppen in Zusammenarbeit mit erfahrenen Älteren anbieten, um Konfliktbewältigung und Gleichberechtigung zu lernen. Durch gemeinsam erarbeitete Lösungen. Das, plus Selbstvertrauen, eignet man sich auch in Theaterstücken und Rollenspielen an.
  Gleich bei einer Laiengruppe den Schnupperkurs belegen. Oder selbst eine gründen!

- **Praktisch aufklären**. Natürlich gibt es verschiedene Gebiete. Eines ist die Nahrung. Viele Kinder machen sich keine Gedanken, woher ihr Essen kommt und was es enthält. Manche sind sicher, Fleisch wird im Supermarkt hergestellt und die Kuh produziert Schokolade. Ein gemeinsamer Rundgang über den Markt mit gezieltem Einkauf frischer Produkte und anschließender Zubereitung bietet solchen Kindern ganz neue Erkenntnisse.

- **Wertvorstellungen deutlich machen**. Zum Beispiel soziale Gerechtigkeit, Verantwortung für die Schöpfung und ein Handeln im Sinn nachhaltiger Entwicklung. Wenn Jugendliche in der Lage sind, ihre eigenen Bedürfnisse mit denen anderer Menschen ins Gleichgewicht zu bringen, erlangen sie soziale Kompetenz, die laut Untersuchungen 80 % der späteren Berufsqualifikation ausmacht.

- **Engagiert sein**. Nichts funktioniert ohne die eigene Leistung. Auch soziale Gerechtigkeit nicht. Und weil das Leben kein Schlafwagen ist, bleibt der beste aktive Weg der gemeinsame!

- **An ein Miteinander von Bund und Ländern appellieren**. Der Bund hat viele Kompetenzen den einzelnen Ländern übertragen, die nun eifersüchtig auf ihre Rechte pochen. Stattdessen müssen sie enger kooperieren und ihre Leistungen zugunsten der Bevölkerung optimieren. Manches sollte sogar wieder unter die Ägide des Bundes zurückgehen.

- **Hoffnung verbreiten**. Denn was bleibt dem, der glaubt, keine Zukunft zu haben? Eigennutz, Kälte und Selbstbetäubung als vergeblicher Ersatz für Sinnerfüllung, Anerkennung und für geteilte Freude. Und weil es wirklich Hoffnung auf allen Gebieten gibt, diese auch gezielt aussprechen.

Alles das lässt sich nur miteinander schaffen und vermitteln, wodurch der gegenseitige Lerneffekt nur noch größer wird.

PROF. PETER WIPPERMANN

Trendforscher

Was muss die ältere Generation heute über die jüngere wissen, damit sie voneinander profitieren können?

Langfristig gibt es einen Strukturwandel, Rhythmen ändern sich. **Bisher waren alle unsere Lebensphasen staatlich geregelt**: Wann wir erwachsen sind, wann schulreif, wann geschäftsfähig, und wann wir aufhören sollen zu arbeiten. **Das bleibt nicht so**; stattdessen wird es eine neue Netzwerk-Ökonomie geben. Mit anderen Werten und Gesetzen. **Wir werden alles neu bewerten müssen, denn digitales Denken fordert neue Wege**. Wenn die

Gesellschaft bisher eher Ego-Trips gefördert hat, alles zu konform und wenig individuell war, suchen heute gerade junge Menschen nach Gemeinsamkeiten. **Eine Jugend, die mit interaktiven Medien aufwächst, oft ohne vermittelte Werte durch die Eltern, strebt eine Vernetzung im Verhalten untereinander an. Keiner will wie alle sein, aber auch nicht allein**. Darum wird es eine andere Form des Alleinseins geben.
Für Jugendliche ist Anerkennung wichtig, Bestätigung notwendig.

Anerkennung und Bestätigung kann man in jedem Alter gebrauchen. Um beides sollte man nicht kämpfen müssen, sondern es im direkten Umgang großzügig pflegen. In den *Online-Communities* zum Beispiel wird Bestätigung wie eine Art Währung genutzt, gegenseitige Anerkennung ist Teil des Systems; alle nennen sich Freunde. Das führt natürlich auch dazu, penetrante Eitelkeiten auszuleben und zum reinen Selbstzweck zu werden. Ein Paradies für Selbstinszenierung und Rückversicherung: Ja, mein Leben läuft rund! Sicher ist aber auch diese Form der Kommunikation nur eine Station auf unserem Weg.

Wenn's dem Glücke dient ...

Es war eine intensive Zeit, in der ich emotional zwischen allen Extremen schwebte. Zuneigung und Ablehnung, Verzweiflung und Aggression, Vergebung und Vergeltung. Dann das Phänomen der Liebe. Noch gänzlich ungeübt, aber mit Grenzen. Kein Sex. Ich fand heraus, was Eifersucht ist und dass andere davon ein größeres Potenzial als ich hatten, mit dem sie fertig werden mussten. Elvis sicherte sich dann gern verbal ab: »Liebe ist schließlich eine edle Form des Egoismus. Wer liebt, der will den Gegenstand seiner Liebe festhalten.« Wenn's dem Glücke dient ...

Auch familiär passierte viel. Onkel Cosimo bewohnte nun eine ganze Etage direkt über seinem ersten Restaurant, das er nach wie vor bevorzugte: »Weil ich ihm alles verdanke.« Ein Altbau mit hohen Decken, Schiebetüren und weiten Räumen, idealer Treffpunkt für uns, mit lauten Gesprächen und leiser klassischer Hausmusik. Die Generationen unternahmen viel gemeinsam; Essen an langer Tafel, musizieren und singen. Kinder durften mit Erwachsenen tanzen, Frauen mit Frauen, Männer mit Männern. Es wurde geplaudert, gelacht, gestritten. In mehreren Sprachen. Wir redeten über Reisen, die wir zusammen machen wollten, über sportliche Siege, die wir feiern und über Träume, die sich erfüllen würden. Alle wuselten umeinander.
Die Wohnung sah aus, als sei sie von kriegführenden Nationen gestaltet worden. Bunt, durcheinander und katholisch durch *zia* Valerias Handschrift. Cosimos sardische Frau war »gottesfürchtig«. Ein Wort, das ich nie mochte. Furcht vor Gott? Sollte er nicht Trost spenden und seine Gebote den Menschen helfen, statt sie zu erschrecken? Inmitten ihrer religiösen Devotionalien sprach meine Tante klug über Kunst, Politik, auch über Religion, kochte und aß zwischendurch genussvoll. Meistens lauschten die Gäste gebannt ihren leidenschaftlichen Reden über die Würde des Menschen, über Vorurteile und Opfer.
Ich war dafür empfänglicher als meine Schwester. Die wollte lieber eine Wette gewinnen. »Wenn du das ganze Glas *Limoncello* trinkst, kriegst du zwei Mark.« Das Angebot kam von unserem älteren Cousin Mario, einem richtigen Miststück, später Amerikaner mit Leib, Seele, Pool, Frau und Söhnen. Ausdruckslos trank die Kleine den neapolitanischen Zitronenlikör, Mario zahlte nicht, meine Schwester schrie, keiner kümmerte sich darum. Bei mir hätte von vornherein der Ekel die Geldgier überwogen. Das süßsaure Zeug schmeckte scheußlich.

Meine Mutter bekam zu ihrem fünfzehnten Geburtstag die schicksalsträchtige Europareise geschenkt, ich das »Babyphon«, einen

tragbaren Plattenspieler, den ich mit ins Schwimmbad nahm und der mir die größte Aufmerksamkeit meiner Clique sicherte. Im Sommer verbrachte ich jede freie Minute dort. Szenen, die sich zu wiederholen schienen, jedenfalls erinnerten sie mich oft an die Geschichte meiner Mutter. Wie sie, fuhr auch ich nie ohne gefüllte Strandtasche ans Wasser. Die baumelte an meinem Fahrrad und verbarg die delikaten Eierbrötchen von Rosaria. Jetzt backte sie die Köstlichkeit für ihre Enkelin, für mich, statt für die Tochter. Ein Gefühl, das ich sehr mochte! Es verband mich gleichzeitig mit beiden Frauen.
Egal, wo ich war, ich musste pünktlich zu Hause sein und meine Familie stets über meinen Aufenthaltsort informieren. Das wurde weitgehend befolgt. Nie vergesse ich die Phase, in der wir zu sechst, drei Mädchen, drei Jungs, mindestens einmal pro Woche in ein »Aktualitäten-Kino« gingen, wo ununterbrochen die »Fox tönende Wochenschau« ablief. Im Dunkeln wurde entweder versäumter Schlaf nachgeholt oder etwas geknutscht – je nachdem, was wichtiger war. Für die Eltern machten wir Hausaufgaben. Ich denke, da hat sich im Laufe der Jahrzehnte wenig geändert. Neu war: Im Freundeskreis erhielt ich so langsam ein erotisch-exotisches Image und stieg *gerade* wegen meines kosmopolitischen Hintergrunds rangmäßig auf. Die Gründe dafür fand ich weniger wichtig als die angenehmen Konsequenzen. Ich wurde zur Klassensprecherin gewählt, Redakteurin unserer Schülerzeitung und gründete eine Theatergruppe mit regem Zulauf.

Keine Garantie auf Glück, nur auf Hoffnung

Dann starb Onkel Cosimo. Ganz plötzlich. Abends ging er noch auf Tour durch seine Restaurants, besuchte kurz Beppo, und morgens war er tot. Bis dahin dachte ich, dass nur Leute, die ich nicht kenne, sterben. Es begann eine unvorstellbare Geschäftigkeit. In kürzester Zeit versammelten sich alle – Verwandte, Freunde, Nachbarn, Stammgäste – bei Tante Valeria in der Wohnung. »Himmel, der Mann brannte ja auch wie eine Kerze von zwei Seiten, immer aktiv.« Das Radio lief, jeder redete mit jedem, manche heulten laut, besonders die verunsicherten Kinder – ein schreckliches Durcheinander.

Onkel Cosimo lag im Schlafzimmer aufgebahrt, Kerzen standen um das Bett herum und verbreiteten eine beklemmend feierliche Stimmung. Einige Angehörige warfen sich aufs Bett, küssten die Stirn oder die gefalteten Hände: »*Addio Cosimo.*« Der war tot und merkte nichts mehr davon. Meine Großeltern und ich weinten, Oma wollte mit mir spazieren gehen. Dass ihr kleiner Bruder vor ihr sterben musste: Sie konnte es nicht fassen und war außer sich vor Trauer. Ich hatte sie noch nie so niedergedrückt gesehen.

Nach der tränenreichen Beerdigung, bei der sich Valeria fast ins Grab stürzen wollte, trafen wieder alle im Restaurant zusammen. Schnelle Umarmungen nach Männerart, Küsse für Frauen und Kinder. Es wurde gegessen, getrunken, zum Gedenken auf Cosimo angestoßen und manch alte Anekdote über ihn erzählt. Danach sah man in der neuesten Lokal-Errungenschaft, einem Fernseher, das Basketballspiel der amerikanischen *Harlem Globetrotters*, echten Ballkünstlern mit viel Spaß am Zaubern. Inklusive meiner engeren Familie amüsierte sich die ganze Gesellschaft, als feiere man Geburtstag, Silvester oder sonst was Heiteres. Nie werde ich vergessen, wie sich innerhalb weniger Minuten aus tiefster Verzweiflung ein fröhliches Gelage entwickelte. Trauerarbeit auf Italienisch.

Ich vermisste Onkel Cosimo; mir fehlten seine Scherze, seine praktischen Tipps, die herzliche Art, mit der er uns im Restaurant willkommen hieß. Tante Valeria hatte außer der Küche auch seinen Platz übernommen, aber nicht seine Persönlichkeit. Still für mich konnte ich nun wirklich um ihn trauern und mich verabschieden. Weder die Feierei noch sein Grab hatten mir das ermöglicht. Als ich mit Onkel Beppo darüber sprach, wollte er mich aufmuntern: »Schicksalsschläge können uns alles rauben, nur einen Besitz nicht: die Lebenskunst.« Die Lebenskunst? Im Einsatz gegen Trauer? »Du kannst mir glauben, der größte Weltschmerz verschwindet gegen den kleinen Ärger über Katzenpisse.« Soweit der Rat eines Intellektuellen mit Galgenhumor. Den lernte ich von Beppo für schlechte Zeiten. Egal, wie beherrscht er sich gab, ich vermutete, dass er nachts um seinen besten Freund

und Cousin ins Kissen weinte. Trotzdem hatte der Alltag wieder begonnen. In der Familie blieb die Stimmung bedrückt, Großmutter in sich gekehrt. Sie trug nur Schwarz.
Es war meine erste Erfahrung mit dem Verlust eines Menschen.

Seit vier Monaten gehörte ein Hund zu unserer Familie. Coco, ein lebendiges, keiner Rasse zugehöriges Wollknäuel, das mich jeden Tag nach der Schule ungeduldig erwartete, mit mir lief und spielte – ein zärtliches, schutzbedürftiges Wesen, für das ich mich verantwortlich fühlte. Elf Tage nach Cosimos Tod ging meine Mutter mit Coco einkaufen. Aus irgendeinem Grund zog er seinen Kopf aus dem Halsband, lief über die Straße, wurde von einem Auto erfasst und starb. Wochenlang geriet meine Welt aus den Fugen.
Es war meine erste Erfahrung mit dem Verlust eines Tieres.
Auch dieser Schmerz war schneidend und langwierig. Wie sollte ich in diesem Zustand Beppos Lebenskunst üben?

PROF. DR. WILHELM SCHMID

Autor und Philosoph

»Lebenskunst ist nicht das, was wir haben, sondern das, was uns fehlt und immer wieder auf terrible Weise fehlen wird. Höhepunkt der Lebenskunst: zu erkennen, dass man mit ihr immer wieder am Anfang steht. Der Kreis schließt sich und wir können zurückkehren zum Erdgeschoss, zurück zum Boden der Tatsachen: Lebenskunst – eine fortwährende Arbeit der Gestaltung des Lebens und des Selbst. »Fortwährend«, das ist wesentlich: nie am Ende, nie vollendet, immer auf der Suche danach, sich ein schönes Leben zu machen. Das heißt, ein Leben zu führen, zu dem das Selbst Ja sagen kann, auch wenn es keineswegs lustvoll und angenehm, eher schwierig und schmerzlich ist, erfüllt von der ganzen Spannweite möglicher Erfahrungen, erfüllt vom vollen Genuss und bewussten Gebrauch des Lebens.«

Jede Form von Genuss schien in weiter Ferne zu liegen. Misstrauisch erwartete ich weitere Hiebe, schon als Teenager ahnend, dass Unglück uns schnell aufeinanderfolgend erwischen kann. Ebenso wie Glück. Ich war nicht mehr ganz so mitteilsam wie vor Jahren, aber klärende Gespräche schienen mir immer noch der beste Weg, um Dinge zu begreifen. Obwohl mein Vater mit mir über den Tod sprach, verstand ich ihn nicht so richtig. Der »nun unwichtige Körper« wird begraben. Mit Musik und Blumen. Die unsichtbare Seele hat ihn verlassen und bleibt unsterblich. Wo? Im Himmel? Im schrecklichen Fegefeuer? In der noch schrecklicheren Hölle? Alle vertrösteten mich mit ihrer Antwort auf »später«. Als meine Schwester mich fragte, sagte ich ihr dasselbe und kam mir schäbig vor.
Vater nannte mich gern »meine starke Große«, ohne dass ich mich stark fühlte. Aber ich freute mich darüber, und es motivierte mich, seiner Vorstellung auch in Wirklichkeit zu entsprechen. Nach wie vor erfuhr ich auf unseren Spaziergängen, wo ihn der Schuh drückte, welche Probleme ihn quälten, nach wie vor ließ er mich am Prozess seiner Entscheidungen teilhaben. Das gab mir Einblick in die Erwachsenenwelt und den Mut, eine Meinung zu äußern. Wie sie auch ausfiel – ich wurde nicht ausgelacht.

Alles wird schneller, unser Denken kaum

In den Fünfzigerjahren geschah das, was Chronisten als Wirtschaftswunder beschreiben. Ein Aufstieg, der auch als Erfolg der »kleinen Leute« gewertet wurde. Man gönnte sich wieder was. So wie meine Familie. Heute ist das anders. Immer weniger Menschen haben Anteil am wirtschaftlichen Gewinn. Bei vielen Firmen geht es nicht mehr um ein gutes Einkommen, sondern um Profitmaximierung. Durch Billiglöhne, Kurzarbeit, Kündigung, Schließungen, Standort-verlagerung muss für Investoren und Aktionäre ein Gewinn übrig bleiben, der in keiner Relation zur Nachhaltigkeit steht und der die menschliche Komponente zu wenig berücksichtigt. Die Bewertung von Unternehmen auf der Grundlage des *Shareholder-Value* hat sich zu einer wirtschaftlichen Geißel entwickelt – ein großer Irrtum unserer Zeit.

Warum gelingt es trotz Legionen an Spezialisten nicht, zumindest eine halbwegs gerechte Balance zwischen dem Erwirtschafteten und dem Verteilen herzustellen? Das werden die Menschen nicht ewig hinnehmen. Und zwar in jeder Altersgruppe! Junge Leute diskutieren die Turbulenzen im Internet und erkennen den daraus resultierenden Vertrauensverlust, sind aber ratlos, was Lösungen angeht. Wer nicht? Unbehelligt geht ein Manager, der Verluste erwirtschaftet und zahlreiche Existenzen vernichtet hat, mit einer Abfindung nach Hause, und ein Schwarzfahrer sitzt im Gefängnis. Der Banker begeht keine Straftat, wenn er verantwortungslos seine Kunden ruiniert hat, aber eine Supermarkt-Kassiererin wird wegen eines nicht abgerechneten Flaschenpfands fristlos entlassen und angeklagt. Wo bleiben da die Relationen? Was ist das für eine Rechtsprechung? Runterzieher statt Mutmacher! Aber gerecht ging es auf unserer Welt noch nie zu.

DR. THOMAS SCHULTE

Rechtsexperte

Was sagen Sie dazu, dass jemand nach sechs Monaten schlechter Arbeit fünfzehn Millionen Euro als Abfindung bekommt, und ein anderer entlassen wird, wenn er eine Briefmarke stiehlt?

Das ist eine Frage der Sichtweise. **Im Kapitalismus gibt es kein »Es ist genug«**. Man kann immer noch mehr Geld brauchen. Im Übrigen:

1. ein Rechtsstaat lebt von dem System, das alle mitmachen.

2. gilt in der weltweiten Rechtsordnung: Was nicht verboten ist, das ist erlaubt.

Stiehlt eine Verkäuferin ein Brötchen, kann man sie dafür belangen, weil man es beweisen kann. Das ist leicht. Aber einem

Manager müsste man mindestens Vorsatz und Betrug beim Ruin seiner Firma nachweisen können, um ihn anzuklagen. Das ist kompliziert. Und die Abfindungen werden vom Unternehmen als Vertragserfüllung bezahlt. **Außerdem handeln Konzerne, die multinational agieren, quasi überstaatlich**. Nehmen Sie nur die amerikanischen Auslöser der Finanzkrise. Die sind überwiegend auf freiem Fuß. Selbst, wenn man ihnen eine Straftat nachweisen konnte, mangelt es an international gültigen Regeln. Die Amerikaner weigern sich ja auch, ihre Soldaten unter das Rechtssystem von Den Haag zu stellen. Dort ist man weitgehend machtlos, wenn amerikanische Soldaten Straftaten begehen.

Sind die Rechtslücken so groß und das System so kompliziert, dass Krisen eingeplant werden müssen?

Als Moses mit zehn Geboten vom Berg herunter kam, reichten die aus, um das damalige Leben zu regulieren. Jeder wusste: Du sollst nicht stehlen. **Je einfacher die Gesetze, desto leichter die Umsetzung. Heute, da alles global miteinander verwoben ist, wird es wesentlich schwieriger, *klare* Rechtsregeln einzuführen**. Bei einem hochkomplexen kapitalistischen System reicht nur ein winziger Dreh an der falschen Stellschraube – schon sind alle Banken pleite. Das haben wir ja fast erlebt. Und ohne die Billionen aus Steuergeldern hätte es gut das Ende des Kapitalismus bedeuten können.

Was ist mit der Moral passiert, dem Ehrgefühl Verantwortlicher, das sich junge Menschen zum Vorbild nehmen könnten?

Eine unvollkommene Gesetzgebung wird noch dadurch erschwert, dass viele Wirtschaftsleute kein Ehrgefühl mehr haben. **Früher hat man sich erschossen, wenn man eine so genannte**

Schandtat begangen hatte. Und heute? Da muss in erster Linie das Internet »bereinigt« werden. Vielen ist es völlig egal, was andere von ihnen denken, nur die Kinder und Enkel dürfen nichts Negatives im Internet zu lesen kriegen. Hauptsache, das Renommee im »geschlossenen familiären Raum« bleibt erhalten. Darüber hinaus herrscht Gleichgültigkeit.

Ein erschreckendes Szenario, das Thomas Schulte da malt. Doch wir alle kennen ja bereits Beispiele. Die Finanzwirtschaft hat sich ein Privilegien-Niveau aufgebaut, vor dem der Normalbürger fassungslos steht, für den alles hinter einer Nebelmaschine verschwindet. Deutsche blickten wie das Kaninchen auf die Schlange nach London und New York, denn da wurde mit »Wachstumsraten und Renditen« jongliert, die man auch gern haben wollte. Stattdessen musste man in den USA – nach der eigenen »unterlassenen Hilfeleistung« – mit Steuergeldern Banken und Versicherungen retten. Als Domino-Effekt dann weltweit! Trotzdem zahlten einige der Unternehmen ihren Managern Milliarden Dollar an Prämien. Involviert waren und profitieren konnten davon auch zum Bankenkonsortium gehörende Firmeneigentümer mit privatem Milliardenvermögen.

Wer soll das verstehen?

Immer, wenn wir über das Verhalten uns Unbekannter sprechen, können wir uns diese raffgierige, brachiale und eisgepanzerte Lebensweise irgendwie vorstellen. Im unmittelbaren Umfeld fällt mir niemand ein, der so vollkommen zynisch, scham- und ehrlos wäre. Das zeigt, wie wichtig der private Kreis ist, der an Bedeutung und Intensität ständig zunehmen muss, um ein Polster aus Sicherheit und Zuneigung gegen das Polster aus Kälte und Skrupellosigkeit zu bilden. Denn eines macht sich deutlich bemerkbar: Die Kluft zwischen uns Menschen wird tiefer. Bei der Arbeit verstärkt sich der Druck von oben nach unten zugunsten üppiger Gewinnmaximierung. Weniger

Personal muss bei gleichem Lohn mehr leisten. Besonders einschneidend sind die Konsequenzen im Gesundheitswesen. Überforderung, Ratlosigkeit und Vereinsamung nehmen zu – sogar in Beziehungen, die viele selbst als »wortlos« bezeichnen. Weil Gefühle im Kleinen verkümmern, müssen sie im Großen heraus: Im selben Stadion lacht man kollektiv über den Komiker und weint kollektiv bei der Trauerfeier eines Fremden. In der Familie wird weniger gemeinsam gemacht und gesprochen, aber im Fernsehen und online breitet man alles aus. Unternehmer vertrauen eingekauften Managern; der Mittelstand, ehemals Motor der deutschen Wirtschaft, krankt. Zugunsten von Extremen aller Art bricht die Mitte weg. Emotional und gesellschaftlich (hier die Reichen und Schönen, dort Armut und Hartz IV). Aber so kann keine Zukunft aussehen.
Die funktioniert nur miteinander oder gar nicht!

Als Halt bleibt uns vor allem die kleine Zelle – die Familie, die Freunde

Was immer auch von außen kommen mag, die Familie ist eine tragende Säule unserer Gesellschaft, obwohl sich die Generationen räumlich nicht mehr so nah sind; die Arbeitswelt verlangt Mobilität. Nur selten finden sich Paare aus ein und demselben Ort. Also zwitschern 80 % der Deutschen zwischen sechzehn und sechzig Jahren fast täglich »Hallo Mama« durch die Leitungen. Kurz: Die Oma schaut nicht mehr über den Gartenzaun, sondern meldet sich am Telefon oder per E-Mail, wird zur Bezugsperson an Wochenenden und in den Ferien. Mit dieser räumlichen Entfernung verschwinden leider auch die Plätze, an denen bisher ein Austausch zwischen den Generationen stattfand. Darum können junge Menschen nicht mehr ohne Weiteres auf Leistungen in der Familie zurückgreifen, die Weitergabe von Erfahrungen und Erziehungswissen im Alltag. Und den Älteren fehlt der Kontakt mit den Jüngeren genauso, zumal sie heute gesünder sind, aktiver, qualifizierter, engagierter als je zuvor. Sind denn die Sechziger nicht die neuen Vierziger und die Vierziger nicht die neuen Dreißiger? Die Verlängerung der Lebenserwartung muss als das gewertet werden, was sie wirklich ist: ein Gewinn für den Einzelnen *und* für die Gesellschaft. Allerdings funktioniert ein Zusammenhalt in der Gemeinschaft außerhalb der Familie nur so lange, wie Menschen bereit sind, sich über ihren eigenen Vorteil hinaus zu engagieren. Immer und immer wieder!

Aus der Sicht eines Kindes ist die Familie der Anfang von allem. *Wie* Kinder in ihrer Familie aufwachsen (immer häufiger auch außerhalb der Familie), hängt wesentlich von der Bildungs- und Kulturpolitik ab und von den in der Gesellschaft herrschenden Vorstellungen. Familien sind der Ort, an dem Kinder zuerst lernen, mit anderen Menschen zusammenzuleben, sich zu arrangieren und Konflikte zu lösen – oder eben nicht. Für dieses soziale Lernen ist Kontinuität und Konsequenz unerlässlich. Keine andere Institution ist dafür geeigneter als die Familie. Die zweite Säule könnten Schulen sein, wenn sie bundesweit pädagogische Grundkompetenzen vermitteln und verantwortungsvoll mit den Eltern zusammenarbeiten. Pädagogik als Unterrichtsfach ist weitgehend unbekannt. Davon würden aber gerade die Kinder und Jugendlichen profitieren, denen zu Hause kaum Entwicklungschancen geboten werden. Ohne Erziehung fehlt die Möglichkeit des Erkennens, zum Beispiel von Rücksichtnahme, ethischem Handeln, Selbstkontrolle oder religiösen und gesellschaftlichen Geboten. Eine Erkenntnis der Psychologie lautet: Ob gläubig oder nicht ... wir sind Teil eines Ordnungssystems, aus dem wir uns nicht befreien können. Das Wohl eines Familienmitglieds ist das Wohl aller. Sein Unglück ist das Unglück aller.
Den Politikern ist das sicher genauso bewusst wie mir, ihre Zwänge und Hürden sind jedoch so massiv, dass sie wie Barrikaden wirken und viele lähmen. Dabei würde man erwarten, dass ein Vertreter aller Bürger jemand ist, der sich in der Öffentlichkeit nicht nur mit Plattitüden oder auf Events zeigt, sondern gern Auskunft über sein Tun gibt und für Vertrauen wirbt. Image kann man aufbauen, darf aber nicht die Persönlichkeit ersetzen. Je mehr sich daran halten, je mehr kreative Lösungen sie für ihr Land suchen

und mutig ein eigenes Profil zeigen, desto mehr Anhänger werden sie gewinnen.

PROF. DR. HORST W. OPASCHOWSKI
Zukunftsforscher

Ist die Unverbindlichkeit in der Bevölkerung selbst so hoch, dass unverbindliche Politik kaum als solche wahrgenommen wird?

Die Bürger reklamieren durchaus ihre Unzufriedenheit mit der gegenwärtigen Politik. **Für die Mehrheit der Deutschen sind Politiker keine moralischen Vorbilder mehr. Ihre Glaubwürdigkeit wird infrage gestellt.** Viele Bürger wenden sich von der Politik ab, gehen nicht mehr zur Wahl. Parteien und Politiker müssten wieder mehr Eigenprofil und Perspektive bieten und weniger Inszenierung und Denken in Legislaturperioden.

Der frühere US-Außenminister Kissinger meinte, zukünftig seien zwar noch regionale Auseinandersetzungen, nicht jedoch globale Kriege möglich. Meine Generation hatte immer Angst, in einen Krieg verwickelt zu werden. Wie ist das im Bewusstsein der heutigen Jugend?

Die junge Generation blickt grundsätzlich optimistischer in die Zukunft als die Gesamtbevölkerung. Natürlich haben auch sie Zukunftssorgen, **denken bei Zukunft aber eher an Klimawandel und Umwelt als an Krieg.** Sorgen macht ihr allerdings die wachsende Kluft zwischen Wohlstandsverlierern und Wohlstandsgewinnern. Eine »Brasilianisierung« der Lebensverhältnisse könnte die soziale Balance in der Gesellschaft erheblich stören.

Ein optimistischer Zukunftsblick ist stark motivierend bei der Bewältigung von Problemen. Wenn eine junge Generation positiv über den Ersatz fossiler Brennstoffe nachdenkt, wird sie die bevorstehenden gigantischen Veränderungen leichter durchsetzen können. Atomkraft, Wind, Kohle, Solar? Es finden sich immer welche, die gegen alles sind. Doch irgendwoher muss sie kommen – die Energie, wenn sich die bisherige nicht erneuert. Und das tut sie nicht. Als mein Mann am Anfang der Neunzigerjahre im privaten Kreis von einer seiner Ideen sprach, wurde er als Utopist mit Kommentaren wie »Schön wär's, haha«, belächelt. Er meinte damals, es müsse doch möglich sein, die Wüsten zu riesigen Solarkraftwerken auszubauen, mit denen man einerseits ganz Europa versorgen, und zusätzlich der dortigen Bevölkerung Einnahmequellen und Selbstbewusstsein verschaffen könne. Das sei gleichzeitig innovativ, umweltschonend, human und – angesichts der enormen Kosten für Alternativen – trotz der Milliardensumme auch finanzierbar. Wie gesagt, das ist lange her. Und jetzt stecken tatsächlich Unternehmen mitten in der Umsetzung dieses Gedankens. Da sage noch einer was gegen Visionäre. Vorausgesetzt, die Einheimischen werden wirklich am Profit beteiligt.

Nervensägen und Heilsarmee

In meiner Entwicklung zeichneten sich drei Problempunkte ab, die mir mein Leben erschwerten. Erstens: Meine Mutter entdeckte das »Scht«, einen Zischlaut, der immer dann eingesetzt wurde, wenn die Gefahr des Verplapperns bestand oder Höflichkeit statt Wahrheit verlangt wurde. Zweitens: Ich konnte mich gut um mich selbst kümmern. Das Dumme war nur, dass ich mir einbildete, ich müsste mich auch noch um alles andere kümmern – vorrangig die Rettung der Welt. Das geht nie gut aus. Und drittens ertrug ich keine Ungerechtigkeit. Punkt zwei und drei rangieren auf der Nervensägen-Skala ziemlich weit oben. Was die Weltrettung betraf, begann ich mit einem Kummerkasten. Alle möglichen Hilfsbedürftigen schrieben ihr Problem auf, deponierten den Zettel im umgezimmerten Vogelhäuschen, und schon hatte ich keine Zeit mehr für Sinnloses wie Spielen, Sport, Spaß und Freunde, es sei denn, sie hatten sich von mir zur Mitarbeit rekrutieren lassen.

Und weil ich mich in der Schule wegen einer neuen sächsischen Schülerin noch einmal zu einer heftigen Klopperei hinreißen ließ, verschlechterte sich auch dort mein Status. Das Mädchen roch streng, war doof, ohne Charme und wäre nie als Freundin infrage gekommen, aber dass sie wegen ihres Dialektes permanent gehänselt und geschubst wurde, machte mich wütend. Also artete die verbal begonnene Kritik in eine körperliche Meinungsverschiedenheit aus, die ich nicht näher beschreiben möchte. Nur eines: Haareziehen nahm einen gehöriger Teil ein. Streitkultur war mir eben noch nicht in Fleisch und Blut übergangen. Glücklicherweise blieben Attacken dieser Art Ausnahmen (es gab später noch zwei, über die ich büschelweise Gras gesät habe).

Der Kummerkasten erwies sich als reine Pest. Er entwickelte sich in eine Richtung, an die ich nicht im Albtraum gedacht hatte. Ich wollte wirklich helfen, aber nun war ich in erster Linie Putzfrau, wischte und scheuerte gammelige, ungelüftete Räume alter oder kranker Menschen, die mich im Kommandoton herumjagten. Meine anderen aktiven Clubmitglieder gingen einkaufen, behüteten Kleinkinder, erledigten Behördengänge oder ließen sich liebevoll auf dem Weg zum Arzt unterhaken. Außer meiner Schwester half mir nur selten einer bei der Drecksarbeit, dafür blieben sie aber bei der Stange – und das war das Wichtigste. In Windeseile wusste die ganze Gegend, da gab es ein paar Jugendliche, die man für allerlei einsetzen konnte. Ich durchlebte einen wirkungsvollen Lernprozess auf meinem Weg zum Älterwerden. Nach etwa vier Monaten, in denen auch die Ferien für die Rettung der Welt draufgingen, begann ich zu sortieren. Wie Aschenputtel ordnete ich Karteikarten mit »den Guten« nach links und »den Schlechten« nach rechts zu stattlichen Häufchen. Mit der Konsequenz, dass ich allen griesgrämigen Leuten, die uns über Gebühr ausnutzten, großzügig einen letzten Hausputz schenkte und mich verabschiedete. Viele reagierten empört (rechter Haufen erledigt). Übrig blieben die tatsächlich Hilflosen, ob mürrisch oder nicht, denn bei ihnen wurden wir gebraucht und fühlten uns auch so (linker Haufen). Zwei Jahre hielt ich durch, danach wechselten meine sozialen Einsätze, hörten jedoch nie auf. Und auch die Kinder und Enkel ließen sich anstecken, um von Zeit zu Zeit karitative Aufgaben zu übernehmen.

Man muss sich entscheiden, etwas anderes im Leben sein zu wollen als ein Zuschauer

Das hatte ich getan. Wie ich heute weiß, braucht man dafür Unmengen an Courage, Wissen und Selbstvertrauen. Irrte ich mich, holte ich mir böse Beulen, keine Frage, aber in allen anderen Einmischungen konnte ich Schlimmeres verhüten. Ich verzichte hier auf eine Liste erlebter Übergriffe, doch sie ist lang, entsetzlich, oft unfassbar und beschämend. Wie soll ich für ein artgerechtes, respektiertes Leben aller Tiere kämpfen, wenn *Menschen* einander Derartiges antun? Da rangiert das Tier doch wie im Mittelalter am untersten Ende der Kette.

Dass Menschen wegsehen, ist kein Wunder. Sind Angst, Feigheit und Fluchtinstinkte nicht tief in uns verwurzelt? Furcht vor Repressalien, Aufsehen, Lächerlichkeit. Wir alle hatten schon mal diese Gefühle. Mische ich mich ein, erwischt es mich womöglich zuerst, wofür es auch noch grauenvolle, abschreckende Beispiele gibt. Also sage ich Nein und kümmere mich wieder nur um mich. Diese Tendenz haben schon die Experten geschildert. Darum können Starke ungehindert auf Schwache eindreschen, sie verletzen, demütigen, vergewaltigen und misshandeln. Einmischen kostet Mut und Zeit.

Doch auch hier: helle Hoffnungsschimmer. Denn oft eskaliert eine Situation nur darum nicht, weil jemand beherzt eingreift und den Streit entschärft. Zivilcourage ist keine sensationelle Ausnahme, sondern gelebter Alltag in Bussen und Bahnen. Leichter wird es, wenn man sich durch Helfer verstärkt und miteinander die Übeltäter stoppt. Wenn man die Polizei ruft oder – falls man selbst nichts unternehmen will – die Leute wenigstens anzeigt. Statt sich falsche Gedanken wegen eines eventuellen Denunziantentums zu machen, sollte man beherzt gegen die vorgehen, die sich in ihrer eigenen Macht und Unangreifbarkeit sonnen. Zum Nachteil Wehrloser.

In den Fällen, in denen mutige Schlichtungsversuche brutal endeten, gab es meistens Beobachter, die später im geschützten Polizeirevier konkrete Zeugenaussagen machten und gelegentlich wegen unterlassener Hilfeleistungen belangt wurden. Hätten sie sich vorher zusammengetan, um den Schlichter zu unterstützen, wären gleich zwei Straftaten vereitelt und die Schuldigen gefasst worden. Ich erinnere mich, dass in meiner Jugend bei uns um die Ecke ein Arzt seine Praxis hatte. Doktor Jäger, ein älterer gütiger Mann; etwas übergewichtig und kurzatmig; einer, der sich nicht an Sprechstundenzeiten hielt und sich fast rund um die Uhr um seine Patienten kümmerte. Für meine Schwester und mich war es ganz selbstverständlich, dass er wegen jedem Wehwehchen zu uns kam. Teenager können so egozentrisch sein! Er gab die sanftesten Spritzen der Welt, saß am Bett und hielt die Hand jedes Bedürftigen. Seine Courage war legendär. Schläger und Randalierer behandelte er wie Bekloppte, was dazu führte, dass die sich ins Gewissen reden ließen. Die Übelsten zeigte er an und mahnte freundlich, wenn die Polizei sie abholte: »Nu siehste wat de davon hast! Besser dich, du Pflaume.«
In seiner Praxis standen Behälter mit Plastiktieren. War man brav und mit der Behandlung fertig, durfte man sich ein Pferd, ein Schaf oder einen Hund zur Belohnung aus dem Glas fischen, und der Doktor strich einem über den Kopf. Mir hat dieser Mann enorm imponiert, weil er echt, gerecht, mutig und lieb war und trotzdem die Bösen in ihre Schranken verwies. Zu seiner Erfolgsbilanz gehörten geheilte Wunden, getrocknete Tränen und die Worte: »Los, steh auf, du bist gesund. Sieh zu, datte erfolgreicher weiterkommst.«

PROF. PETER WIPPERMANN

Trendforscher

Jungen Menschen wird häufig fehlender Erfolgswille unterstellt. Trotzdem steht Erfolg auf Platz zwei in Ihrem ermittelten Werte-Index. Mit welchem Hintergrund?

Erfolg kann man nicht allein haben – man muss ihn teilen.
»**In den Sechziger- und Siebzigerjahren gab es geradezu einen Kult des Anti-Erfolgs. Verlierer beherrschten die Szene**. Aber in den letzten Jahrzehnten haben sich die Jugendlichen wieder mit dem Leistungsprinzip versöhnt«, kommentiert Norbert Bolz den Wandel des Wertes »Erfolg«. Dementsprechend steht auch der ökonomische Erfolg im Mittelpunkt der Diskussion. Das Netz hat die Regeln verändert. **Was bleibt, sind Arbeit, Fleiß, Teamgeist und eine gemeinschaftliche Herangehensweise**. *Das* wird als allgemeine Erfolgsstrategie gewertet.
In der modernen Welt kann kein singuläres Erfolgsrezept mehr gelten. Trotzdem oder gerade deshalb werden vor allem Erfolgsgeschichten ausgetauscht und diskutiert – sei es der Erfolg von Twitter oder der Linkspartei.

Meine Bezugspersonen mochten ihre Erfolge und Niederlagen nicht teilen. Sie hatten ihre Erziehungsaufgaben nicht delegiert und sich selbst um die geistige, seelische und körperliche Entwicklung von uns Kindern gekümmert. Dagegen erwiesen sich die Bemühungen der Schule als vergleichsweise simpel. Bis auf den Musikunterricht war das ein stumpfer, festgefahrener Apparat mit wenig Anreiz und Motivation. Einblicke in Aktuelles fanden kaum statt. Wir lernten viel über die Römer und Hermann den Cherusker, aber wenig über Karl Marx und Ludwig Erhard. Hauptsächlich wegen unserer sächsischen Klassenkameradin erfuhren wir von der gelangweilt wirkenden Lehrerin ein paar Hintergründe darüber, dass Deutschland in zwei Teile zerfallen war. Einer im Osten, der DDR hieß, und wir im Westen. Und dass es was mit Kommunismus und Kapitalismus zu tun hatte. Wollte man mehr wissen, musste man andere Quellen finden. Ich war jedenfalls froh über den kreativen Ausgleich durch meine Arbeit in der Schülerzeitung und der Theatergruppe. Doch alles hat ein Ende, auch meine Schulzeit.

Langsam wurden die Sixties eingeläutet, die Epoche der Öffnung

Nun fand ich Vorbilder außerhalb der Familie, und meine Helden wechselten. Elvis, Beatles, Stones, Blood Sweat & Tears, Fleetwood Mac, Freddy Mercury, Motown Soul mit Aretha Franklin. Mir wird ganz schummerig, wenn ich das hier notiere, und während des Schreibens habe ich immer mal wieder reingehört in die alten Hits. Herrlich! Ich sah die Beatles im Starclub in Hamburg und trampte nach Bremerhaven, um mir vom Soldaten Elvis ein Autogramm zu ergattern.

Aber die Nummer eins waren schon länger Armin Hary und Manfred Germar, denen ich nacheiferte. Keine Musikstars, sondern Leichtathleten. Auf bescheidenere Art gewann ich manche Meisterschaft, manchen regionalen Titel, während mein Vater am Rand der Aschenbahn stand und mich anfeuerte. Sobald ich zu ihm hinsah, vergaß ich meine angespannten Muskeln, Seitenstiche, Wadenkrämpfe und gab noch mal mein Bestes, aktivierte sämtliche Reserven, nur um sein Strahlen zu sehen. So wie heute die Fans zu Rockkonzerten in Arenen strömen, saß ich mit sechzehn auf fast jeder Leichtathletik-Tribüne und holte mir Autogramme von Sprintern. Ein Höhepunkt sollten die Olympischen Spiele in Rom im August 1960 werden, zu denen mein Vater mit mir reisen wollte, damit ich meine Vorbilder direkt unterstützen könnte. Armin Hary hatte gute Chancen auf eine Medaille, und ich konnte die Zeit »bis Rom« kaum noch abwarten.

Die Sechziger waren nicht nur Mode, Musik, Sport – die Sixties waren ein Lebensgefühl

Künstlerisch erlebte das Land eine schillernde Zeit des Aufbruchs. Theater wurde regelrecht aufgesogen mit ausverkauften Vorstellungen, jeden Abend brechend voll. Die Älteren waren froh, den Krieg überlebt zu haben und Licht am Horizont zu sehen. Eine Epoche, die mit starker Solidarität und geringer Aggression startete. Es gab riesige Freiheiten, ferne, unerforschte Länder – alles ermunterte uns zu hemmungslosem Genuss. Ungeahnte Abenteuer lockten in dieser, sich verändernden Welt. Mit sexueller Freiheit, einer neuen Beziehung zwischen Mann und Frau ohne religiöse Krusten und soziale Verträge. Keine exklusive Liebe mehr wie bei unseren Eltern – das Ende des körperlichen Eigentums und der Eifersucht wurde eingeläutet, die Kultivierung der Lust. Und es war noch ein weiteres Ende in Sicht: die tödliche Langeweile zwischen sechs und neun Uhr abends. An jeder Ecke wurde ein Lokal eröffnet.

Es gab Debatten ohne Ende. Je mehr wir im Radio Adenauer, Wehner, Strauß oder »Schmidt-Schnauze« hörten, desto mehr erinnerte es uns an Italien und deren lautstarke, freche Auseinandersetzungen im Parlament.

Geschichte wurde in der Schule sträflich und ich wie eine Aussätzige behandelt, als ich mir für eine Referatsreihe die Judenverfolgung, den Holocaust, aussuchte. Die wochenlange Beschäftigung damit hat sich tief in mir eingebrannt; Berichte, Filme und Fotos sind unauslöschlich in meinem Innern gespeichert. Sie führten zu einer Explosion an Gefühlen von Unverständnis, wie so etwas möglich war, lösten noch nachträglich ohnmächtiges Mitleid mit den Opfern aus, Wut auf alle Schuldigen und tiefste Scham darüber, dass die Morde durch die Spezies verübt wurden, zu der auch ich gehörte. Desillusion über uns Menschen, ein Verlust von Unschuld blieben das Ergebnis. In der Familie hörte ich einiges über die Grausamkeit von Kriegen, über sinnloses Töten, doch richtig vorstellen konnte ich es mir nicht. Weder den Grund für derart bestialisches Vorgehen, noch verstand ich, warum Leute dabei mitmachten. Dass ich auf einen Angriff zurückhaue, gut, das passierte mir auch in der Schule, aber Menschen zu vernichten, die mir nichts getan haben, die ich nicht einmal kenne? Das konnte ich nicht erfassen. Von sich aus sprachen alle selten über den Krieg und ich bekam nur allgemeine Antworten. Manchmal schnappte ich auf, wie sie sich in der Gruppe über diese Zeiten unterhielten. Da gab es tatsächlich Momente, in denen sie

sich gegenseitig überbieten wollten. Wie beim Prahlen mit ersten Sexerlebnissen. So in der Art: »Weißt du noch, wie mir der brennende Balken auf den Kopf fiel oder wie dich der Blockwart mit dem rostigen Rohr geschlagen hat?« Ich begreife erst jetzt so langsam, dass das wohl ihre Form der Vergangenheitsbewältigung war. Dabei hätte ich gern mehr erfahren. Wie die meisten Kriegskinder!
Viele wuchsen ohne Väter auf, eine Generation in Frauenhand. Unzählige Männer waren entweder im Krieg gefallen oder durch ihn körperlich und seelisch schwer gezeichnet und zu früh gestorben. Welchen Einfluss mag das gehabt haben?

Eine Quelle versiegte. Als mein Vater kurz vor seinem vierzigsten Geburtstag starb, war mein altes Leben von einem Tag auf den anderen beendet. Alles setzte aus. Der Herzschlag, die Atmung, das Denken. Aus mir wurde Schmerz, von Kopf bis Fuß. Ich hörte neu, sah anders, fühlte tiefer. Nichts füllte die Leere. Wie konnte jemand, den man für unverwundbar hielt, einem einfach ohne Vorwarnung genommen werden? Als er in die andere Welt hinüberglitt, war ich wie so oft die einzige in seiner Nähe, hielt ihn im Arm – es schien richtig so zu sein; das letzte Problem, das er mit mir teilte. Er, der den ganzen Clan, meine Mutter und meine Schwester nie mit Sorgen behelligen mochte, hatte sie nun auch mit seinem Abschied verschont. Als beide – vom Krankenhaus benachrichtigt – eintrafen, lebte mein Vater nicht mehr. Meine verzweifelten Tritte ans Schienbein des Chefarztes wurden nachsichtig ignoriert. Eine andere Trauer als bei Cosimo legte sich über die Familie und unsere Freunde. Seelenpein und Fassungslosigkeit. Dunkle Wolken am Himmel, mitten im Frühling eisig arktischer Winter im Gemüt.
Opa erbot sich, mit mir zu den Olympischen Spielen nach Rom zu fahren, aber dort wollte ich ohne meinen Vater nicht sein. Es hätte mich nur noch trauriger und den Verlust noch fühlbarer gemacht. In der Familienhierarchie rückte ich vor und behütete von jetzt an meine Mutter und meine Schwester, nie ohne tatkräftige Unterstützung aller, ganz besonders meiner Großeltern. Mama war schwer

gefährdet, hockte täglich bei jeder Temperatur am Grab, sprach mit ihrem Mann, vergaß Stunden und Pflichten. Ich holte sie immer wieder dort weg und versuchte ihr einzutrichtern, dass wir alle sie brauchten. Ging es ihr wie mir? Monatelang lauschte ich auf das Schlüsselgeräusch, das mein Vater beim Heimkommen verursacht hatte und sank unglücklich zusammen, wenn mein Rennen zur Tür mir nur wieder verdeutlichte, dass ich ihn nie wiedersehen würde. Ich bekämpfte den Drang, in einen Tiefschlaf zu fallen, um allem zu entgehen. In dieser Zeit war viel vom Glauben die Rede, Priester äußerten sich und es gab neue Auseinandersetzungen, weil ich andere Ansichten vertrat. Das »Scht« meiner Mutter kam noch öfter als sonst zum Einsatz. Und ich befürchtete zunehmend, ein von Gott verlassenes Kind zu sein.

Manchmal schloss ich die Augen und versuchte, heraufzubeschwören, was mein Vater zu diesem Punkt gesagt oder wie er jenes wohl angefangen hätte. Ich vermisste ihn schrecklich. Das triviale Putzen meines Fahrrads wurde zur Gedenkstunde an ihn, denn ich überlegte mir jeden einzelnen Handgriff, um ihn genauso hinzukriegen, wie er ihn mir gezeigt hatte. Fast täglich fuhr ich jetzt zu meinen Großeltern. Durch die Begegnung mit dem Tod fühlte ich, wie wichtig der Zusammenhalt unter den Lebenden sein musste, wie schnell alles vorbei sein konnte. Hockte ich dann mit hängendem Kopf und klagenden Worten vor Großmutter, sprach sie mit mir über ihren Schwiegersohn: »Es kommt nicht darauf an, wie lange jemand gelebt hat. Die vielen Momente *vor* seinem Tod bestimmen die Qualität. Sie machen alles aus, und dein Vater war ein guter, verantwortungsvoller Mann, den Gott nun zu sich in den Himmel geholt hat.«

»Und? Findest du das richtig? Bist du nicht verzweifelt darüber, weil er dir so fehlt? Hätten wir ihn hier nicht nötiger gebraucht? Gott hat doch schon alles, sogar Cosimo und Coco, wozu muss er sich noch Vater holen?« Auch diese Fragen wurden nicht ausreichend beantwortet. Im Gegenteil.

»So ist es nun mal. Und es steht uns nicht zu, Gottes Entscheidungen zu bezweifeln oder gar zu kritisieren.«

Reine Beinsache

Alidas Familie

Alida mit Mama

Enkelin lernt schwimmen

In jungen Jahren

Unsere geretteten Hunde auf unserer Finca

Gerade per Fallschirm gelandet

Verliebt in España

Oma, Sohn, Mama beim Winterspaziergang

Familiärer Hafenbummel

Hausmusik

Üben, üben, üben

Die Compagnie

Alida und Natalie proben

Alidas Auftritte

Singen aus voller Seele

Alt und Jung in den Sixties

Die Generationenbrücke

Vier Generationen – vier Sprachen

Peter Ustinov

Flirt mit Alain Delon

Mit Klaus Kinski unvergesslich

Aufbruch und Wiederkehr

Ein Krisengebiet des Erwachsenwerdens waren die Männer – aber dieses Mal nicht meinetwegen. Meine Mutter war plötzlich zu einer achtunddreißigjährigen Witwe geworden, auf ihre traurige, schutzbedürftig wirkende Art wahrscheinlich noch attraktiver als vorher. Selbst Freunde meines Vaters machten sich an sie ran, unter dem Vorwand »Soll ich dir irgendwie helfen? Sag, was ich für dich tun kann«. Ich bekam das genau mit und verhielt mich entsprechend. Um es kurz zu machen: Meine Mutter blieb eine katholische Italienerin, mein Vater ihr erster und einziger Mann. Zwanzig Jahre lang trug sie Schwarz, wehrte gierige Kerle ab, und erst in den Achtzigern kaufte sie sich wieder farbenfrohe Kleidung. Während der ganzen Anfangszeit als Witwe beschützte ich sie wie ein Terrier seinen Fressnapf. So hätte es auch mein Vater getan.

Das Leben schien mir immer weniger planbar zu sein, realistische Vorsätze wurden zu utopischem Wahn, nicht einmal der nächste Tag war sicher. Wie sollte ich es da mit den gestellten Weichen halten, von denen die Familie oft gesprochen hatte? In meiner Phantasie sahen Weichen wie schwere Eisenrohre aus, massiv, kaum zerstörbar; doch in Wirklichkeit gab es nur dünne Fäden, von denen alles abhing Abgrund oder Turmspitze. Vaters Geschäft hatte noch am Anfang gestanden. Kein Umsatz, nur Schulden. Alle mussten finanziell einspringen. Seine ältere Schwester aus Straßburg, Matteo, Valeria, Beppo regelten das stillschweigend. Es tat weh; der Verlust geliebter Menschen, die zerstörten Zukunftsvorstellungen vom Leben – aber man lernt daraus, wenn man darüber nachdenkt. Vater fand immer: »Nachdenken ist das Wichtigste. Versteht man nichts wird man leicht verbittert und springt ab vom aktiven Lebenszug.« Aber trotz wendiger Sprungbereitschaft kann man wohl nicht verhindern, dass sich manche Erlebnisse wie in einem Buckeltank speichern. Sie tränken ihn, bis man ihn gut gefüllt ewig mitschleppt. Und schafft man es irgendwann, sich von Tröpfchen der Last zu befreien, ist es wie eine Amputation mit dauerhaftem Phantomschmerz.

Alle Umwege und Probleme durch den Tod meines Vaters hielten mich nicht vom Lernen ab, wenn es auch weniger war, als ich mir erhofft hatte. Keinen Universitätsabschluss, keinen Titel. Dafür Kunst und Kultur als Ausgleich. Das gab den Tagen wenigstens die Illusion von Sinn. Übung im Miteinander, Aufnehmen und Ausspucken von Wissen. Heute wird man oft vollgestopft mit technischem *Know-how*, und bekommt zu wenig eingespeist für die Bildung von Intuition und Emotion. Aber genau diese Mischung stärkt die Persönlichkeit.
Die Zeit verging. Der Himmel drückte Nebel auf die Erde wie Teig aus der Nesseltülle, der sich um die Bäume legte, bis sie unsichtbar waren. Es wurde Winter und die dunkle Wolke, die unsere Familie verfolgt hatte, schwebte davon, um das Leben anderer Leute zu attackieren.

Ich machte nach nur zwölf holprigen Fahrstunden meinen Führerschein, zwanzig waren damals üblich. Der Prüfer hatte im Krieg bei *Bolzano*, Bozen, kämpfen müssen, wo meine Oma geboren wurde, und sich dabei in Land und Leute (sicher weibliche) verliebt. Meine hastig ausgesprudelten Oma-Geschichten ließen sein brummiges Gesicht aufleuchten. Diese Bilder vor Augen, übersah er mein als Einparken getarntes Fiasko auf abschüssiger Straße und gratulierte mir zum Lappen. Mein erstes Auto war ein VW mit 34 PS und Zwischengas, laubfroschgrün, für dreihundert Mark. Ich hatte Glück gehabt, die Welt stand mir offen.

In den Schaufenstern mancher Elektrogeschäfte liefen Fernsehgeräte mit schwarzweißen Bildern. Menschen standen davor und unterhielten sich wie bei einem Stehkonvent oder einer Party über das, was dort gezeigt wurde. Trauben von Geschockten erfuhren im November 1963 vom Attentat auf den US-Präsidenten John F. Kennedy. Wir weinten frierend kollektiv. Man sah »Grenzübertritte« von Westbürgern, die mit Passierscheinen die unsägliche Berliner Mauer überwinden wollten, die seit 1961 Ost und West massiv trennte. Und danach tauchte ein halbes Leben lang immer wieder irgendeine Nervensäge auf, die wissen wollte, wo man war, als Kennedy starb und Martin Luther King seine Rede vor dem Lincoln-Denkmal hielt, was man bei der ersten Mondlandung gemacht hat oder als die Mauer fiel. Fragen, vor denen ich mich in meiner Talkshowzeit schwer hütete. Dabei wusste wirklich fast jeder, wo er sich bei diesen Ereignissen aufgehalten hat. Momente, die man nicht vergisst. Und auch über zwei andere Leitfiguren trauerten wir fünf Jahre später tränenreich und wütend: Martin Luther King und Che Guevara, beide wie Kennedy von Kugeln getroffen. In der gesamten westlichen Welt diskutierten Familien, Schulklassen oder Freunde über die Mittel der Revolution. Noch ungefiltert und sporadisch, aber es entwickelte sich eine Art politisches Bewusstsein, das aus tiefer Unzufriedenheit nach oben brodelte. Ein Teil der jungen Generation wollte auf die Barrikaden. Keine Moralpredigten mehr hören, sich nicht mehr mit alten Zöpfen abgeben, sondern Ordnung und Regeln zerstören wie ein Kind die ungeliebten Schulhefte. Sie hatten verklemmte Sexualität ebenso satt wie verlogene Politik: »Revolution ist machbar, Herr Nachbar!«, mit einer Kraft, wie sie keine der letzten Generationen davor gekannt hatte. Was als Protest gegen den Vietnamkrieg und ein verstaubtes Bildungssystem begann, eskalierte zum politischen Flächenbrand, der Deutschland nachhaltig veränderte.

Alles war jetzt möglich, von Aufruhr bis zum neuen Gott.

Wind unter meinen Flügeln

Wenn man eine Leidenschaft hat,
hat man auch den Wunsch, sie mit anderen zu teilen.

Ständig finden Abschiede statt. Der Teenie verabschiedet sich von seiner Kindheit, der Erwachsene von seinen Eltern, Paare von der Ehe, vom Partner. Wir verlieren geliebte Menschen, Perspektiven, Überzeugungen ... und Zeit. Doch die Tragödie der verrinnenden Zeit ist nicht das Loslassen, nicht das Älterwerden, sondern die Gleichgültigkeit, das Abstumpfen. Und davor wollte ich mich schützen. »Lieber Gott, lass mich nie die Leidenschaft verlieren«, war eines meiner Gebete.

Voller Leidenschaft führte ich meine eigene Ballettschule, choreografierte anfangs einfache Bühnenauftritte, inszenierte kleine Shows, schrieb für Zeitungen und produzierte Beiträge für den regionalen Rundfunksender. Das alles hatte ich mir als Aufgabe selbst gestellt und mich mit ersten Ideen beworben. Zusätzlich motiviert durch das Vertrauen meiner Familie, die mich wie früher beim Sport anfeuerte: »Du wirst sehen, du schaffst das!« Auch finanziell? Ich wollte es versuchen und bat meinen pensionierten Nachbarn Alexander, der eine Karriere als Prokurist hinter sich hatte, und meinen cleveren Onkel Beppo um Hilfe. Zusammen erarbeiteten wir ein »tragfähiges Konzept« für die Bank, die mir einen Kredit zur Er-

öffnung der Ballettschule gewähren sollte. Das war damals nicht anders als heute. Man muss schon reich sein, damit einem anderer Leute Geld hinterhergeworfen wird. Als schlichter Bürger bekam man jedenfalls ohne einen fundierten, kommerziellen Hoffnungswert keinen Pfennig. Natürlich konnten sich meine größten Kritikerinnen, Mutter und Schwester, ihre skeptischen Bemerkungen nicht verkneifen und waren ganz schön überrascht, als alles glatt ging. Um das kostbare Geld nicht zu verschwenden, entstand das gesamte Innenleben des Studios in Eigenleistung. Meine Freunde und ich aktivierten sämtliche Kräfte, malten, bauten, renovierten und richteten die hohen Räume nicht nur zweckmäßig, sondern sogar repräsentativ her. Danach war der vergammelte Altbau nicht wiederzuerkennen. Als Clou stand ein schnörkeliges Klavier an der Wand, das ich beim Kauf auf 250 Mark runtergehandelt und dann den zerkratzten Korpus dunkellila lackiert hatte. Dem Klang kaum förderlich, dafür der Optik. Ein phantastisches Ambiente war entstanden. Diese erste selbstständige Aufbauzeit ist mir besonders in Erinnerung geblieben, weil meine Initiative belohnt worden war, und ich lange so etwas wie Stolz auf die vollbrachte Leistung fühlte, der mich beflügelte. Das erste verdiente Geld reichte gerade für die vereinbarte Summe zur Kreditrückzahlung, für Miete, Essen und vier Paar warme Schuhe im Winter. Ein Paar für mich und drei gefütterte Stiefel für die Kinder einer wenig begüterten Nachbarsfamilie. Ihre Freude war eine weitere Belohnung für mich.
Es war eine Zeit zum Auskosten. Eine Zeit, die für zukünftige Erinnerungen bewahrt werden musste, eine Zeit, um Trauer, Schmerz und Furcht auf Abstand zu halten, die unweigerlich kommen würden.

Nach der Phase der Prägung, der Vorbilder und Menschen, die mich bis hierher begleitet hatten, begann eine neue Etappe. Ich besetzte nun die Sandwich-Position, musste Verantwortung für andere übernehmen, wurde selbst Bezugsperson, die Erlerntes und Erlebtes weitergab. Trotzdem blieb ich »das Kind« in der Familie und »die Junge« im Beruf.

Ich tanzte auf vielen Hochzeiten, wie man so sagt, probierte dies und das, doch mein Hauptinteresse galt meinen Ballett-Elevinnen, bei denen ich mir den Luxus leistete, die zwischen fünf und vierzehn Jahre alten Mädchen nach Talent auszusuchen. Auch als ich später zu meiner Entlastung Tanzpädagogen einstellen konnte, behielt ich engen Kontakt zu den Müttern »meiner« Kinder, die ja oft mehr Zeit mit mir in der Schule als mit den Eltern zu Hause verbrachten. Wir studierten Choreografien ein, bei denen es wunderbare Momente gab, wenn die Mädchen zur Klavierbegleitung das rechte Bein nach hinten in die vierte Position stellten oder das *Retiré* und die *Arabesque* übten. Inbegriff der Präzision, in sichtbarer Körperspannung, die ihre eigene Sprache hatte. Obwohl Ballett in Italien entstanden ist, bezeichnet man alle Abläufe und die fünf Positionen mit französischen Begriffen.
Später dehnte ich den Unterricht auf moderne Tanzelemente aus, bis hin zum Showdance, der den Mädchen riesigen Spaß machte. Die fleißigsten durften mich zu Ballettinszenierungen begleiten; ich zeigte ihnen Filme mit begnadeten Tänzern wie Nurejew oder der Pawlowa, und nicht wenige beschlossen danach, ihr Hobby zum Beruf zu machen. Sie träumten von durchgetanzten Ballettschuhen und großen Aufführungen mit Tänzern von Weltrang.
Nach und nach wurde ich für die älteren Schülerinnen die wichtigste Ansprechpartnerin, wenn ihnen die beste Freundin zu jung und die Mutter zu alt für ihr Problem erschien – ich lag eben günstig dazwischen. Einige Mädchen schleiften den ersten Freund zunächst vor *meine* Augen, um *meine* Wertung zu hören, ehe andere ihn zu sehen bekamen. Manche Blender durchschaute ich nicht, konnte aber zum Ausgleich die dämlichsten Fehlgriffe verhindern und den dankbaren Eltern manche Aufklärung abnehmen; so subtil, wie ich es mir für mich gewünscht und nicht erhalten hatte. Eines der Mädchen, eine dreizehnjährige Schülerin vom Land, mochte ich besonders gern. Ihre Mutter hatte sie mir ziemlich burschikos ans Herz gelegt:
»Das Kind ist ein Trampel, ungeschickt und steif, hoffentlich können Sie daran was ändern.« Aus ihr wurde zwar keine Ludmilla Tchérina,

aber sie bewegte sich mit der Zeit graziöser, wurde anmutiger und entwickelte Teamgeist, der mir im Unterricht genauso wichtig war wie das körperliche Training. Ihre Eltern führten ein Geschäft, in das beide voll eingespannt waren, die zwei Kinder blieben sich weitgehend selbst überlassen.
Wenn ich je eine rosarote Brille trug, dann bei diesem Mädchen, das ich als unschuldig, einsam und hilflos empfand, womit es alle meine Beschützerinstinkte weckte. Weil es mir so am Herzen lag, verlor ich den klaren Blick und auch die Chance, mich *rechtzeitig* zurückzuziehen. Etwas rechtzeitig zu erkennen, ist oft entscheidend für das ganze Leben. Wahrscheinlich weiß die Mutter dieses Mädchens bis heute nicht, was ich quasi an ihrer Stelle durchlitten habe. Von mehreren Abtreibungen über ständig wechselnde unappetitliche Männergeschichten bis hin zum Drogenkonsum hat dieser Unglückswurm nichts ausgelassen.
Ohne mich auszukennen, selbst noch zu jung und unerfahren, war ich auf die eine oder andere Weise in jede ihrer Katastrophen involviert, aus allen musste ich sie rauspauken. Und schaffte es trotz Überforderung nicht, sie im Stich zu lassen. Dabei blieb ich lange Zeit ahnungslos, wenn auch instinktiv leicht misstrauisch. Geschickt hatte sie ein Netz von Freunden aufgebaut, die sie warnten, sobald ich unerwartet in heiklen Situationen auftauchte. Da saß dann nur ein stilles Mäuschen unschuldig lächelnd in einer Ecke, das sich – kaum war ich draußen – in eine Tigerin verwandelte. Ich liebte dieses Mädchen wie eine Tochter und bin sicher, auch sie ließ sich während der vielen Jahre manches einfallen, um mir Verletzungen zu ersparen. Trotzdem blieben tiefe Narben zurück.
Gelernt habe ich dabei, dass Absichten noch so nobel und fürsorglich sein können: Fallen sie nicht auf fruchtbaren Boden, bleiben sie letzten Endes wirkungslos. Man muss auch von den scheinbar Hilfsbedürftigen Eigenverantwortung verlangen und sie in dosierten Schritten Stück für Stück loslassen. Das hatte ich nicht beherzigt. Aber ich weiß durch diese frühe Erfahrung, dass die wohlmeinendsten »Erziehungsmaßnahmen« fehlschlagen können. Wann immer

ich lese, dass ein Kind »aus gutem Haus« trotz liebevoller Eltern »abgerutscht« ist, muss ich an meine Schlappe mit dieser jungen Frau denken, die übrigens kinderlos geblieben ist und erst nach mehr als zwanzig Jahren vollständig aus meinem Leben verschwand.

Zu meinem Alltag gehörten ganz Junge wie die Ballettschüler oder die späteren Ensembles, deren Choreografie ich erarbeitete. Und Jüngere wie meine Schwester und ihre Clique, die Models, mit denen ich aufwändige Modeschauen inszenierte, oder Freunde und Kollegen. Nahezu alle meine Auftraggeber, mit denen ich beruflich zu tun hatte, bildeten die ältere Fraktion. Ebenso wie der Teil meines familiären Umfeldes, den ich um Rat fragte, der mich unterstützte und als Regulativ wirkte. Selbst die Meckereien meiner Mutter nutzte ich, um meine Handlungen noch einmal auf Sinn und Unsinn zu überprüfen.

Du kannst nur gewinnen, wenn du keine Angst hast zu verlieren
Es wurde langsam Zeit für mich, *richtig* erwachsen zu werden. Wo war der klügste Weg dahin? Wie konnte der aussehen? Nach all den Versuchen, in verschiedene Arbeitsbereiche reinzuriechen, Vorlesungen zu hören, herauszufinden, was mir am meisten lag und wo ich mich am besten einbringen konnte, sollte es langsam mal was Festeres sein. Auch privat gab es ein paar krause, verliebte Beziehungs-Ausflüge, ehe es ernst wurde. Nun war ich verheiratet, hatte selbst einen Jungen geboren und lernte, was es bedeutet, für ein anderes Wesen, das total abhängig von mir ist, die Verantwortung zu übernehmen.
In dieser Zeitspanne war ich Mutter, Kind, Geliebte, Lehrerin, Hausfrau, Samariterin, Babysitterin, Freundin, Unternehmerin, Bodyguard. Manchmal alles an einem Tag. Nebenher habe ich für verzagte Frauen aus meinem Umfeld Wohnungen gesucht, Kinderbetreuung und Arbeit besorgt, schlagende Männer abgewehrt. Nicht, weil ich so ein guter Mensch war (das auch, denn ich *wollte* einer sein!), nein, ich war vor allem eine gute Organisatorin, kein bisschen

chaotisch oder ängstlich, wenn's darauf ankam und andere die Nerven verloren. Bis auf die Male, in denen alles aus dem Ruder lief. Für die, die Hilfe annahmen, war es immer ein Anfang, den ich als gutes Zeichen wertete. Nur mir selbst fiel es schwer, Hilfe zuzulassen.
Doch die würde ich wohl ausgerechnet von meiner Mutter benötigen, wenn ich mein Kind versorgen *und* arbeiten wollte. Entweder akzeptierte ich, dabei auf sie angewiesen zu sein – oder ich wäre beruflich ausgebremst. »Lass uns einen Handel abschließen«, schlug der Gemahl vor. »Du arbeitest, ich studiere und *la nonna* passt auf den Kleinen auf.« *La nonna* war jetzt meine Mutter?
Und was für eine Art Handel sollte das sein? Schon nach Vaters Tod war ich diejenige, die Träume aufgeben musste. Und jetzt wieder? Ja, es sah ganz danach aus.
Um mich um meinen Sohn kümmern zu können, brauchte ich eine Arbeit, zu der ich ihn entweder mitnehmen durfte (reines Wunschdenken!) oder für die ich nur Stunden fort war, in denen meine Mutter ihn versorgte. Die hatte sich als Oma tatsächlich neu erfunden! Voller Liebe für ihren Enkel, kritiklos und zu jedem Einsatz bereit. Zwar lief die Ballettschule ganz gut, doch es war unmöglich, den Unterricht abzubrechen, um mal eben nach meinem Kind zu sehen oder mit ihm zu spielen. Und meine Mutter im Nachbarraum als Aufpasserin? Ausgeschlossen! Das hätte mich völlig demotiviert! Also lehrte ich nur noch in zwei Klassen und stellte für den Rest eine Vertretung ein, die natürlich die Rendite auffraß. Und weil mein Mann studierte, das Geld knapp war, zogen wir drei mit meiner Mutter zusammen. Eine brillante Idee!
»Junge Familie mit Baby, kaum Einkommen, Vater Student, Mutter arbeitsbereit, doch ohne preiswerte Hüteperson aufgeschmissen.« So hätten wir wohl ohne Oma eine Anzeige formuliert.

Und so ähnlich tasteten sich auch heute Freunde und meine Assistentin Christine an ihr Problem heran. Ich kenne die Unterbringungsgeschichte ihrer Söhne, die ich für ein konstruktives Zusammenleben beispielhaft finde.

Christine wollte bei mir arbeiten. In Teilzeit. Sie brauchte also einen qualifizierten, sicheren Hort für ihren knapp dreijährigen Sohn, fand aber die Kita-Betreuung mit zwei Erzieherinnen für fast dreißig Kinder nicht ausreichend. Darum weigerte sie sich, ihren Sohn in dieser anonymen Umgebung zu lassen, in der »die Kleinen nur aufbewahrt und nicht gefördert werden.« Schon ihre Mutter hatte vor fünfundzwanzig Jahren in einer ähnlichen Situation Eigeninitiative bewiesen, also konnte die Tochter einem guten Vorbild folgen und eine eigene Tagesstätte gründen. Das Konzept dieses erfolgreichen Kinderladens ist partnerschaftlicher Umgang mit den Kindern und engagierte Elternarbeit. Mutter, Vater, Kind und ich sind damit sehr zufrieden.

Auch für Kevin gab es weder einen Platz im Kindergarten noch bei den Tagesmüttern der Umgebung. Alles voll. Seine Eltern waren von einer Betreuung abhängig, weil es an Verwandten in der Nähe mangelte und der Mutter ein Arbeitsangebot vorlag. Das brachte beide auf die Idee, selbst etwas zu tun. In Supermärkten hingen sie kleine Plakate auf, durch die sie Eltern in ähnlicher Lage suchten, ebenso wie eine qualifizierte Erzieherin. Dann folgte ein Inserat mit gleichem Wortlaut im regionalen Wochenblatt. In kürzester Zeit meldeten sich Interessenten. Zahlreiche Eltern, aber auch die sich bewerbenden Erzieherinnen waren begeistert von dem in Aussicht gestellten Arbeitsplatz: kleinere Gruppe, kürzere Entscheidungswege, individuellere Behandlung. Der nächste Schritt war die Suche nach entsprechenden Räumen mit dazugehörendem Garten. Das klappte zwar weniger schnell, wurde jedoch mit viel Einsatz gefunden und in Eigenregie ausgebaut. Ein leerstehender Laden mit Toiletten, Zusatzraum und einem geschützten Grundstücksanteil (Grünbereich). Zehn Paare gründeten den Elternverein, die Initiatoren übernahmen den Vorsitz, eine Erzieherin wurde fest angestellt, und jeweils ein Elternteil übernahm die zweite Betreuung. Alle brachten sich mit ein. Der Sportlehrer turnte einmal die Woche mit den Kindern, die künstlerische Mutter malte, eine andere las vor, und der handwerklich begabte Vater baute mit ihnen Spielgeräte.

Private Zusammenschlüsse sind in vielen Bereichen eine attraktive Alternative und sollten von Behörden nicht durch übertriebene Auflagen blockiert werden.

Gut, es gibt heute diese Elterninitiativen, Kinderhorte, Tagesstätten, Betriebe mit kleinen Spielräumen; angesichts der niedrigen Geburtenrate sogar etwas mehr Toleranz, wenn ein Kind mit ins Büro kommt – alles zu meiner Zeit undenkbar. Aber dafür sind leidenschaftliche Omas und Opas Raritäten geworden, die mit in der Familie leben und sich freuen, bei den Kleinen sein zu dürfen. Ob das eine das andere ausgleicht, wage ich zu bezweifeln. Viele entfernt wohnende Großeltern sind gerade als Rentner mit neuen Plänen ausgefüllt und froh, eigene Verantwortung los zu sein. Wieder »ins Kindergeschäft einzusteigen« ist ihnen ein Grauen. Höchstens mal aushilfsweise! Da sind staatliche Förderungskriterien besonders wichtig.

DR. URSULA VON DER LEYEN

Ex-Bundesministerin für Familie, Senioren, Frauen und Jugend

Kinder brauchen konstante Qualität. Was gehört dazu?

Für mich bedeutet Qualität, jedes Kind optimal zu fördern und zu fordern. Jedes Kind ist anders, jedes Kind lernt anders und jedes Kind hat andere Bedürfnisse. Deshalb ist es notwendig, Qualitätsstandards zur frühkindlichen Bildung in Einrichtungen und in der Kindertagespflege zu entwickeln. Das Bundesfamilienministerium führt Experten zusammen, um diese Standards gemeinsam festzulegen. Denn Kinder lernen von Geburt an. Sie kommen mit einem unglaublichen Potenzial zu lernen auf die Welt. **Deshalb brauchen Kinder ein anregendes Umfeld, das ihre Neugier weckt und persönliche Begabungen fördert**. Frühe Förderung hat die Chance und die Aufgabe, solche Lernprozesse behutsam und aufmerksam zu begleiten und eine anregungsreiche Umgebung anzubieten.

Und noch etwas ist mir wichtig: Wir dürfen Bildung nicht in Schachteln packen, auf denen Kita, Tagespflege, Rechnen, Sprechen oder Naturerleben steht. Frühkindliche Bildungsprozesse sind ganzheitlich. **Wir können das Sehen, Hören, Fühlen, Schmecken, Riechen gleichermaßen nutzen, um Bildung im ersten Lebensjahrzehnt spannend zu machen**. Kinder brauchen dafür Raum und Zeit, drinnen und draußen, allein und gemeinsam mit anderen Kindern. Kinder brauchen auch eine erwachsene Begleitung; **eine Begleitung, die Wissensdrang, Neugier und Lernbereitschaft jedes Kindes feinfühlig unterstützt, anregt und fördert, aber auch Sicherheit und Geborgenheit gibt**; denn wer Neues entdeckt und lernt, wagt sich immer auch ein Stück ins Ungewisse vor.

Soso, meine Mutter als feinfühlige und fördernde Unterstützerin? Schwer zu glauben; doch so kühl sie mir gegenüber auch gewesen war, so herzlich und innig kümmerte sie sich nun um meinen Sohn. Ich sah sie zum ersten Mal schmusen und alberne Worte säuseln, was mich rührte und zum Lächeln brachte. Eigentlich hätte ich neidisch sein müssen, nachdem ich jahrelang um ihre Zuneigung, ihre Anerkennung gebuhlt hatte. Aber ich war nur froh, sie so zärtlich mit meinem Sohn zu sehen. Und ich grübelte darüber nach, ob sich hier womöglich etwas wiederholte.

Sicher liebten meine Großeltern ihre Tochter, doch mit ihrer Innigkeit mir gegenüber, ihrem Interesse, ihrer Fürsorge, war das nicht zu vergleichen. So viel hatte ich mittlerweile kapiert. Das Abschirmen meines Vaters, der meine Mutter beschützen wollte, förderte ihre Weltfremdheit; außerdem musste sie in der Klosterschule bei den Nonnen und im Verhältnis zu ihren Eltern ziemliche Liebesdefizite

und wenig Problempraxis gehabt haben, sonst wäre sie besser mit Anforderungen und Emotionen umgegangen. Das gelang ihr wohl erst jetzt – als Großmutter.
Diese Beobachtung führte zu einem festen Vorsatz: Auf keinen Fall wollte ich meine tiefsten Gefühle unter Umgehung meiner Kinder für die Enkel aufbewahren. Und ich nahm mir vor, zukünftig die Art meiner Mutter milder zu beurteilen. Weil ich ihr blind vertraute, konnte ich unterwegs absolut ruhig bleiben. Das Erlebnis mit unserem Hund Coco hatte ihr damals einen solchen Schock versetzt, dass sie seitdem alles doppelt und dreifach prüfte. Nie würde sie das Kind aus den Augen lassen. Fazit des Ganzen: Zusammen mit Mann und Kind wohnten wir nun im »Hotel Mama«.

PROF. PETER WIPPERMANN

Trendforscher

»Der Begriff ›Hotel Mama‹ wird zwar belächelt und ist negativ besetzt. **Aber in der Realität ist es eine Wechselbeziehung innerhalb der Familie, in der es viel weniger Konflikte gibt als vermutet.** Man wohnt unter einem Dach, weil man sich gut versteht, weil es Gemeinsamkeiten gibt, weil man einander unterstützen kann, weil man Geld spart. **Ich sehe in der Zukunft eine große Chance für die Familie, deren Stellenwert wächst.**«

Kopf- und andere Hörer

Ich ging zum Radio. Korrekter, ich wurde ausgewählt. In beinharten Tests mit Witzen der Etablierten auf meine Kosten – das ewige Leid der Anfänger, aber eine wichtige Lehrstunde. Erfreulicherweise mit einem angenehmen Chef Mitte fünfzig, der mir gefiel. Die gleichaltrigen Kolleginnen und Kollegen spielten ihre Machtspielchen, die Techniker bildeten eine eigene Einheit, aber dieser Programmdirek-

tor war eine Persönlichkeit; geradeaus, motivierend und einfallsreich. Sein Wahlspruch: Routine ist der Tod der Kreativität. Ich konnte viel ausprobieren, erfand Sendereihen, die ich im Abendprogramm testen durfte und wurde gelegentlich mitten in der Sendung vom obersten Boss angerufen, gelobt, befragt oder kritisiert.
Wo gibt es so was heute noch? Ich fand diesen persönlichen Einsatz, dieses Kümmern außerordentlich konstruktiv und anspornend. Sicher mit ein Grund, warum ich das Radio liebte, das für mich das großartigste Medium war. Meine Berufsbezeichnung lautete jetzt: Rundfunksprecherin und Programmgestalterin. Wir machten damals noch alles selbst, bekamen reichlich Improvisationsspielraum, suchten uns Themen, schrieben den Text, wählten die passende Musik aus, und bedienten viele Regler, immer durch eine Glasscheibe und Mikrofone mit dem Techniker verbunden. Nur beim Wetterbericht konnte ich mich selten auf Vorlagen verlassen und erzielte erste Erfolge, als ich das Studiofenster öffnete, raussah, und den Hörern meinen frischen Eindruck verkündete. Diese hausgemachte Prognose hatte sogar für die kommenden Tage keine schlechtere Trefferquote als die professionelle..
Hier im Sender waren die Generationen klar aufgeteilt. Führungskräfte gehörten zur älteren Gruppe, viele Techniker zur mittleren, und wir Redakteure und Sprecher waren altersgemischt, die meisten aber jung. Mir kam die hierarchische Struktur unkompliziert und wenig spürbar vor. Kurze Wege, rasche Entscheidungen. Alle Generationen aus den verschiedenen Ressorts saßen zusammen an einem Tisch und rangen um ein Ergebnis, das uns miteinander verband: Wir wollten hervorragende Sendungen machen und begeisterte Hörer gewinnen. Nur die Ansichten über die Methode differierten. Wir »Junioren« trauten uns mehr, brachten freche, innovative Ideen aufs Tapet. Die nächste Altersstufe hätte gern alles wie bisher gelassen, und die »Senioren« selektierten, mäßigten, bis ein praktikables Gesamtergebnis abgenickt wurde. Wer wie auf was reagierte, änderte sich allerdings wöchentlich. Insofern ergänzten wir einander bestens, was dem Programm zugute kam. Natürlich

gab es Klatsch und Tratsch, Neid und Missgunst, die Guten und die Bösen, wie immer, wenn ein Haufen Menschen aufeinandertrifft. Doch mit wenigen Ausnahmen konnte das meiste als »harmlos« durchgehen.

Mein Alltag sah jetzt so aus, dass ich jede freie Minute mit der Familie verbrachte und neben dem Rad ojob nur noch eine einzige Ballettklasse betreute. Ich hatte zu unterschiedlichen Zeiten Sendung, was dem Privatleben zugutekam, und als junge Mutter alle Wochenenden und Feiertage frei. Bis auf Silvester. Dank meiner Mutter kein Problem. Ich könnte an dieser Stelle eine Hymne auf sie und mein Kind singen. Auf meine Entlastung, seine Pflege.
Doch das wäre gelogen, denn sukzessive mutierte ich zur Schwester meines Sohnes, weil meine Mutter täglich mehr die Oberherrschaft übernahm. Aussehensmäßig ging sie selbst noch als Mama eines Kleinkindes durch, eine Rolle, die sie sehr genoss und in meiner Anwesenheit abzustreifen vergaß. Sollte ich vielleicht doch besser den Beruf aufgeben? Nein, ich liebte meine Arbeit und wir brauchten das Geld. Also verkaufte ich die Ballettschule, um mein Leben freier zu ordnen. Dafür arbeitete ich intensiver als Choreografin und nahm mehr gut bezahlte Engagements von Unternehmen und Messen an, sodass es fast aufs selbe hinauslief. Den Überschuss sparte ich, hätte die Schule aber auch behalten können, denn mehr Zeit als vorher bekam ich nicht. Heute nennt man das »nicht priorisiertes Zeitmanagement« – damals hatte ich mich schlicht »verzettelt«.
Es krachte häufiger zu Hause, weil Mutter mich wie ein unmündiges Kind behandelte und mir auch im Umgang mit meinem Sohn Vorschriften machte. Dort, wo ich saß, hing ich fest: in der Patsche. Manchmal platzte ich vor Wut und heulte mich bei meinen Großeltern aus. Die sahen das locker: »Lass sie doch ruhig Mama spielen. Das hält sie taufrisch und hört bald von allein auf. Und für dich ist es eine große Hilfe. Also komm, Kopf hoch, ich spreche mit ihr, mach dir keine Sorgen.«

Speziell Großvater redete dann seiner Tochter ins Gewissen, die einsichtig nickte, aber stur auf ihre Verantwortung verwies. Nach diesen reinigenden Gewittern klappte es tatsächlich etwas besser, und die »Chefin« nahm sich zurück, doch kurz darauf begann alles wieder von vorn.
Meine Erkenntnis? Was fürs Kind gut erscheint, muss es für die Mutter noch lange nicht sein, wenn Großmütter zu maßlos ihre Hände im Spiel haben.

Nach dem Radio folgte das Fernsehen. Eine unendliche Fundgrube zur Erforschung der menschlichen Natur. Betrachte ich die diversen Stationen rückblickend, so war jede Phase bis jetzt eine einzige Lehre. Um frei arbeiten zu können, verzichtete ich auf eine Festanstellung. Rein sachlich schienen die Nachteile zu überwiegen, aber *gefühlt* kam ich mir im Anschluss an diese Entscheidung beschenkt vor. Doch viele der anderen hoffnungsfreudigen Anfänger landeten nach wechselhaften Jahren tatsächlich auf einem gut bezahlten Posten im Sender, mit erstrebenswerten Aufstiegschancen und abgesicherter Zukunft. Ich wiederum kochte verschiedene Suppen, blieb wissbegierig, vertiefte jetzt nicht nur meine Menschenkenntnis, sondern lernte auch über mich selbst Neues, das mich formte und mir half, meinen eigenen Erwartungen gegenüber gerechter zu werden. Nicht sofort, aber Schritt für Schritt.
Wie ist das mit der Erwartung – haben wir wirklich alle eine ähnliche an das Leben?
Manch schöpferischer, wacher Geist findet simple Formulierungen für schwierige Stationen, zum Beispiel:

OLOF PALME

1986 ermordeter Ministerpräsident Schwedens

»Es gibt gewisse Dinge, die in jedem Menschenleben wiederkehren. Wir werden geboren, wachsen auf und suchen uns Freunde.

Wir bilden uns und bereiten uns auf das Erwachsensein vor. Wir suchen uns einen Beruf und unseren Platz im Arbeitsleben. Wir schaffen uns ein Zuhause, gründen eine Familie und ziehen Kinder groß. Wir versuchen, unsere Gesundheit zu schützen, Krankheiten zu heilen und Unglück zu entgehen. Wir wollen als freie Bürger leben und verantwortlich sein für das Gemeinwohl. Wir wollen Sicherheit und Würde im Angesicht der unvermeidlichen Gebrechen des Alters. All dies kehrt in jedem Menschenleben wieder. Die großen Lebensprojekte verbinden uns miteinander. Praktisch lösen wir sie auf neue Weise, aber in ihrem Kern sind sie unverändert.«

So beschrieb Olof Palme im September 1984 die Idee des Wohlfahrtsstaates (anlässlich des Parteitags der schwedischen Sozialdemokraten).

»Die Einsicht in die Gemeinsamkeit der großen Lebensprojekte begründet also eine Solidargemeinschaft. Ihre Aufgabe ist es, jeden Einzelnen bei der Verwirklichung dieser Projekte zu unterstützen und ihre Risiken abzusichern«, so weit Palme.

Umfangreiche weltliche Gesetze und biblische Gebote regeln unsere Rechte und Pflichten, ohne dass wir deutlich bessere Menschen geworden sind. Würden wir nichts als die kurze Aussage von Olof Palme in unseren Alltag transportieren, nichts als diese schlichten Worte verinnerlichen, wären wir einen großen Schritt weiter auf dem Weg des Respekts der Generationen voreinander.

Das ist *meine* Meinung.

Vier meiner jüngeren Freunde, zwischen sechsundzwanzig und vierunddreißig Jahre alt, sehen das allerdings ganz anders.

Christoph, 30 Jahre

»In meinen Gedanken beschäftige ich mich mehr mit der spannenden Frage, *wie* wir in Zukunft überhaupt Solidargemeinschaften organisieren und leben. Die muss sich nämlich neu definieren, und zwar aufgrund zunehmender Optionen zur Lebensgestaltung und einer immer stärkeren Ausweitung in verschiedene soziale Milieus. Wahrscheinlich wird es sich eher in Kern-Solidar-Gemeinschaften aufspalten, als Ergänzung oder Alternative zur Familie.

Und ich vermute, dass sie sich mehr innerhalb der *gleichen* Altersgruppen bilden werden, weil sie auf einer großen gemeinsamen Teilmenge von Er-Leben beruhen. Das spricht für die These, dass sich die Generationen auseinanderentwickeln und der Generationenvertrag zur Disposition gestellt wird. Die Krise dieses Vertrages wird in unserer politischen Debatte für gewöhnlich in einen ursächlichen Zusammenhang mit dem demografischen Wandel gebracht. Zu viele Alte, zu wenig Junge. Eine bestechende Logik.

Ich denke jedoch, dass eine bloße Aufrechnung der Alterskohorten von einer mindestens ebenso wesentlichen Frage ablenkt: Was passiert mit einer Solidargemeinschaft, der die Gemeinsamkeit der großen Lebensprojekte abhanden kommt?

Das, was Olof Palme vor mehr als fündundzwanzig Jahren als das Verbindende zwischen den Menschenleben beschrieben hat, das hält der Überprüfung an meiner eigenen Lebenswirklichkeit nicht stand.

- Sich einen Beruf suchen und einen Platz im Arbeitsleben aufbauen? Ich habe seit meinem Abitur schon fünfmal den Arbeitsplatz gewechselt.

- Ein Zuhause schaffen? In den vergangenen Jahren wohnte ich in vier verschiedenen Städten und bin sechsmal umgezogen.

- Eine Familie gründen und Kinder groß ziehen? Wenn ich mich in meinem Freundesskreis umschaue, ist dies für die meisten nur *eine* Option der Lebensplanung, aber keine Zwangsläufigkeit. Für mich persönlich klingen solche Normen nach Endstation: Reihenhaus. Schrankwand Eiche rustikal. Grabstelle im nahen Friedhof.«

Esther, 28 Jahre

»Vieles von früher ist heute kaum machbar. Auch der Begriff der Familie war in den letzten Jahrhunderten einem dynamischen Wandel unterworfen. Das Familien-Idealbild mit Vater, Mutter und zwei Kindern, die emotional miteinander verbunden sind, ist eine Erfindung des 19. Jahrhunderts. Trotzdem bleibt es für die Mehrheit meiner Generation ein erstrebenswerter Lebensentwurf. Eine wachsende Zahl der gemeinen Spezies *Single* zeigt jedoch, das dieser Entwurf als Norm nicht mehr taugt und damit vernünftigerweise auch keines jener Lebensprojekte sein kann, auf denen sich eine Solidargemeinschaft gründet.
Für mich ist Familie eine Gemeinschaft von Menschen, die sich füreinander zuständig fühlen und eine verbindliche Form von Zuneigung miteinander teilen. Meine Eltern gehören zu dieser »Familie«, meine Oma und meine Brüder. Aber was ist beispielsweise mit dem Freund, den ich mitten in der Nacht anrufen kann, wenn ich mit einer Autopanne irgendwo feststecke, damit er mich abholt? Was ist mit der ersten großen Liebe, die zwar erlosch, mich aber als vertrauliches, ja geschwisterliches Verhältnis bis heute begleitet? Was ist mit der Freundin und unserem Versprechen, dass wir auch füreinander da sein wollen, wenn eine von uns zum Pflegefall wird? Und was mit jener, die mir ohne Zögern das Geld für die Mietkaution meiner Wohnung leiht? Auch diese Menschen sind »meine Familie«. Freunde, durch die, neben denen und mit denen ich erwachsen geworden bin. Ihnen bin ich eng verbunden und sehe sie – im Gegensatz zu meinen

Eltern – wesentlich häufiger, was dafür spricht, dass jede Generation doch mehr für sich bleibt.«

Oliver, 34 Jahre

»Denken wir mal an den Erfolg der amerikanischen Serie »Sex and the City«. Dieser Erfolg lag nicht etwa darin begründet, dass in der Sendung so viel über Sex gesprochen wurde. Vielmehr gab sie der Lebensform des typischen Großstadtsingles, zu dem ich mich auch zähle, einen ästhetischen Rahmen. Zweifellos waren dort die Damen im goldenen Herbst ihrer Jugend unaufhörlich damit beschäftigt, sich eine Schneise durch das weite Feld des New Yorker Heiratsmarktes zu schlagen. Doch war die Suche nach »dem Richtigen« bei genauer Betrachtung nur Bestandteil eines in sich konsistenten, tragfähigen Lebensplans.
Solche »Lebensfreundschaften« sind keine Erfindung der Generation Golf!
Trotzdem ist der Stellenwert ähnlicher Freundschaften im Vergleich zu unserer Elterngeneration gestiegen, weil das Koordinatensystem der Lebensprojekte eben nicht mehr so leicht überschaubar ist. Amouröse Verstrickungen stehen unter beständigem Bewährungsvorbehalt mit dauernder *Exit*-Option. Das Berufsleben ist in der schon sprichwörtlichen »Rushhour des Lebens« dem fleißigen Sammeln von Spiegelstrichen für den Lebenslauf gewidmet … wohin einen diese auch führen mögen. Und bei beidem weiß ich gut, wovon ich spreche.«

Miriam, 26 Jahre

»Wir sind an Probleme der Weltwirtschaft gewöhnt. Schon darum heißt unser Lebensgefühl eher »Unsicherheit«, was uns nicht wirklich aus der Bahn wirft. Eine Generation, die mit Wortungetümen wie »Abschmelzung der Schwankungsreserve bei der gesetzlichen Rentenversicherung« aufgewachsen ist, vertraut dem

Jahreshoroskop mehr als der Rentenbescheinigung. Ich will über diese neue Unübersichtlichkeit gar nicht lamentieren. Ganz im Gegenteil: Ich finde sie klasse. Denn sie ist eigentlich eine Rückbesinnung auf die wesentlichen Fragen:

- Was willst du mit diesem Leben anfangen?
- Was ist die dir gemäße Form einer Liebesbeziehung?
- Welchen Stellenwert hat dein Beruf?

Das soll aber nicht darüber hinwegtäuschen, dass andere einen Verlust an Sicherheit und Planbarkeit als akuten Leidensdruck erfahren. Wer sich von einer befristeten Beschäftigung zur nächsten hangelt und mit seinem Lohn immer knapp am Existenzminimum entlangschrammt, wird die Rückbesinnung auf die wesentliche Frage, wie er seine Miete bezahlen soll, kaum als toll empfinden.
So oder so. Ein Soziologe würde wohl von »einem Verlust an stabilisierender Erwartungshaltung« sprechen. Und damit rückt zwangsläufig die Suche nach Bleibendem und Verlässlichem in den Mittelpunkt. Dies führt zu einer besonderen Wertigkeit von Freundschaften.«

Ja, ihr klugen jungen Freunde, bestimmt habt ihr in vielem recht. Und Etliches aus eurer persönlichen Sicht wird von den Experten bestätigt. Alles ist – wie seit Ewigkeiten – im Wandel. Ich glaube aber, dass Alt und Jung sehr wohl Berührungspunkte haben. Nehmt nur euch und mich ... durch unsere intensiven Gespräche, den umfangreichen Briefaustausch haben wir nicht gerade wenig voneinander gelernt. Und ich bin älter als eure Mütter! Mit der eigenen Familie hattet ihr es vielleicht schwerer als mit mir, weil ihr eher Antworten von einer Nichtverwandten akzeptieren konntet. Auch meine Kinder werden wohl an anderen Quellen nippen, denn mit manchen meiner Gedanken bin ich leichter zu euch als zu ihnen vorgedrungen. Obwohl ihr nicht so recht an das Miteinander der Generationen glauben mögt, erschienen euch immerhin einige meiner Überzeugungen wichtig genug, um grundlegende Änderungen zu bewirken. Nur ein paar kleine Beispiele:

Christoph, ich erinnere mich gut an dein *coming out* und die folgenden wirren Liebestaumel. Nach unserem Austausch hörtest du auf, dir in die Tasche zu lügen, was deine sexuellen Präferenzen betrifft. Später auch damit, dir – wie gezielt – immer wieder »die Falschen« zu suchen (Rückfälle belächelten wir ... sobald der Schmerz abklang).

Als du, Esther, nach diversen Wechseln erneut deine Arbeit hinschmeißen wolltest, saßen wir stundenlang zusammen, um über deine Gründe, das Pro und Contra zu diskutieren. Am Ende kam heraus, was du *wirklich* willst. Dem bist du zuerst zwar nur halbherzig und eher mir zuliebe gefolgt, warst jedoch später (bis heute) froh darüber.

Ach, Oliver, obwohl die Probleme mit deinen Freundinnen das häufigste Thema zwischen uns waren, gibt es einen gravierenden Bereich, der uns verbindet. Du hast mich bei einem Einsatz im Tierschutz unterstützt und bist danach viel bewusster mit deiner Nahrung umgegangen; Fleisch ist jedenfalls gestrichen. Und gegenüber Tieren hast du ein ganz neues Bewusstsein erlangt.

Bei dir, Miriam, ging es irgendwie um Leben und Tod. Deine panische Angst vor Krankheit, Ansteckung und Verfall, die Weigerung, ein Krankenhaus zu betreten, nahm schon pathologische Züge an. Professionelle Hilfe hast du abgelehnt. Als ich dich dann zu zwei sozialen Projekten mitzog, die ich betreute (unter dem Mäntelchen »Ich schaffe es nicht allein, du *musst* mir helfen«), kippte bei dir etwas um, weil du im tiefsten Innern berührt wurdest. Danach hast du die krebskranken Kinder mehrmals erlebt, und inzwischen kümmerst *du* dich um sie.

Ist das alles nichts? Ich denke, wir sind durch ein völlig altersfreies Band miteinander verknüpft – und zwar auf Gegenseitigkeit. Wie oft konnte ich von euren Anregungen profitieren bis hinein in meine Arbeit. Wie oft wart ihr meine Impulsgeber. Und wie oft habe ich von euch gelernt. Hoffentlich bleibt es für uns noch lange so, dieses gegenseitige Geben und Nehmen.

Ein Tritt ins Medium

Anders als beim Radio setzte sich beim Fernsehen – auch hinter den Kulissen – eine Jugendvision durch, der die Stammzuschauer, zumindest beim staatlichen Fernsehen, nie folgen mochten. Dickfellig wie sie waren, blieben sie einfach älter. Es kam vor, dass kreative, engagierte Redakteure um die fünfzig durch einfallslose, obrigkeitshörige Dreißigjährige ersetzt wurden, die mehr auf eine schnelle Karriere als auf innovative Programmgestaltung erpicht waren und sich zielstrebig durchschleimten. Vitale, entscheidungsfreudige Leiter mussten ihren Platz für einen langweiligen Bürokraten räumen. Behandelte man diese, dem Auge des Publikums entzogene Personalgestaltung noch einigermaßen großzügig, so sollten aber die Akteure *vor* der Kamera bitteschön jung und attraktiv sein. Oder aktiv! Altersunabhängig entwickelte ich – wie schon beim Radio – eigene Formate und Ideen, von denen etliche realisiert wurden. Den Rest hat man höchst ökonomisch anderswo verwertet! Je länger ich in diesem Medium arbeitete, desto stärker machten sich Änderungen bemerkbar. Galt bisher das redaktionelle Qualitätsempfinden als Maßstab, katapultierte sich der Quotendruck nun täglich weiter nach vorn, sodass man ihm nicht mehr entgehen wollte. Gemütliche Studiosessel wurden gegen unbequeme Designerobjekte ersetzt. Hauptsache modern! Diejenigen, die, statt Begabungen zu fördern, kommerzielle Netzwerke auf- und störende Skrupel abgebaut hatten, waren nun klar im Vorteil. Immer wieder liest man plötzlich etwas über »Entdeckungen«, die bewiesen, dass jemand jahrelang schwer gemauschelt oder gar betrogen hatte.
Ich selbst blieb von all diesen Trends und Machenschaften lange verschont und bekam in dreißig Jahren treuer Senderzugehörigkeit viele Entfaltungsmöglichkeiten gegen Honorar – ohne weitere

Ansprüche. Meine Vitalität und Leidenschaft, die Fremde häufig erstaunte, wuchs aus meiner Liebe zum Leben und zum Beruf. Originellerweise wurde mein Alter mein kostbarstes Gut, denn Talkshow-Moderatoren ohne genug Lebenserfahrung und intellektuelle Fähigkeiten sind eine Fehlbesetzung. Um sich in andere einfühlen zu können, sie zu öffnen, ohne sie zu verletzen, dazu braucht man Menschenkenntnis. Und wenn man selbst durch die eine oder andere Hölle gehen musste, ohne das Schweben im Himmel zu verlernen, ist auch das ziemlich hilfreich. Außerdem entfernt man sich mit zunehmender innerer Balance leichter aus den verbreiteten verbalen »Seichtgebieten« oder dem bloßen Austausch von Witzen. Also waren meine dreißig Fernsehjahre immer eine Zusammenarbeit auf Gegenseitigkeit. Der Sender und ich profitierten voneinander; mit sinkenden Zuschauerzahlen hätte mich keiner mehr beschäftigt. Rückblickend fällt mir auf, dass meine Co-Moderatoren während meiner Anfangsjahre zehn bis zwanzig Jahre älter waren, eine kurze Etappe lang gleichaltrig, und die gesamte letzte Zeit zehn bis zwanzig Jahre jünger. Das finde ich sogar aus heutiger Sicht noch richtig nett!

An einem hart umkämpften Arbeitsplatz, der sich zudem unter Beachtung der Öffentlichkeit abspielt, ist die Atmosphäre seltsam. Ich bin froh, dem kaum ausgesetzt gewesen zu sein, denn als es damit so richtig losging, war ich etabliert und näherte mich auch langsam meinem persönlichen Fernsehablaufdatum. Derweil erwarteten junge Kolleginnen panisch die nächste Altersnull. Dreißig war schon übel, vierzig die Hölle, an fünfzig mochte man nicht einmal denken. Voller Angst, einer Schöneren Platz machen zu müssen, witterten sie gern Verrat hinter jeder Ecke. Freundschaftliche Kollegialität wurde unter den Konkurrentinnen häufig nur vorgetäuscht, um das Lauern zu übertünchen. »Ich muss los, schnell noch 'ne Intrige erledigen«, wäre nicht selten die Wahrheit gewesen. Stattdessen gab es auf den Fluren Küsschen. Oft wurde mir von der einen brühwarm etwas Nachteiliges über die andere

berichtet, ihre aktuellsten Verwicklungen ausgebreitet, meist sorgenvoll getarnt und mit dem Bestreben, vielleicht noch mehr Negatives zu erfahren. Willkommen im Informationszeitalter! Übrigens verhielten sich Männer kaum besser als Frauen, nur geschickter und opportunistischer. Ihr antrainierter Kameradschaftsgeist ließ sie erst reagieren, wenn es bereits laute Gerüchte gab, wenn sich alles zur Verliererseite neigte. Dann aber erbarmungslos und unerbittlich. Die sprichwörtlich fallen gelassene heiße Kartoffel ist nichts dagegen! Ich fand, einige der stressgeplagten Moderatorinnen konnten Beistand brauchen. Mir taten sie leid, darum gab ich ihnen gebetsmühlenartig den Tipp: »Geh doch getrost davon aus, dass du gute Arbeit leistest, dass du dem Publikum gefällst, dass dein Marktanteil hoch genug ist, weil du ja sonst den Job nicht hättest. Und deswegen ist Alter, gerade wenn man in deinem ist, ganz unwichtig.« Trotzdem setzten manche zunehmend auf den Erhalt äußerer Jugend durch chirurgische Eingriffe. Sie wollten innen und außen den vermuteten Maßstäben der Öffentlichkeit gerecht werden, nicht ihren eigenen. Aber es ist schwer, eine Fassade aufrecht zu erhalten. Irgendwann ist das Selbstbild so weit von dem entfernt, was andere in einem sehen, bis der Mensch in seine Einzelteile zerfällt. Unter bestimmten Umständen reicht dann ein winziger Stoß zum seelischen Einsturz.
Eine attraktive und gefeierte Sängerin, etwa fünfundzwanzig Jahre jünger als ich, lernte ich privater kennen, weil wir einander mochten. Bei irgendeiner Gelegenheit unterhielten wir uns über Aussehen und Kosmetik. Am Ende meinte sie: »Falls ich mich im Spiegel nicht mehr mag, lasse ich mich auf der Stelle liften.« Mein entsetztes Gesicht zog die Erklärung nach sich: »Ich bitte dich, was schockiert dich daran? Du renovierst auch dein Haus, wenn es bröckelt. Und meine körperliche Verpackung ist mein Haus. Warum soll ich es nicht genauso renovieren?« Das klang etwas trotzig; ich versuchte einen Einwand: »Weil du letzten Endes mit einem Haus dasitzen wirst, dem man das künstliche Eingreifen ansieht. Du würdest in einer Hülle leben, die sich nicht mehr wie deine anfühlt, sondern wie ein

Museum, um bei deinem Vergleich zu bleiben.« Danach hatte ich sie lange nicht gesehen. Als ich sie wiedertraf, musste ich mich zusammenreißen. Auf geisterhafte Weise war die Zeit stehen geblieben. Vor mir saß ein schmales Kind in Teenie-Klamotten, das schöne Gesicht zur Maske erstarrt. Während ich sie in den Arm nahm, unterdrückte ich aufsteigende Tränen.
Aber die komplette Verbeugung vor der Jugend, der jeder mit jedem Tag weniger angehört, war nicht mehr aufzuhalten. Sie hatte in der Werbeindustrie begonnen und sich wie eine Krake ausgedehnt. Wenn ein »alter Fernsehhase« mal nicht wusste, wie er sein nächstes Programm gestalten sollte, brauchte er nur einen kenntnisfreien Neuling zu fragen, der noch nie eins hatte. Alle wussten alles! Alle wollten smart und sexy sein. Und das färbte auch auf die Älteren ab. Gerade die Fernsehwerbung verliebte sich in Stufen, bei denen die Kinder, Jugendlichen und bis zu Fünfunddreißigjährigen ganz vorn rangierten, gefolgt von der Gruppe bis neunundvierzig. Ab fünfzig fand man quasi nur noch im Verborgenen statt mit Gebissreinigern, Blasentabletten, Rheumasalben und dem netten Mann für die allerletzte Versicherung. Das größte Potenzial an Menschen und Kaufkraft wurde in die Ecke gestellt und nur zum Thema Pflegesatz der Bundesregierung kurz wieder hervorgeholt.
Und ich? Tja, älter zu sein, erwies sich für mich im Beruf interessanterweise als Vorteil. Menschenkenntnis und zunehmende Balance habe ich bereits erwähnt. Aber es gab weitere Aspekte: Die Jungen und Schönen betrachteten mich nicht als Konkurrenz, andererseits war ich über so lange Zeit erfolgreich, dass es ihnen Mut für die eigene Zukunft machte. Vom Umfeld anerkannt, von Gästen und Team respektiert, konnte ich meine Arbeit wirklich genießen, ohne mich mit Konservierung zu beschäftigen. Insofern ging es mir besser, je älter ich wurde.

Ewige Jugend, lebenslange Schönheit

Ein Kapitel, in dem die ältere der jungen Generation kaum als Vorbild dient. Jeder weiß, dass »ewig schön sein« unmöglich ist. Trotzdem nehmen viele dafür alles Mögliche in Kauf und investieren ein Vermögen in »Verlängerungsmaßnahmen«. Ich habe drei Experten um Antworten gebeten.

PROF. PETER WIPPERMANN

Trendforscher

Woher kommt überhaupt diese Fixierung auf Jung & Schön?

Die älteren Jahrgänge – besonders die Achtundsechziger – waren in ihrer Jugend kämpferisch und autonom, immer gegen etwas konditioniert. **Sie haben den Jugendkult erfunden**; mit Sätzen wie »Trau keinem über dreißig«. Und das wollten sie am liebsten auch ihr Leben lang bleiben! **Ewig beweisen, wie jung sie sind. Dafür ist ein riesiger Markt entstanden mit Anti-Aging-Produkten, Schönheitschirurgie und diversen Heilmitteln**. Laut Umfragen fühlen sich diese Menschen erst mit circa vierundsiebzig Jahren wirklich alt. So lange setzen sie sich mit dem Wunsch nach ewiger Jugend täglich aufs Neue unter Stress.

KLAUS UTERMÖHLE

Chef einer Werbeagentur

Zwischen Werbung und Wirklichkeit, gerade was jung und alt betrifft, klafft eine riesige Lücke. Diese Attitüde »jung-dynamisch« ist doch total verstaubt. Können Sie das als Werber Ihren Kunden nicht vermitteln?

Es gibt da Mechanismen, die viele Ursachen haben. Eine beruht auf **Meinungsumfragen, die dazu führen, dass am Ende alles gleich aussieht**. Punkt zwei sind zu hohe so genannte Ablehnerquoten, wobei »zu hoch« schon 10 % oder 20 % sein können. Ich würde lieber mit größeren Quoten operieren. **Stellen Sie sich**

vor, 5 % der Bevölkerung kaufen mein Produkt, dann bin ich ein Riesenunternehmen mit ebensolchem Umsatz! Und das bedeutet, wenn diese 5 % mich wirklich lieben, während mich 95 % ignorieren ... ich hätte keinerlei Problem.
Aber aus einem ängstlichen Sicherheitsbestreben wird genau umgekehrt gedacht: »*Alle* sollen mich lieb haben, dann ist meine Chance größer.« Was für ein Irrtum! Ich denke, die Chance liegt immer mehr in der Polarisierung.

ZINETA BLANK

Chefin der Model-Agentur Visage

Sie vertreten auch ältere Models. Haben besonders Frauen eine Mitschuld, weil sie sich dem Schönheitswahn unterwerfen, sich schon früh operieren lassen, um jünger und attraktiver zu wirken?

Das ist ganz klar der Einfluss von Medien und Werbung! Gerade unsichere Frauen hoffen, durch Eingriffe jünger und dynamischer zu erscheinen, aber das trügt, denn auf den zweiten Blick sehen sie nur künstlich und starr aus.

Kein *facelifting* bringt unzufriedenen, frustrierten Menschen eine **schöne und freudige Ausstrahlung zurück**. Die kommt aus ganz anderen Quellen und wirkt dann auch nach außen.
Viele ältere Menschen sind vital, erotisch. Aber wer sitzt maßgebend in den PR-Büros? Meistens junge Leute, die selbst erst ihren Weg suchen und wenig Interesse daran haben, ihren Kunden etwas über die Chance zu erzählen, mit echten, lebendigen Menschen zu arbeiten. Nach wie vor bevorzugt die Werbung selbst bei Produkten für Ältere zwanzig Jahre jüngere. Dabei sollte jede Generation/Altersgruppe in der Werbung vertreten sein. Erst dann wird sie meiner Meinung nach ein *effektives* Ziel

erreichen. Denn wie oft kommt die Botschaft nicht richtig an, wird ignoriert oder belächelt? Große Marken haben uns gezeigt, dass es auch anders geht. Firmen, die immer einen Schritt voraus sind, genau wie unsere Agentur.

Tja, aus der Zielgruppe für die Zielgruppe gilt kaum noch. Lassen Sie uns dennoch ein wenig bei den Äußerlichkeiten verweilen. Auch hier zählt, jeden nach seiner Fasson leben zu lassen, also tolerant zu sein, was nicht einfach ist. Eine Bekannte, deren Haut keineswegs unter der Erdanziehung litt, feierte ihren achtundvierzigsten Geburtstag mit reichlich veränderten Gesichtszügen und einem neuen eistütenartigen Busen. Das brachte ihr hinterrücks viele unterschiedliche Kommentare ein, auch von jungen Anwesenden. In einem ruhigen Moment eröffnete sie mir: »Du kannst gern schief gucken. Fakt ist, mir hat dieser Eingriff zehn Jahre gesellschaftliches Leben geschenkt.« Das gab mir zu denken: »Kannst du mir sagen, was dir eine Gesellschaft bedeutet, die dir nur dann zehn Jahre in ihrer Mitte gönnt, wenn du dich liften und mit Plastik auffüllen lässt?« – »So ist es nun mal. Sobald du optisch nicht mehr mithalten kannst, bist du draußen. Das will ich nicht.« Natürlich war der neunzehnjährigen Tochter die gesamte Aktion mit Vorbereitung, Entscheidung, Klinikaufenthalt, Schmerzen, Abschwellen und Ergebnis nicht entgangen. Trotzdem würde sie später, genau wie ihre Mutter, derartige Operationen für nötig halten. Bereits jetzt sparte sie dafür!
Ein prominenter Kollege, Mitte vierzig, der – zusammen mit seiner Frau – mehrere Straffungen hinter sich hatte, schenkte seiner Tochter zum sechzehnten Geburtstag eine Fettabsaugung. Und hier setzt meine Kritik an: Junge Menschen erhalten durch dieses Vorleben den Eindruck, dass der eigene Wert durch Alterszeichen sinkt, dass äußere Mängel Ausschluss bedeuten. Passt jemand nicht in dieses Bild, stellt sich schnell verachtende Überheblichkeit ein. Wie selbstverständlich wachsen sie damit auf, dass man *alles* tun

muss, um »gut« auszusehen. Was das ist, wird nicht definiert und daher als »messbar« vorausgesetzt: keine Falten, keine Flecken, kein Fett, keine Schwerkraft. Mein Fazit: kein wünschenswertes Erbe für nachfolgende Generationen!
Die wollen mit vierzehn aussehen wie achtzehn und mit fünfzig wie achtunddreißig. Höchstens! Da wird geliftet, gesaugt, ausgetauscht und eingesetzt. Manche haben so viele Eigenkorrekturen vorgenommen, dass kaum Eigenes übrig bleibt. Was mich persönlich am meisten stört: Außen passt nicht mehr zu innen. In dem Moment, wo wir *alle* wieder natürlich altern, fällt jeder Druck weg, zumal etliche Spuren nicht zu beseitigen sind! So wenig wie die Diskrepanz zwischen innerer Fülle und äußerer Hülle. Nicht nur Steine, auch Gesichter brauchen Patina!

Vielleicht sollten wir uns gelegentlich vor Augen halten, was »jung« ist:

- Die Anzahl an Jahren?
- Jugendliches Gehabe und Outfit bei Älteren?
- Ist es nicht das verfrühte Ende der Neugier, das vergreisen lässt?
- Sind nicht schon viele Menschen beim Eintritt ins Erwachsensein alt?
- Wer entscheidet, wann man jung, mittelalt, alt ist?
- Wer sagt, wann unser Nutzen, so fahrlässig mit Jugend verbunden, endet?
- Ist Alter nicht ein Stempel, dem man sich allzu willfährig unterwirft?

Und wem nutzt er wirklich, der Jugendwahn?
Weder den Jungen noch den Alten, nur denen, die daran Unsummen verdienen. Ehrlich, Älterwerden ist einfach nicht mehr das, was es vor langer Zeit mal war. Ein Mann von fünfzig, der vor fünfzig Jahren gelebt hat, hätte mit einem Gleichaltrigen von heute wenig gemeinsam. Heute sind die Fünf oder die Sechs mit der angehängten Null vitale Geburtstage voller Entfaltungspotenzial. Darum noch einmal: Es kommt nicht darauf an, wie *alt* man wird, sondern *wie* man alt wird.
Kollegen haben früh Wetten abgeschlossen, wann ich mit dem Schnippeln loslege. Da können sie lange warten ...

Es ist nicht einfach für jemanden, der – noch – gern älter wird. Das »noch« flechte ich jetzt schon aus Vorsicht ein, weil es in jeder Reaktion vorkommt, sobald ich dieses Gefühl erwähne. Ein drohendes Damoklesschwert, das sich mit jedem noch etwas drückender auf mein Haupt senkt.

Jünger auszusehen ist *eine* Sache, aber gern älter zu werden scheint anrüchig, suspekt zu sein. Ich glaube, man verdächtigt mich im Stillen der Koketterie. Vielleicht stimmt es ja und mein Lebensende wird furchtbar, vielleicht werde ich leiden und den Tod herbeisehnen, vielleicht das Alter verfluchen. Vielleicht ... Doch noch mag ich die Geburtstage, noch genieße ich die gewonnene Leichtigkeit durch abgeworfenen Ballast, noch freut mich das zunehmende Gleichgewicht, das Zusammensein mit meinen liebsten Menschen, mit verschiedenen Generationen, das Interesse an immer Neuem. Und fast jedes aktuelle Zipperlein wird von denen, die mich in jüngeren Jahren heimsuchten, getoppt. Also warum sollte ich das Älterwerden fürchten?
Wir starten *alle* von Anfang an in ein unbekanntes Land und steuern *alle* auf ein unbekanntes Ende zu. Bei mir hat das Wissen darum immer den Wunsch ausgelöst, die einzelnen Stationen zu mögen. Dafür baute ich mir Brücken: »Warum soll ich etwas planen? Nie-

mand weiß, was morgen geschieht. Andererseits ist Planen ein Schutz vor unliebsamen Überraschungen. Was ist das Schlimmste, das mir dabei passieren kann?« Meist war nach der Antwort das Schlimmste gar nicht mehr so schlimm.

Wenn ich etwas von meinen Großeltern, von meiner Familie und vom Leben gelernt habe, dann, den Augenblick, das Jetzt auszuleben, und mich nicht mit düsteren Hypothesen zu belasten. Die Ungerechtigkeiten dieser Welt quälen mich schon genug.

Wahrscheinlich ist die Ursache für das ganze Jugend-hinterher-Gerenne weniger reine Eitelkeit als die Furcht vor Ausgrenzung, vor Spielverbot am Leben. Ich sehe es an mir. Heute fühle ich mich klüger, besonnener, großzügiger als früher und möchte das auch einbringen. Ich will es nicht nur für mich persönlich und mein Umfeld nutzen, sondern ich will im allgemeinen Geschehen mitmischen, Erkenntnisse weitergeben. Ich habe keine Lust, als große Mutter *nur* auf meine Enkel aufzupassen. Andere wiederum sind beim Eintritt ins Rentenalter von beruflichen und gesellschaftlichen Pflichten so gesättigt, dass sie nur noch Enkel knutschen, wandern und den Garten pflegen möchten, was ihnen von Herzen gegönnt sei. Aber so wie man einer jungen Mutter Möglichkeiten einräumt, beruflich tätig zu sein, trotz ihrer Kinder, die sie – wie wir wissen – nötig brauchen, so sollte man es auch Älteren überlassen, ob und wie engagiert sie leben wollen. Wobei Letzteres noch selbstverständlicher wäre, weil fast alle Pflichten erfüllt sind.

Als ich einmal meinen Opa fragte, wann er mit der vielen Arbeit, der dauernden Reiserei aufzuhören gedachte, sah Matteo mich erstaunt an: »Warum fragst du das? Weil man im Zenit seiner Reputation, am Höhepunkt seines Wissens abbrechen sollte? Wozu? Mir ist einzig und allein die Aufteilung zwischen den für mich bedeutungsvollen Bereichen wichtig. Wenn einem das eigene Ende nicht mehr Lichtjahre entfernt vorkommt, möchte man in seinem Zeitplan keinen großen Fehler machen. Und mit etwas, das man liebt, aufzuhören, wäre einer!«

Ein Gespräch mit der Model-Agentin **ZINETA BLANK** über Geschwindigkeit und Hollywood.

Welche positiven und welche negativen Erfahrungen haben Sie inzwischen gemacht?

Positiv ist, dass ältere Models einen Platz bekommen, respektiert und ernst genommen werden, dass Typen wieder zählen. **Und immer mehr ältere Frauen und Männer trauen sich mit sechzig oder mehr, eine neue Karriere in Angriff zu nehmen**, noch dazu als *Model*. Man erkennt daran, dass die Menschen aufwachen und selbstbewusster werden. **Negativ ist leider die Geschwindigkeit**. Ich betone nochmal: Es geht in diesem falsch gepolten Markt einfach zu langsam voran. Und immer noch wird mit Fünfundzwanzigjährigen für die Altersklasse fünfzig geworben.

Wie sollte sich Ihr Bereich in Zukunft entwickeln?

Man sollte Menschen, die wirklich gelebt und eine sinnliche Ausstrahlung behalten haben, belohnen, indem man sie vermehrt in der Werbung zeigt. So selbstverständlich und salonfähig wie Jeans. **Die Hollywood-Verblendung sollte dorthin zurückkehren, wohin sie gehört: ins Kino**. Denn ob vierzehn oder siebzig – es wird immer mehr auf Authentizität ankommen, auf das gewisse Etwas anstelle steriler *beautys*, bei Frauen wie Männern. Die wahre, kaufkräftige Zielgruppe will sich auch in der Werbung wiedererkennen und nicht im Hintergrund der Jugend von heute vergessen werden. **So verschafft man sich eine Glaubwürdigkeit, die sich auch im Verkauf der Produkte beweist**.

Was wünschen Sie sich, damit ein Miteinander zwischen den Generationen verbessert wird und mehr Qualität bekommt?

Ich bin davon überzeugt, dass Medien und Werbung es schaffen könnten, dem »Älterwerden« einen positiveren Status zu verleihen. **Die Jugend würde sich dann viel mehr mit der älteren Generation identifizieren können, statt nur umgekehrt**. Vielleicht trägt dazu etwas ganz anderes bei, nämlich die durch Banker ausgelöste Krise, die die jungen Leute nicht einfach so hinnehmen werden. **Die Generationen würden sich solidarisieren, Werte und Wissen an Bedeutung gewinnen**. Alle würden wieder stärker anerkennen, was es heißt, gelebt zu haben und welcher Schatz es ist, seinen Reichtum an Erfahrung der neuen Generation weiterzugeben. Eventuell könnten wir dadurch sogar einen Rückgang der Schönheitsoperationen beobachten, weil die Leute auf das, was sie durch die Jahre geworden sind, stolz wären.
Die Altersgrenze hat sich drastisch verschoben, so, wie sich die ganze Welt entwickelt und verändert hat. Doch beim Älterwerden geht es auch um eine Art offizieller Bestätigung, es sollte von außen mehr Mut gemacht werden, zumal Alter relativ ist. **Für die Achtundsechziger war man mit dreißig Jahren alt, heute muss man fünfzig gewesen sein – und morgen**? Diese kategorisierten Verschiebungen müsste man mathematisch neu erfinden.

Was machen Sie in Ihrer Agentur anders als üblich?

Klassifizierungen wie 50+ finde ich diskriminierend. Wir vertreten *models* fast aller Jahrgänge und betreuen in unserer Sektion »*classic*« Menschen ab 35+. **Dabei lege ich großen Wert darauf, ältere Models richtig zu promoten und international zu etablieren. Und zwar nicht nur für Apothekenprodukte**. Es wird eine professionelle Karriere gestartet, eigentlich wie mit vierzehnjährigen Einsteigern nur für die erwachsene Zielgruppe und mit anderer Strategie. Dennoch ist die Richtung ähnlich. Wir arbeiten leidenschaftlich und zukunftsorientiert.

Ich bin gespannt wie die Haut eines gelifteten Gesichts, welchen Stellenwert die junge Generation diesen Äußerlichkeiten geben wird. Ob sie sich zu Fans plastischer Chirurgie entwickelt und damit den diversen Vorbildern folgt. Ob sie erkennt, dass es keine »ewige Jugend« gibt, und es nicht auf die Glätte der Haut ankommt, wenn sie nur über operative Eingriffe zu erhalten ist. Ob ihr bewusst ist, dass sie sich selbst jede Sekunde dem Stadium nähert, in dem sie sich über ihren Weg, ihr Aussehen, ihre Einstellung zum Alter Gedanken machen muss.

Vielleicht läuft es aber auch ganz natürlich und problemlos bei ihnen ab. Wer weiß? Es kann ja keinen Spaß machen, jahrzehntelang unter Schönheitsdruck zu stehen. Immerhin ist es vielen Kindern total peinlich, wenn ihre Mutter flippiger als sie selbst aussehen will – eher wie ihre Schwester. Und die jungen Werbeleute? Die denken nicht an pfiffige Kampagnen für Ältere, weil sie dafür immer ihre eigenen Eltern vor Augen haben müssten, von denen sie sich ja gerade erst abgenabelt haben. Da macht es doch weitaus mehr Jux, sich an Ideen für seinesgleichen auszutoben. Möglicherweise tragen trotzdem neue Erkenntnisse der Agenturen und Unternehmen über die Werbewirksamkeit von echten Gesichtern zu einer anderen Einstellung bei.

KLAUS UTERMÖHLE

Chef einer Werbeagentur

Ein Gespräch über Chancen, alte Pfade und über Schweine.

Die Medien vernachlässigen teilweise ihre eigentliche Zielgruppe, rennen der Jugend hinterher, die oft andere Interessen hat. Und Firmen lassen Produkte für Ältere von zwanzigjährigen Models präsentieren. Für mich klingt das wie verkehrte Welt. Warum ist das so?

Eine ehrliche Antwort? Es ist so … weil es immer so war …

Ja, weil niemand etwas ändern will …

Wir sind alle viel zu fixiert auf das, was möglich und unmöglich, sinnvoll und unsinnig ist. Wir sehen und denken selektiv. **Damit versperren wir uns die Sicht auf Ungewöhnliches** und auch darauf, Neues zu entdecken.

Dabei gibt es so attraktive Menschen unterschiedlichen Alters, die auch alle vertreten sein sollten. Es kann doch nicht sein, dass man dauernd Kinder und Enkel als Repräsentanten für seine eigene Generation sieht?

Die Anbieter sind wohl der Meinung, dass sich Frauen eher daran orientieren, *wie* Ware inszeniert wird, sodass sich auffallend hübsche Models in einem dekorativen Ambiente anbieten. Speziell bei Mode und Kosmetik. **Aber es gibt erfrischend andere Konzeptionen. Einige Unternehmen setzen auf ältere Menschen, auf Typen und Gesichter und machen damit nicht nur eine sehr gute Werbung, sondern auch hohe Umsätze**. Wichtig scheint mir, dass es nicht darum gehen darf, Ältere jung zu schminken.

Solche Erfolge renommierter Firmen zeigen doch eine Trendwende. Spüren Sie in Ihrer Branche nicht auch, dass der Verbraucher sich wieder mehr identifizieren will und nicht nur künstliche Beautys sehen möchte?

Das schon, aber ich glaube trotzdem nicht, dass sich etwas von heute auf morgen gravierend ändert. **Es ist ein schleichender Prozess**! Doch ich stimme Ihnen zu, die Tendenz zielt in eine andere Richtung. Wir versuchen auch, unseren Kunden verstärkt zu vermitteln, dass es nicht um Alter oder nur um Schönheit geht, sondern immer mehr um Charakter. **Man braucht Menschen, deren Gesicht und Ausstrahlung eine Geschichte erzählt, die ich entweder annehmen oder ablehnen kann**. Das ist fast egal. Entscheidend ist, dass ich damit zu einer Auseinandersetzung führe, auch mit der Werbebotschaft und mit dem Produkt. Ich denke, das ist der Weg der Zukunft. **Junge Leute dafür zu begeistern, ist wahnsinnig schwer**, wenn für Fünfundzwanzigjährige schon alles über vierzig alt ist.

Aber gerade die bewundern das doch! Es gibt viele junge Leute, die sich an Älteren, an Typen, orientieren, die es toll finden, wenn man auf aktive, lebensfrohe Weise älter wird. Das hat Vorbildfunktion und ist für sie wie ein Blick in den Zukunftsspiegel. Es gibt eben nicht nur die, die jetzt sagen, alles über vierzig ist alt und interessiert mich nicht mehr.

Ja, auch das ist richtig, **aber junge Leute können oft weniger abstufen, darum wählen die Hersteller gern den einfachsten, bekannten und trotzdem sympathischen Weg**. In der Werbung gab es eine Zeit des absoluten Jugendwahns, in der alle gar nicht jung genug sein konnten, um dann Spitzenpositionen einzunehmen. Mit dem Erfolg, dass sich die Werbung völlig verselbstständigte und mit den eigentlichen Empfindungen der Menschen kaum noch was zu tun hatte. Das hat sich inzwischen etwas gelegt.

Wie halten Sie es bei sich in der Agentur mit den Mitarbeitern – sind Sie dort altersgemischt besetzt?

Durch die Generationen haben wir auch unterschiedliche Horizonte. Das Gros sind junge Leute um die dreißig, der Älteste bin ich und dazwischen sind ein paar mittlere Jahrgänge, vorwiegend in leitender Funktion. **Die Jungen sind blendend in der Lage, Zeitströmungen aufzunehmen.** Sie wissen, was die Menschen im Jetzt bewegt, haben aber noch keine eigenen Positionen entwickelt.

Was bedeutet, dass sie weniger differenzieren?

Deutlich weniger. Aber genau das brauche ich, damit unser Endprodukt, das wir alle gemeinsam bearbeitet haben, auch von den Zielgruppen begriffen wird.

Das heißt, Sie und Ihre leitenden Mitarbeiter fungieren als Regulative, während die junge Mannschaft die Trüffelschweine sind?

Ein super Beispiel. Ich bin quasi der Bauer, der weiß, irgendwo in diesem Wald könnte man Trüffel finden, also gebe ich der Truppe den Ansporn, grabt mal in diesem Gebiet. Die wühlen sich durch und befördern wirklich mehrere Trüffel ans Tageslicht. Aber nicht alle sind echt, manche nur wertlose Wurzeln. Das voneinander zu unterscheiden, ist meine Aufgabe. Oder zu sagen, buddelt noch mal tiefer ... wobei häufig erst die richtigen Schätze hervorkommen. **So ein ganzes Menu gut zu kochen, das geht nur im Zusammenspiel, da ergänzen sich die Generationen großartig.**

Auf dieses Zusammenspiel wollte ich nicht verzichten. Neues Leben entstand und ich war manchmal zu drängend in meinen Versuchen, Wärme zu speichern, den Duft zu inhalieren, Vertrautheit zu spüren, Schönes festzuhalten. Die Schöpfung an sich, die Welt, in der wir hier sind – alles ist voller Fragen und jeder von uns ein individuelles Geheimnis. Ich werde wohl nie die Antworten finden, so sehr mich auch danach verlangt. Eine Zeitlang war alles gut gegangen, dann brach Trauer wellenförmig über mir zusammen. Unvergleichlich, un-

vorstellbar. Ich musste ein Unglück tragen, das mich fast vernichtete. Aber man sagt, jeder Mensch habe seinen Schmerzstopper, wenn der Fluch zu hart verteilt, das Leid zu groß wird, damit das Leben weitergehen kann. Werden wir nicht dazu erzogen, Verluste zu ertragen? Angehörige sterben, Geliebtes wendet sich ab, Völker wurden ausgelöscht. Trotzdem kann uns nichts auf den unmittelbar berührenden Tod vorbereiten. Wie sollte ein anderer das Ausmaß dieses Schmerzes erahnen? Selbst die Menschen, die immer da waren, im Glück und in der Not, konnten nun nichts tun. Ihre Liebe war ein Schutzschild, doch mancher Verlust trifft uns so hart, dass uns nur der eigene Tod als erträglicher Ausweg erscheint.
Vielleicht müssen manche Leben an einem Tag gelebt werden. Vielleicht straft Gott die Zweifler. So erbarmungslos, dass Gottesfurcht wieder eine neue Bedeutung gewann, und mich noch weiter von ihm entfernte. Es gab keinen Trost, auch wenn Buddhisten glauben, man solle Schicksalsschläge als Vergangenes geschehen lassen und nach vorn schauen. Aber manches heilt nie und man bleibt trotzdem am Leben. Für sich, für die Liebsten, für einen anderen Weg.
Irgendwann, oft erst nach vielen Jahren, baut sich neue Zuversicht auf, neue Hoffnung, man hört sich lachen und weiß, Schmerz ist ein Lehrmeister wie vieles andere. Und der Tod geht eben immer neben uns. Ich wollte nie wieder ein Verschieben auf »später«, nie wieder die bösen Schwestern »wenn und hätte« zulassen – alles musste jetzt, sofort, gleich geschehen. Und immer öfter schaffte ich es. Damals kannte ich keine Selbsthilfegruppe, keine Organisation, die eine Leidende in ihren Kreis aufgenommen hätte – mit dem richtigen Maß an Hilfe und Verständnis aus eigenem Erleben.
Damals schien mir der Schmerz leichter zu ertragen als jede Anteilnahme und habe mich verkapselt. Heute gibt es für Verzweifelte ein stützendes Miteinander, einen festen Halt in ganz speziellen Institutionen. Was hätte ich darum gegeben. Doch die Jahre lehren viel, was die Tage niemals wissen.
Die Zeit verging und es war oft so widerwillig hell geworden, als würde auch dem Morgen jede Begeisterung für einen Neuanfang

fehlen. Mein tiefer Kummer fraß an mir. Ich wurde krank, auch wenn es keinen wissenschaftlich fundierten Zusammenhang zwischen Gefühl und Geschwulst gab. Unerklärlich, wie so vieles im Leben, mobilisierte gerade dieser neue Niederschlag alte Lebensgeister in mir. Selbsterhaltung trieb mich, das, was von mir noch geblieben war, aufzulesen und das Leben fortzuführen, bevor es mir vollständig verloren ging. Ich kämpfte um mich, in den Krankenstationen um andere und kam wieder auf die Füße. Mit zwei Aussagen im Kopf:

1. Wir sind nicht immer dabei, wenn Geschenke verteilt werden!

2. Trotzdem!

Nun brauchte ich Forderungen und interessante Menschen. Schon zur Steigerung meiner Alltags- und Arbeitsfreude, denn meine erste Erfahrung im Metier der Medien verlief alles andere als lieblich. In den Siebzigern gab es nur öffentlich-rechtliches Fernsehen und kaum Frauen auf dem Bildschirm.
Es geschah in der Woche, in der ich gerade versuchte, mich von einem emotionalen und finanziellen Fiasko zu erholen, das die Ölkrise ausgelöst hatte. Oder besser das daraufhin verordnete Fahrverbot, das mich direkt erwischte. Lediglich Fußgänger hätten zu meiner ersten großen, von mir inszenierten Bühnenshow, kommen können. Die Proben waren wie ein Familienfest verlaufen. Mit unseren Kindern, den Kindern der Künstler, denen der Auftraggeber – ein lustiges, anstrengendes, chaotisches Fest. Der Veranstalter ließ es ausfallen. Null, *nada, niente*!
»Nachher sitzen wir in der Riesenhalle vor dreißig Zuschauern, nee, mir ist das Risiko zu hoch.« Vom vielen Weinen waren meine Augen geschwollen und schmal wie Sparschweinschlitze. Idealer Zeitpunkt für ein Fernsehangebot. Ich sah nicht nur alles verschwommen, sondern auch mies aus. Für die Regionalsendung war ein Wechsel geplant. Die frühere, vielleicht vierzigjährige Moderatorin, sollte gegen eine andere, jüngere, ausgetauscht werden, und einige Versuche

schienen bereits erfolglos verlaufen zu sein. Mir brachte das eine Probesendung ein, heute *casting* genannt. Braves Kostüm, darunter mein hämmerndes Herz, *highheels* an wackligen Beinen, brave Frisur. Erstaunlicherweise stand kein Haar hoch, obwohl es sich für mich so anfühlte. Vorher gab es mit den Verantwortlichen mehrere heimliche Treffen an abenteuerlichen Orten: »Merken Sie sich eins, das hier ist absolut *topsecret*! Ein Wort nach draußen und Sie sind weg vom Fenster.« Hui, was für ein Theater!

Das Deutsch meiner Großeltern ließ so sehr zu wünschen übrig, dass ich mit ihnen trotz des Befehls darüber sprach; sie würden schon nichts ausplaudern. Großmutter fand das Angebot *molto onorato* und sah ehrenvoll geschmeichelt aus. Großvater meinte: »Kein Grund zur Aufregung! Die können froh sein, wenn sie jemanden wie dich bekommen«, was eine heftige Umarmung zur Folge hatte und meine sowieso schon lädierten Augen wieder feucht schimmern ließ.

Nach hausgemachten Umwegen stellte man mich als Fernsehmoderatorin ein und mein Leben einigermaßen auf den Kopf. Der Leiter des Wochenmagazins war bestimmt doppelt so alt wie ich, zumindest sah er so aus, und ähnelte auf sympathische Weise dem Walross Antje, damals das beliebteste NDR-Markenzeichen.

Ich lernte neue Welten kennen. So war zum Beispiel Alkohol bisher kein Thema gewesen, abgesehen von dem Likör, um den meine Schwester wettete, oder dem Glas Wein, das bei uns zu Hause während der Mahlzeiten auf den Tisch kam. Und exzessive Nächte gehörten für mich ebenfalls zur *terra incognita*, zieht man mal die Discobesuche ab, die sich bis zum Morgen hinziehen konnten. Doch jetzt hielten Begegnungen und Gewohnheiten Einzug in mein Arbeitsleben, die nicht allzu viel Vorbildliches hatten. Trotzdem glaube ich, auch das gehört zum Reifeprozess. Ein junger Mensch lernt dabei, genauer hinzusehen, zu differenzieren. Er festigt seinen Instinkt für Recht und Unrecht und kann sich selbst mit Hilfe einiger Vertrauter überprüfen, wann seine Toleranzgrenze, seine Grauzone erreicht ist. Und es übt, das Rückgrat zu stärken: Wo macht man aus Kollegialität mit, wo sagt man Nein danke?

Zeit der Entscheidungen

Gleich zu Beginn bekam ich es mit drei mir völlig neuen Kampfgebieten zu tun.

An erster Stelle rangierte das allgemeine Betriebsklima. Um den lebenslustigen Chef des Ganzen rankten sich Legenden. Er trank und feierte einfach zu gern mit jungen Mädchen und fiel dadurch gelegentlich fürs Alltagsgeschäft aus. Um ihn zu schützen, logen wir, was das Hirn hergab. Nur zwei Kollegen lästerten hinter vorgehaltener Hand.

Punkt zwei betraf die Kollegialität. Meine Vorgängerin kannte ich nicht und war in Entscheidungen, die sie betrafen, nicht involviert. Trotzdem bekämpfte sie mich aus dem Hintergrund mit scharfem Florett. Und auch der Moderator, der seine kurzen Interviews »intellektuell« anlegte, mochte mich nicht, was er mich anfangs ordentlich spüren ließ.

Zum Dritten sank erstmalig mein geschlechtlicher und geistiger Stellenwert. Bis hierher hatte ich »Mädchen und dann Frau sein« als etwas Tolles empfunden. Mit einem Vater, der meinen Rat, den eines Kindes, geschätzt hatte, mit Menschen, die sich gern und oft mit mir unterhielten. Plötzlich fühlte ich mich dämlich, puppenhaft und uralt. Teenager wurden eingeladen, tauchten hofiert neben meinem Vorgesetzten auf, der sich überall großer Beliebtheit erfreute und mich wie seine Oma behandelte. Ein paar ironisch hingeworfene Worte angesichts seiner Laster parierte der Mann frei nach Alan Ayckbourn: »Alter schützt nur dann vor Torheit, wenn man für sie zu schwach ist«, und lachte dröhnend. Seine wilde Vergangenheit trug er wie polierte Dekoration vor sich her. Leicht zerknittert, laut und raumgreifend. Im Gespräch mit Fremden war der »Chef« ein Meister des Ausweichens, ein personifizierter Fluchtweg. Gestützt durch seine mächtige Position, geformt von vielen einsamen Stunden, denen er wohl entrinnen musste.

Aber ich galt in diesen Kreisen wenig.

Ob es der Verlust meines Vaters war, dem dieser Mann so ganz und gar nicht glich, oder eine vage Ahnung um sein wahres Wesen, ich

begann, ihn zu mögen, wollte ihn beschützen und benahm mich wie eine Idiotin. Die erste Zeit schleppte ich ihn aus bizarren Ecken nach Hause, wo ihn niemand erwartete und die Kälte einen schon am Eingang ankroch, stellte eine Schüssel an sein Bett, falls er sich erbrechen musste und legte Zettel hin, wann er am nächsten Tag wo zu sein hatte. Taxifahrer konnten über seinen Zustand, die Orte und Exzesse, endlose Geschichten erzählen. Auch Jahre später amüsierten sie mich nie wirklich. Nein, dieser Mensch war kein Vorbild an Tugend, wohl aber eines an Ideen, dem richtigen Riecher und raffinierten Strategien. Ein Urgestein, eine arme Socke, die zu all den Schwächen stand und sich darüber lustig machte. »Willst du heute Abend mitkommen? Ich halte einen Vortrag über Alkoholschäden – mit anschließendem Selbstversuch.« Vor lauter Lachen bekam er einen Hustenanfall.
Typisch für die flüchtige Branche war die Tatsache, dass man kaum jemanden zu Lebzeiten so umworben hatte wie diesen Fernsehboss. Als er krank wurde, lösten sich nur wenige an seinem Bett ab. Und nach Bekanntgabe seines endgültigen Ausfalls reduzierte sich diese Anzahl auf vier Personen. Dafür erschienen Hunderte zu seiner Beerdigung, einem Medienspektakel, das ich anderen überließ und mit einem Abschiedsgebet in meiner Lieblingskirche füllte.

Atmosphärisch mit meiner Radiozeit vergleichbar, arbeiteten in dieser Redaktion drei Generationen eng und engagiert zusammen. Meine Partner hatten gewechselt, und wir waren nun ein eingeschworenes Team, das sich geschlossen vor seinen Chef stellte, wenn der mal wieder abgetaucht war. Weiter oben löste sich das Miteinander allerdings auf. Ein interner Spruch lautete: Im Flur der Chefetagen haben sie extra Zebrastreifen aufgemalt, damit die Kriecher nicht von den Radfahrern überrollt werden.

Meine ersten Lektionen im elektronischen Medium der Siebziger, die so ähnlich auch von Freundinnen in der freien Wirtschaft bestätigt wurden:

- Männer haben eindeutig das Sagen: »Sie handeln und Frauen kommen vor.«

- Frauen sollen toll aussehen, ihren Job anständig machen, dem Publikum gefallen, Seelsorger- und Schwesterndienste leisten und ansonsten die Klappe halten.

- Schmück deine Biografie aus, die Leute wollen das so.

- Arbeitsausfall der leitenden Herren durch ihr privates Was-auch-immer hat kaschiert und nicht erwähnt zu werden.

- Eingebildete Kranke sind zu bedauern. Man selbst hat sich gefälligst nicht so anzustellen und mit 40 Grad Fieber seinen Dienst zu tun.Ulk und Ulcus liegen dichter beieinander als du denkst.

- Durch kleine sexuelle Berührungen hat man sich geadelt zu fühlen.

- Bestimmte Vorteils-Umstände sind zu ignorieren. Weil Freiberufler mit sich selbst, Ideen, Drehbüchern, Produktionen unbedingt ins oder zum Fernsehen wollen, brauchen sie Zugang, den sie sich durch schmeichlerische Anbiederei erhoffen. Die Art des Entree bestimmt der »Fernsehmächtige«.

- Cholerische Anfälle der zum Infarkt neigenden führenden Mitarbeiter gehören zur künstlerischen Freiheit und sind unterwürfig hinzunehmen.

- Eigene Bedürfnisse sind generell zurückzustellen.

- Der Bote wird geköpft, die Botschaft nicht gehört.

- Kritik nennt man »Nestbeschmutzung«, Streitkultur ist weitgehend unbekannt.

- Schmeicheleien und Heucheleien werden als ehrliche Komplimente gewertet.

- Die Pflege von »Freundschaften« gehört zum Geschäft. Geht man zu brüsk mit Vorgesetzten um, reagiert man aus Empfindlichkeit unbesonnen, verliert man zu früh die Geduld, ist man ruckzuck weg vom Schirm und kann seine unliebsamen Eigenschaften beim Abholen der Arbeitslosenhilfe anwenden.

Eine ganze Weile hielt ich das alles für »üblich«. Bis ich anfing, mich zu wehren oder zu verweigern und feststellte, das entspricht mir mehr und schadet mir nicht mal. Gutmütig bin ich trotzdem geblieben, ließ mich ausnutzen und austricksen, aber das gehörte zum Lehrpensum und hat mich nicht dümmer gemacht, sondern mich auf die diversen Varianten vorbereitet, denen ich wohl auch zukünftig kaum entgehen würde. Samthandschuhe und Ich-will-es-gut-haben-Attitüden sind jedenfalls keine idealen Voraussetzungen für die eigene Entwicklung.

Nur für den Umgang mit meinen Großeltern galt das nicht. Dort wollte ich es unbedingt gut haben. Ebenso wie mein Junge, der ohnehin ältere Menschen liebte. Ihr Haus war mal wieder voll. Rosaria und ich saßen entspannt und zufrieden auf dem Sofa, während die Urenkel Matteo mit dauernd neuen Fragen löcherten: »Duhu, *nonno*, alle, die ich kenne, essen nur rote Gummibärchen. Was passiert bloß mit den andern?« Matteo schlug auf seinen Bauch. »Ich mag grüne am liebsten und Beppo gelbe.« – »Kann ich deine Gedanken lesen, wenn ich groß bin?« Rosaria schrie empört auf: »Hoffentlich nicht.« Die Kinder lachten. »Weißt du, wo die Sonne bleibt, wenn sie untergeht?« – »*Naturalmente*«, strahlte Matteo, »die scheint natürlich in

den Ländern, bei denen der Mond weg ist, weil er bei uns am Himmel steht.« Staunende Gesichter, offene Münder. Beppos Teenagertochter beschwor die Runde mit dem leidenschaftlichen, wenn auch übertriebenen Bekenntnis: »Ich darf alles sagen. Schließlich bin ich das postfeministische Kind einer Feministin.« Das freute ihre deutsche Mutter, Beppos etwas überkandidelte Frau. Das Mädchen kicherte in den höchsten Tönen. »Beppos quiekende Bio-Waffe«, flüsterte Rosaria. Das Gespräch wurde ernster, drehte sich um Geschäfte und Gefühle. Einer am Tisch fragte Matteo: »Wo hast du nur so viel über die menschliche Natur gelernt?« – »Von der menschlichen Natur verstehe ich nichts«, meinte mein Opa, »ich kenne mich nur mit Menschen aus.« Diesem Vorbild meines Großvaters folgend, verbesserte ich weiter meine Menschenkenntnis. Und staunte nicht schlecht über die diversen großen und kleinen Ereignisse. Was die beruflichen Inhalte betraf, startete ich 1974 in einer spannenden Zeit. Willy Brandt war aufgrund der Spionageaffäre um seinen Referenten Guillaume zurückgetreten, ein Regierungswechsel in Deutschland die Folge. Darüber wurde tagelang diskutiert, zumal viele Hintergründe noch im Dunkeln lagen. Hell strahlte hingegen ein gewonnener Titel: Unsere Elf war Fußball-Weltmeister und die meisten Kollegen völlig aus dem Häuschen. Anlass genug, manchen Kater außer der Reihe in die Redaktion zu schleppen. Dort hatten wir schon Farbfernseher, aber in den privaten Haushalten setzte sich erst jetzt so langsam durch, sein Schwarz-Weiß-Gerät gegen Farbe einzutauschen.
Unsere Sekretärin, nur wenig jünger als meine Mutter, kam mit Kinokarten an und lud mich ein. So ein Kino- oder Theaterbesuch ist eine gute Idee für Gemeinsames. Nicht nur mein erstes Leinwanderlebnis als Kind, sondern auch dieser Film, den ich mit der Kollegin ansah, weckte schlummernde Wünsche, inspirierte mich und löste Freude aus, die wir miteinander teilten, und die ich in Erinnerung behielt.

Man redet heute im Fernsehen über Sex, Krach mit dem Ex, seine Verdauung, kriminelle Ausflüge oder tödliche Krankheiten, klärt die Trennung lieber über den Bildschirm als direkt, aber andererseits will jeder sein Privatleben hüten. Darum entwickeln Kreative oft eine Kunstfigur, als die sie sich selbst sehen … bloß nichts Echtes. Ein paradoxer, gefährlicherer Zustand, als er scheint. Jeder Künstler kennt den Absturz um Mitternacht, den Übergang vom Theaterlicht in die Finsternis draußen. Eben noch bejubelt, jetzt ganz auf sich zurück geworfen und unbeachtet. Darum befinden sich viele dauernd im Geiste in der Gesellschaft ihres Publikums. Mir begegneten fröhlich Maskierte, die am Ende ihrer Arbeit im leeren Hotelzimmer saßen und gegen das Alleinsein kämpften. Weinend oder in Alkohol und Heftigerem ertränkt. Andere stürzten sich in die Masse, den Trubel, stülpten das über ihre Isolation, bis sie müde genug waren, um jede Erkenntnis zu verdrängen. Auch ich kannte diese Momente und konnte sie darum bei Fremden wie ein Parfum riechen. Im Beruf waren wir selten allein, aber Gesellschaft bedeutet eben nicht das Fehlen von Einsamkeit. Es gab Abende, da wäre ein Miteinander so nötig gewesen, doch falls man versäumt hatte, früh genug Beziehungen zu pflegen, ja, dann saß man verlassen da. Und weil man das nach und nach erfasst, möchte man diese Einsicht gern an die nächste Generation weitergeben, die sich die anstrengenden Umwege sparen könnte. Tut sie aber nicht, denn sie will ihre eigene Erfahrung machen und manches gar nicht wissen.

Die Generationen-Lücke

Es gibt zwischen den Generationen eine Lücke der Sprachlosigkeit, der fehlenden Vermittlung. Kinder und Enkel auf der einen, Eltern und Großeltern auf der anderen Seite. Vereint an Festtagen, gelegentlichen Besuchen und – im Glücksfall – gemeinsam verbrachtem Urlaub. Kinder, Mutter, Vater, Großeltern: einander fremde Wesen? Viele Projekte, die ich mir angesehen habe und die unter dem Rubrum »Generationen« laufen, sind in Wirklichkeit nur *einer* Generation zugedacht. Hier etwas für Senioren, dort etwas für die Jugend. Im günstigsten Fall finden sich zwischen beiden einige Be-

rührungspunkte. Das kann man leicht zum Besseren ändern wie ich in diesem Buch an Beispielen zeige.
Eine weitere Lücke resultiert aus dem letzten Weltkrieg. Diese Generation hat es sich mit der Aufarbeitung ihrer Geschichte unendlich schwer gemacht. Kein anderes Land war so intensiv damit beschäftigt wie das deutsche. Also hat sich ein ganzes Volk kollektiv schuldig gefühlt, auch wenn sich der Einzelne nichts zuschulden kommen ließ. In den Familien wollte dann kaum jemand beteiligt gewesen sein, und so wurde intern weitgehend darüber geschwiegen. Was die nachfolgende Generation betraf, war sie entweder nicht interessiert oder bekam auf ihre Fragen unbefriedigende Antworten.

Dann wäre da noch die Lücke der Leidenschaft. In der heutigen Landschaft, auch der Literatur und Kultur, gibt es Ratgeber für alles, nur keine für Revolutionen. Niemand steht mehr auf, um zu protestieren. Nicht die Oppositionellen, nicht das Volk, nicht die Schriftsteller. Demonstrationen, wie wir sie früher aus Empörung initiiert haben, gibt es kaum noch. Dabei haben sich viele Probleme gewiss nicht verringert. Auch der Weg einer leidenschaftlichen, aktiven Einflussnahme auf die Politik, endet oft im Nirwana von Desinteresse (immer geringere Wahlbeteiligung) und zunehmender Verdrossenheit (»Merkel? Wer soll das sein?«). Durch Technik und andere Einflüsse denken wir nur noch in Fragmenten – die Folge ist ein zunehmend kühleres, digitalisiertes Innenleben. Das könnte uns in der Zukunft mehr spalten als jeder Streit, wenn wir nichts dagegen unternehmen.
Ein indisches Sprichwort besagt: »Zerbrich die Formen der Vergangenheit, doch erhalte ihren Geist, sonst hast du keine Zukunft.«

Höchste Zeit für einen Familien-Appell …

… an die Lehrer

- Heizt das Thema »Familie« an, nehmt es auf ins Unterrichtsprogramm:

- Deutschstunde: als Aufsatz eine Schilderung über die Großeltern. Und in Sozialkunde: Was bedeuten Großeltern, Eltern, Geschwister und Verwandte für euch, im Vergleich zu Nichtverwandten wie Freunden oder Nachbarn?

- Kunst: Malt Bilder aus der Familie, fertigt Collagen aus Fotos an.

- Projektprogramme zu Vorfahren und Familie: Biologie und Genetik, Stammbaum, echte Verwandtschaft, geistige Verwandtschaft, Vorbilder.

- Erdkunde und prägende Landschaften, Milieustudien, Ethik und Religion. Ideal als Brückenbau zu Migrantenkindern.

- Lasst Kinder vortragen und das familiäre Thema selbst wählen.

... an die Großeltern

- Ihr müsst eure Erinnerungen rechtzeitig aufschreiben. Damit mehr als goldgerahmte Bilder von euch übrig bleiben. Wenn eure Enkel geistig erwachsen sind, seid ihr oft nicht mehr da.

- Sprecht mit euren Enkelkindern darüber, was euch Freundschaft, was Liebe bedeutet hat, und veranschaulicht, wie ihr in ihrem Alter wart.

- Klärt bisher Unausgesprochenes auch mit euren Kindern.

- Passt spielerisch aufeinander auf, Großeltern auf Kinder und umgekehrt.

- Seid offen zum Thema Erbe, Rente, Verdienst, Versicherung, Gesundheit, Medizin. Und klammert den Tod nicht aus.

- Ich kenne Leute, die reisen bis ans Ende der Welt, um Gutes zu tun. Wie wär's preiswerter und einfacher: mit der eigenen Familie denen zu helfen, deren Not man direkt vor sich sieht?

… an die Eltern

- Ein Austausch innerhalb der Familie, zwischen Enkeln und Großeltern muss jetzt passieren, denn niemand lebt ewig. Ihr müsst rechtzeitige Gespräche initiieren, auch im Sinne regelmäßiger, fortwährender Seelenhygiene wie Zähneputzen.

- Besucht mit den Kindern die Großeltern. Es kann nicht sein, dass ihr locker nach Tibet fahrt, aber nicht nach Posemuckel.

- Vermittelt Allgemeinbildung und Herzensbildung, die beide nebeneinander an die erste Stelle gehören.

- Danke und Bitte bei Tisch oder wie man die Gabel hält, ist sicher nicht unwichtig. Aber wichtiger ist die Vermittlung von Gefühlen im zwischenmenschlichen Bereich.

- Man kann sein Leben selbst gestalten, zum Beispiel gedankenloses Genießen gegen bewusstes Konsumieren austauschen und es so seinen Kindern nahebringen.

… an die Kinder

- Fragt eure Eltern und Großeltern ungeniert nach allem, was euch interessiert.

- Macht euren Mund auf, äußert Wünsche, gestaltet euer Leben aktiv mit.

- Lasst euch Geschichten vorlesen.

- Verlangt das Zusammensein mit euren Großeltern.

- Sprecht mit Eltern und Großeltern über das, was ihr am Tag gemacht habt, was euch beschäftigt, freut oder ärgert. Und horcht sie nach ihren Erlebnissen aus.

- Fragt eure Freunde und Klassenkameraden nach deren Familien. Lasst euch dabei auch von fremden Ländern und Kulturen erzählen.

- Ihr Kinder seid Supervermittler. Falls ihr eine alleinstehende Oma habt, bringt sie mit der einsamen Großmutter einer Freundin zusammen. Vielleicht mögen sie sich.

- Male deinen Eltern oder Großeltern ein kleines Bild oder schreib eine Karte mit einem »Dankeschön« für etwas, über das du dich gefreut hast. Du wirst sehen, die Reaktion darauf wird dich glücklich machen.

- Nicht vergessen: Erzählen und Erfahren ist spannend und viel direkter als der Computer.

Etwas rechtzeitig zu tun, scheint immer wichtiger zu werden. Sogar die sich wiederholende Lebenserfahrung zeigt, dass wir bei gut trainierter Geistesgegenwart mit vielen Entscheidungen einfach zu spät dran sind. In diesem Zusammenhang hörte ich einmal bei Freunden – sofort fasziniert – vom Merlin-Prinzip, das nach dem Zauberer Merlin benannt wurde. Der war König Artus' Lehrer und laut Legende mächtigster Hellseher der Welt. Merlin wird in der Literatur von Goethe bis Stephen King und in zahlreichen Filmen thematisiert. Auch bei Harry Potter taucht er auf.
Als kluger Kopf muss er Dinge erkannt haben, die anderen verborgen blieben. Das so genannte Merlin-Prinzip bedeutet, dass man mit seinen eigenen Visionen in der Zukunft beginnen muss, um möglichst

konkret von hier aus in den nötigen Schritten rückwärts gehen und planen zu können. Traum, Utopie, Vision sind Merlin-Ziele. Je realistischer, je konkreter wir solche Ziele umsetzbar anpeilen, also der höheren Form des Traumes folgen, desto näher verbunden werden wir den nachfolgenden Menschen und Generationen sein. Legt man diesen Gedanken zugrunde, wie wertvoll wäre es gewesen, wenn alle Älteren – unsere Urgroßeltern und deren Vorfahren – ihre Vergangenheit, ihre Ausblicke, ihre Träume und Visionen notiert hätten. Daraus sollten wir lernen und uns vornehmen, es besser zu machen.

Das uns Wichtige müssen wir zu Lebzeiten erledigen. Lob und Anerkennung aus der Familie sind dafür nötige Pfeiler, um »draußen« bestehen zu können. Wenig effektiv, wenn man wie meine Mutter nur vor anderen schwärmt: »Meine Tochter hat einen großartigen Beruf und sie ist so erfolgreich. Wir sind alle sehr stolz auf sie!« Mir sagte sie eher in anklagendem Tonfall: »In der letzten Sendung sahst du wieder so unvorteilhaft aus. Ich begreife nicht, warum du nicht verlangst, dass man deinen Typ besser unterstreicht. Du musst dich mehr durchsetzen.« Dann ergänzte sie nörgelnd: »Und tu mir einen Gefallen, lass bloß diese scheußlichen Ohrringe weg.« Die trug ich dann gern noch ein nächstes Mal.
Mein halbes Leben habe ich versucht, meiner Mutter ein wenig Gefühl abzuringen. Die meiste Zeit bin ich hinter ihr her gerannt, um ihr zu zeigen, sieh mal, was ich alles kann, sieh mal, ich schaffe es allein. Und natürlich habe ich sie auch finanziell unterstützt; verwöhnt, wäre wohl die treffendere Bezeichnung. So sehr ich mich auch überschlug, es war schwer, ihr eine herzliche Geste zu entlocken. Die brachte sie ausschließlich für meinen Sohn auf, dem dieses Füllhorn an Sorge und Liebesbekundungen so wenig bekam wie mir die Entbehrung. Sie fand einfach kein Maß!
Bei Liebesmangel, Glücksgefühlen, Schwierigkeiten mit dem Gleichgewicht oder Schatten auf der Seele stand ich mit Kind an der Hand vor der Tür meiner Großeltern. Die brachten alles wieder ins Lot. Schließlich braucht jeder jemanden, mit dem er etwas teilen kann.

Schokolade oder Erinnerungen. Für Süßes war mein Junge zuständig, der schon neapolitanisch sprach und seine Uroma *belille* nannte, eine Eigenschöpfung von Schönheit. So oft wie möglich schenkte er ihr eine Tafel Nougat von seinem Taschengeld. Rosaria stand dann in der Küche, wischte sich die Hände an der Schürze ab und breitete die Arme aus. Regelmäßig stürzten wir uns beide gleichzeitig hinein. »Du, Oma, ich habe ein neues Angebot.« Von der Herdplatte stieg Dampf auf. »Bevor du zum Film gehst, hilf mir erst mal beim Kochen«, ordnete Rosaria in strengem Ton an, und sogar das Kind schmunzelte.
Umgeben von ihrem Geschirr, das durch jahrelangen Gebrauch voller Spuren war, schaute sie mich an: »Was ist los? Du bist nervös. Geh, und arbeite ein wenig im Freien. Gartenarbeit hilft, die Ordnung in dir zu reparieren, falls sie jemand beschädigt hat.« – »Später«, lächelte ich und drückte sie erneut. Ich half ihr, dicke reife Tomaten mit Basilikum und Nüssen zu füllen, während Oma dozierte: »Vergiss nicht, das Wichtigste ist FCG.« *fresca* für Frische, *cottura* für den Gargrad und *gusto* für Geschmack. Es konnte geschehen, dass sie urplötzlich in der Küche herumschoss, hierhin und dorthin wirbelte, den Kühlschrank öffnete, Schubladen zuknallte, mitten in der Bewegung innehielt und mir einen irritierten Blick zuwarf: »*Santo Antonio*, ich habe mein bestes Küchenmesser deiner Mutter geliehen und die hat es nicht zurückgegeben.« Genau das passierte auch umgekehrt. Dann wühlte meine Mutter alles durch, um gleich auf Rosaria zu schimpfen: »Die borgt sich alles und behält es einfach. Unglaublich.« Kurz bevor ihr Essen fertig war, hörte ich Rosaria fröhlich rufen, den Kopf zurückgelehnt, mit sich selbst völlig im Reinen: »*Sta arrivando*«, wir rannten nach draußen, »Er kommt.«
Ehe Großvater uns küsste, begrüßte er seine Frau, als hätten sie sich diese Woche kennengelernt. Na ja, Sie wissen schon: Schätzchen, Schnuckelchen … der ewige Liebesfrühling. Nach dem opulenten Essen folgte häufig ein Spaziergang durch das lebhafte Viertel, in dem sie wohnten. Gelegentlich begleitet von Valeria oder Beppo, die über ein undurchschaubares Netz sofort mitbekamen, wenn wir

dort auftauchten. Ich wollte jede Minute mit meinen Großeltern auskosten, sie meinen Kindern so nah wie möglich bringen. Wer wusste schon, wie lange wir einander noch haben durften.

PETER BUTSCHKOW

Cartoonist und Autor

Ohne Ältere wäre es eine arme Welt, so wie Männer ohne Frauen und umgekehrt. Und ohne Kinder hätten wir wenig zu lachen und blieben sehr einsam, oder?

Meine Worte an junge Großeltern: Viele quietschvergnügte Fünfzigjährige werden plötzlich Großeltern. **Einige finden sich in dieser neuen Rolle noch nicht zurecht, fühlen sich selber noch zu unreif und unerfahren**. Die unbekannte Macht, die bisher so viele angestaubte deutsche Wörter im deutschen Alltag in weltoffenes Englisch umgetauft hat, ist bisher an unseren eisernern »Großeltern« gescheitert. Die lassen sich nicht so einfach zu »Grandma« oder »Grandfa« machen. Wohl stehen da alternativ »Oma« oder »Opa« zur Verfügung, die aber duften noch stärker nach 4711 und Zigarrenstumpen. Die heutigen vitalen Großeltern, die durch die erfüllte Sexualität ihrer erwachsenen Kinder das große Glück einer völlig neuen, letztlich uralten Rolle erfahren, verfügen über solche altbackenen Titel. Wie wäre es dann mit »Parents light«? Stelle ich hiermit, inklusive Nutzungsrecht, den Großeltern zur Verfügung. (Hoffentlich denkt keiner, das sei eine neue Margarine!) »**Parents light« beschreibt auf den Punkt, was diese Personen ausmacht**. Gemeint sind keineswegs »leichte Eltern«, gemeint sind Menschen in liebender Begleitfunktion mit reichem Lebensschatz und der weisen Distanz der Erfahrenen. Im Grunde hat sich an der Rolle im Vergleich zu früher wenig geändert, dennoch hat sich was getan, zum Beispiel, dass heute mehr Muttis zusätzlich nach einem erfüllten Arbeitsleben streben. In diese Betreuungslücke springen die Kindergärten – und mehr denn je Oma und Opa. Aber auch Oma- und Opasein muss neu erfahren werden.

Hier ein paar einfache Regeln:

- Junge Eltern haben das Recht auf eigene Erziehungsmethoden und damit auf eigene Fehler. Sollten euch eure ehemaligen Kinder zu streng erscheinen, vergesst nicht, dass ihr es selber wart, die sie/ihn so erzogen hat. Hier gibt es bei den Großeltern eine hohe Vergesslichkeitsquote. Sollten sie euch wiederum zu weich erscheinen, gilt das Gleiche. In beiden Fällen werdet ihr immer heimlich der Anwalt eures Enkelkindes sein. Das ist unfair – aber ganz natürlich. Schämt euch also nicht.

- Fangt gar nicht damit an, eurem Enkelkind einzutrichtern, euch mit eurem Vornamen anzureden, nur weil ihr euch bei »Oma« oder »Opa« so seltsam fühlt (siehe oben). Es gibt keinen Grund zur Peinlichkeit, diese Rolle sollte euch mit Stolz erfüllen! Außerdem stößt es der Öffentlichkeit ungleich mehr auf, wenn ein kleines Kind zu einem deutlich älteren Verwandten „Hansi“ sagt.

- Traut euch bei Überforderung oder Überlastung, von eurem unverbrieften Rückgaberecht Gebrauch zu machen. Genau das ist ja das Neue und Schöne an dieser Rolle. Die Liebe eures Enkelkindes wird euch trotzdem erhalten bleiben. Trennung schafft Sehnsucht. Fürchtet euch also nicht.

- Eine eurer wichtigsten Aufgaben wird es sein, bei den Enkelkindern das Süßigkeitsdefizit auszugleichen. Praktizierende

Eltern sind hier häufig hartherzig. Habt also immer »Naschi« im Haus, und das Herz eures Enkelkindes weiß, wo es hingehört. Scheut euch also nicht.

- Häufig steht ihr mit einem weiteren Großelternpaar in Konkurrenz. Verbrüdert euch mit ihnen, zusammen könnt ihr manch unsichere Erziehungsmethoden der Eltern zum Wohle eurer Enkelkinder sanft in die rechte Bahn lenken. Verwehrt euch also nicht.

Alles wird gut. Und ihr seid es sowieso von Haus aus. Viel Spaß als »Parents light«!

Mit diesen Grundregeln meines Lieblings-Cartoonisten kann jeder was anfangen: Großeltern, Eltern, Kinder. Und jeder pickt sich einfach das für ihn Beste heraus. Ohne Stress, ohne Revolte. So profitieren die Generationen voneinander: sanft, liebevoll, konstruktiv.

Offene Augen und ganz Ohr

Auch bei uns ergänzten die Generationen einander. Meine Oma war inzwischen taub, ihre Tochter hingegen hörte besser denn je. Vor allem das, was sie nichts anging. Wollte ich aber, dass sie auf etwas reagierte, nahm eine akute Schwerhörigkeit meiner Mutter Züge an, die die Ohren meiner Oma wie die eines Luchses erscheinen ließen. Auch wenn jeder mittlerweile sein eigenes Refugium besaß, machten wir beide es uns nach wie vor nicht leicht. Als Gemahlin, Mutter, Freundin und Enkelin gab ich mein Bestes. Vielleicht war es nicht genug, doch es bereitete mir kein schlechtes Gewissen.

Meine Rolle als Tochter sah da schon anders aus. Ich liebte meine Mutter, verstand mich aber nicht mit ihr. Wie das möglich ist, blieb mir ein Rätsel, zumal sich diese Gefühle auch noch häufig veränderten. Hin- und hergerissen mochte ich sie manchmal absolut nicht,

dann bedauerte ich sie wieder oder ließ mich von ihr runterputzen. Stolz auf mich war sie nur vor anderen. Was für eine bescheuerte Erziehungsphilosophie, wo alles Aufbauende hinterm Rücken geschah und bei mir direkt nur die Kritik landete. Nach ihrer Überzeugung hatte sie bestimmt schon immer ihr Soll mehr als erfüllt. Ein Scheitern nahm sie nicht hin. Bei niemandem in ihrem Umfeld. Persönliches, Enges war ihre *Nemesis*, weil sie so äußerlich und leistungsorientiert lebte, dass sie Beziehungen leicht kaputtmachte. Mutters Wesen blieb mir fremd, obwohl ich alles für sie tat und mich nach einem liebevollen Verhältnis zu ihr sehnte. Da sie inkonsequent und stimmungsabhängig war, konnten die Kinder sie um den Finger wickeln, was ihnen alles in allem nicht gut bekam. Starrköpfig unterminierte Mutter unsere Verbote, und natürlich wurde das ausgenutzt. Schlau wie Jugendliche nun mal sind, rochen sie die Chancen und Nuancen.
Ich setzte in der Erziehung auf Einsicht statt Strafe, meiner Meinung nach die bessere Lehrerin. Und als Prävention vertraute ich auf Grenzen. »Bis hierhin und nicht weiter«. Bei aller Freiheit galten Regeln und Rituale. Das Leben wird gerade von Heranwachsenden nicht selten als Kampf empfunden, als Zwang, vor sich und anderen zu bestehen. Ich erinnerte mich selbst noch gut daran und vermittelte es deshalb glaubwürdig. Kinder brauchen Grenzen, davon bin ich überzeugt. Und wer Witz oder Rauflust für seine einzige Stärke hält, setzt sie natürlich ein. Oft sehen Klopper und Klassenclowns keinen Ausweg aus ihrer um Aufmerksamkeit buhlenden Falle. Eltern und Lehrer könnten das ausgleichen, wenn sie aufmerksam genug wären, um es zu registrieren und zu fördern. Auch im Umgang mit Kindern und Jugendlichen ist Humor, das befreiende Lachen, ein hervorragendes Rezept gegen Frustrationen aller Art.

Eine Quelle tiefer Heiterkeit wurde die Kreativität meiner Oma. Ich liebte es, abends mit Rosaria fernzusehen, denn ohne etwas zu hören, entwickelte sie aus jedem Film ein eigenes Drehbuch und bescherte mir damit spannende Stereo-Erlebnisse. Hier das Original, dort die Verkupplung und Verwicklung meiner phantasievollen Großmutter. Ich musste zwar oft lachen, weil der segensreiche Gutsbesitzer plötzlich zum Mörder wurde und die Maklerin ehelichte, die schon lange mit dem wahren Bösewicht liiert war, durfte es sie aber nicht merken lassen, denn ihre Geschichten waren ihr heilig. Nur so, wie sie es konstruiert hatte, passte es zusammen und damit *basta*! Herrliche, unvergessene Stunden im Miteinander der Generationen.

Mit Schwung auf die Bremse

Die menschliche Natur folgt einer Kreisbewegung: Je älter du wirst, desto mehr interessiert dich deine Kindheit. Du siehst die Begleitpersonen in hellerem Licht, die Helden weniger verklärt, die Hürden weniger bitter. Und du weißt, nichts Gutes geht ohne den anderen. Doch auch das Schlechte droht von ihm. Herauszufinden, welche Menschen uns gut tun und welche uns schaden, ist eine Lebensaufgabe. Hat man sich dem wenigstens etwas genähert, darf man sich reich fühlen. Das vermittelte mir schon mein weiser Großvater Matteo. Trotzdem empfiehlt es sich, seine Instinkte wach zu halten, denn der Mensch ist ein Gebiet, auf dem man nie wirklich auslernt. Das gilt auch für eine Talkshow-Gastgeberin. Prominente Zeitgenossen fast aller Jahrgänge vor, während und nach einem Gespräch zu erleben, sie im Scheinwerferlicht und außerhalb der Kameras zu sehen, ihnen noch dazu auf achtzehn lange Jahre verteilt in den verschiedensten Etappen ihrer Karriere wiederzubegegnen, das ist die hohe Schule der Psychologie. Wie im Wartezimmer eines Therapeuten. Masken fallen, Haltung erschlafft. Oder das Gegenteil, wenn sich Labiles unerwartet strafft, Kaschiertes plötzlich offen zeigt. Eine faszinierende Quelle, die für den Zuschauer meist unsichtbar bleibt.

Und auch unter den »Fernsehschaffenden« erwiesen sich etliche als spannende Studienobjekte, nicht vergleichbar mit meinen kuscheligen Erfahrungen beim Radio. Ihr wie selbstverständlich beanspruchtes Recht auf Positionen, Privilegien, Pfründe und

Pension, ihr Ausspielen der Macht, am Schalthebel zu sitzen über Wohl und Wehe auszustrahlender Programme, Untergebener und Freischaffender, ließ einem wahrlich nicht jeden ans Herz wachsen. Doch eine schwer schuftende Riege anständiger, findiger Köpfe glich das wieder aus.
Einsteiger, Nachrücker, junge Leute voller ihnen zustehender Rosinen im Kopf mussten eigentlich schnell das Medienklima spüren. Und erfassen, was der begehrte Arbeitsplatz ermöglichte, was er forderte, und welcher Weg ihnen offenstand. Manche hielten es nicht aus in so einer Mühle mit ihren endlosen Entscheidungswegen und versuchten es anderswo. Ich blieb! Freiberuflich und weitgehend unabhängig. Mir lag diese Art einer Fernsehsendung mit ihren festen Zeiten und Regeln, immer wieder neu durch den Live-Charakter, wechselnde Gäste und deren individuelle Lebensgeschichte. In all den Jahren hat mein Interesse daran genauso wenig nachgelassen wie das aufgeregte Fieber vor jedem Start. Keine Talkshow ohne Papierberge, akribisches Lesen, gespeichertes Hintergrundwissen über die erwartete Person. Mein Vater und auch mein Onkel Beppo hatten mich früh gelehrt: »Für eine professionelle Arbeit braucht man sorgfältige Vorbereitung. Ob man als Koch seine Zutaten parat stellt, als Maler vorher alles abklebt, als Handwerker seine Geräte säubert oder als Schriftsteller den Kopf freipustet. Ein aufgeräumter Schreibtisch lässt nicht nur auf ein gut funktionierendes Gehirn schließen, er lässt auch bessere Konzentration zu. Erst innerhalb dieses festen Rahmens kannst du frei improvisieren. Und merk dir gleich eine weitere unumstößliche Regel: Erledige notwendige Rückrufe sofort.« Ersteres kam meinem Naturell sehr entgegen, zu Letzterem musste ich mich zwingen.

Die auslaufenden Siebziger- und die folgenden Achtzigerjahre gehörten nicht zu meinen angenehmsten. Beruflich schon, aber privat sausten Krankheit, Gefühlschaos, Ärger und Abschied durch die gesamte Dekade. Meinetwegen könnte sie komplett aus dem Kalender gestrichen werden. Modisch, musikalisch und auch sonst.

Ohne meinen Vater verlor Matteo nach und nach die Lust. Er hatte sein Geschäft verkauft, nun war es eine deutsch-italienische Co-Produktion, bestehend aus dem Designer, den noch mein Vater »besorgt« hatte und Enzo, Beppos ältestem Sohn. So blieb alles in der Familie. Matteo sprach plötzlich davon, »für die letzte Etappe wieder ganz nach Salerno zu ziehen«. Was für eine letzte Etappe? Beide waren zwar über achtzig, aber gesund, aktiv und an allem interessiert. »Und ich?« – »Du hast deine eigene Familie, deinen Beruf, du kommst ohne uns zurecht.« Ich hoffte, es war nur eine kurze Spinnerei, die wie schlechtes Wetter schnell vorüberziehen würde. Dabei war ich bereit, mich mit dem Leben abzufinden, es sowohl zu füllen als auch hinzunehmen, aber ich hatte auch unerklärliche Furcht, etwas zu erhoffen, zu verlangen. Bei zu viel Glück wartete ich schon auf den Ausgleich. Ziemlich trostlose Gedanken für einen Sonnentag. Doch sie erwiesen sich als gerechtfertigt. Auf meine Intuition konnte ich mich meistens verlassen. Großvater wurde schwer krank, kam ins Krankenhaus, wo ich ihn täglich besuchte, bis er dort starb. Gott sei Dank ein kurzer Leidensweg für diesen großartigen Menschen. Rosaria starb ein wenig mit und war kaum wiederzuerkennen. Wortkarg, stoisch, in Gedanken versunken, mehr tot als lebendig. Zwei Menschen, die so eng und innig verbunden waren, können sich nicht trennen. Ich sah das alles mit eigenen Augen. Meine Großmutter kam mit zu mir nach Hause, saß unbeteiligt neben uns, aß wenig und gab sich auf, bis auch sie wenige Monate nach dem Tod ihres Mannes aufhörte zu leben.

Gräber blieben übrig und unsere Erinnerungen. Kostbar und tief in mir verankert. Ich sehe Rosaria vor mir, aufrecht und zugleich in Gedanken versunken, wie sie gekonnt ein Bündel Kräuter zerrupft. In meiner Phantasie spüre ich ihre Aura, den aufmerksamen Blick, höre Matteos Unterton »Wehe, einer wagt's, dich zu verletzen« und sehne mich so sehr nach beiden, dass es durch meinen ganzen Körper sticht. Meine Oma steht am Becken, wo wir oft gemeinsam das Geschirr gewaschen haben. Sie trocknet ab, ich spüle. Dabei reden

wir über alles und nichts. Sie sagt: »Frauen müssen immer auf sich aufpassen. Ein Mädchen unter achtzehn wird vom Gesetz geschützt. Ab sechzig übernimmt das die Natur und für alles dazwischen muss sie selber sorgen.« Großvater sitzt in seinem Sessel und liest, hebt jetzt den Kopf und grinst sie an. Während sich die Erinnerungen über mich legen, nehme ich den vertrauten Geruch aus der Kindheit wahr, sobald ich die Tür zu ihrer Wohnung öffnete, in der meine Oma zwischen Essensdüften, dem sauberen Aroma von Sunlicht-Seife und einem seltsamen Hauch Sonnenwürze zufrieden vor sich hin werkelte. So deutlich, als wäre es real.
Ach ja, meine sinnenfrohen, klugen Großeltern, die so gern träumten. Unauslöschlich gespeicherte Liebe.
Rosaria und Matteo hinterließen dauerhafte Spuren, und mehr würde ich mir auch für mein Leben nicht wünschen. Nach ihrem Tod habe ich lange getrauert, sie ständig vermisst und erst dann gemerkt, dass ich ihnen zu wenig Fragen gestellt hatte. Nun ist es zu spät: wertvolle Lebensbücher, die für immer geschlossen sind. Darum habe ich ihnen mein Lied »Zu spät« gewidmet. Ist es angesichts dieser Entwicklung nicht die logische Konsequenz, mich für das Generationenthema zu interessieren? Und besonders für die Kinder einzutreten, die das alles noch vor sich haben?

WOLFGANG BERGMANN
Familientherapeut

Welche Perspektive sehen Sie denn für unsere Kinder?

»In den Gesten der Kinder zeigt sich die Zukunft«, schrieb Walter Benjamin vor fast hundert Jahren. Daran hat sich nichts geändert. An ihrem Verhalten können wir die Zukunft unseres Gemeinwesens ablesen. Der Blick fällt dunkel aus. Die Zahl Hyperaktiver steigt nach wie vor. Öffentlich ist zwar kaum noch die Rede davon, dabei finden sich in jeder Kindergartengruppe und erst recht in jeder Grundschulklasse mindestens drei bis vier Jungen mit auffälliger Hyperaktivität. Seltener sind es Mädchen, bei denen aber Essstörungen und Selbstverletzungen – oft schon im Frühstadium der Pubertät – dramatisch zunehmen. Die Zahl der zeitweise depressiven Kinder schon im Grundschulalter wird auf 20 % geschätzt.

Was läuft da schief?

Ich nenne drei Ursachen:

1. Die Familien fallen auseinander; immer früher von staatlichen Institutionen ersetzt. Zugleich prägen Zukunftsängste und Unsicherheiten die oft isolierten Kleinfamilien. Folge: Bindungsstörungen rufen schon bei den Kleinsten eine einsame seelische Verfassung hervor, ein tiefes »Ich bin in der Welt nicht zu Hause, ich kenne mich selber kaum«.

2. Hinzu tritt eine allgemeine soziale Kultur der Rivalität und der zerfallenden sozialen Werte und Bindungen, die längst die Kinderzimmer erreicht hat. Ein Boom von Frühförderung auf Biegen und Brechen statt freiem sozialen Spiel, von der Politik propagiert und von verunsicherten Eltern eifrig betrieben.

3. Das und mehr intensiviert das Misslingen der kindlichen Lebensläufe.

Welches sind die gravierendsten Ursachen dafür?

Früheste Bindungen, wie ich sie schon am Anfang des Buches beschrieben habe, sind die Grundlage aller emotionalen Prozesse. Bindungen brauchen Beständigkeit und Sicherheit. Sie werden gestört, wenn der Kontakt nicht verlässlich genug erlebt werden kann. Aus diesem Grund birgt eine – auch stundenweise – Trennung, speziell von der Mutter, vor dem achtzehnten Lebensmonat erhebliche seelische Risiken.

Das ist das einheitliche Ergebnis einer weltweit anerkannten Langzeitstudie, der »NICH«, ebenso wie der ambulanten und klinischen Therapien, der neueren Gehirnforschung und der Entwicklungspsychologie. Die Kinder- und Jugendpsychiatrie formuliert aufgrund ihrer ärztlichen Erfahrungen ganz ähnliche Erkenntnisse.

Hinzu kommt: Hektik und Belastungen, die auf junge Familien fallen, sind enorm. Ich kenne kaum eine Familie mit Kleinkindern, in denen beide Elternteile nicht bis auf die Knochen erschöpft sind. Folge: Zu den oft zu frühen kurzen Trennungen von Mutter und Vater kommt noch eine morgens und abends überlastete familiäre Atmosphäre hinzu. All dies drängt Kinder in Unruhe. Sie benötigen aber einen beruhigten Rahmen der Familie, um sich ganz ihrer selbst bewusst auf die aufregend-lockende und manchmal ängstigende Objektwelt einzulassen. Unsichere Bindungen, zu wenig Ruhe und Stabilität der Eltern führen dazu, dass Kinder sich nicht mit dieser Außenwelt »versöhnen«, ihr Weltwissen bleibt oberflächlich.

Was ist damit gemeint, und wie lässt es sich zum Besseren wenden?

Wenn ein Kind versonnen eine Puppe, ein Blatt Papier, das vom Tisch gefallen ist, berührt, entfaltet es eine hochkomplexe Form von Weltaneignung: Die Berührung mit den Fingerspitzen macht es empfindsam für die materielle Eigenart der Objekte, jene Puppe, jenes Stück Papier. Dabei lernt es mit allerfeinsten Empfindungen, wie vielfältig die Beschaffenheit der Welt ist und wie sich sein kleiner Verstand mit unendlicher Plastizität eines

Objekts bemächtigt, mal real, mal magisch mit ihm umgeht, und ein simples Blatt beispielsweise zu phantastischen Bewegungen anstiftet – jetzt ist es ein Auto, gleich ein Flugzeug, vielleicht sitzt eine Hexe obendrauf!

Auf diese besondere Weise lernt es die Weltdinge und zugleich sich selber kennen; es freut sich an der Eigenwilligkeit seiner Wahrnehmungen. Je beruhigter und gesicherter dies möglich wird, desto höher seine Konzentrationskraft, desto intensiver die Entfaltung seiner Sinne, desto stabiler verankert sich jeder Eindruck in der kindlichen Psyche. Kinder können lange Zeit selbstversunken mit den Dingen der Welt umgehen. Zuletzt aber brauchen sie den liebevoll anerkennenden Blick von Mama oder Papa. Erst diese Bestätigungen machen das Erlebte und Geschaffene zur beglückenden seelischen Realität. Kinder müssen die Dinge lieben lernen, um zugleich mit der Welt die Eigenschaften ihres Körpers, ihrer Sinne, ihres Intellekts zu lieben, um mit sich selbst vertraut zu werden. **Liebe baut auf Liebe auf**. Ist die allererste, sichernde Bindung an die Eltern nicht gelungen, ist das vielleicht die wichtigste Ursache dafür, dass die komplexere Aneignung von Realität und das symbolische Erfassen der Welt nicht oder nur unvollständig gelingt.

Sie nennen frühe Unruhe und Unsicherheit als Ursache für vieles. Ist da denn die verstärkt anvisierte Frühförderung überhaupt erstrebenswert?

Wir haben es heute in Schulen und Kindergärten, in Therapien und Beratungen zunehmend mit Kindern zu tun, die eindeutig Störungen jener frühesten Entwicklung aufweisen. **Sie sind unruhig, die Konzentration auf die vielen befremdlichen und lockenden Dinge der Umwelt gelingt ihnen nicht**. Sie greifen nach einem und schon nach dem anderen, **sie greifen nach allem und begreifen nichts**. Zugleich sind dieselben Kinder oft intellektuell sehr fix, sie gehen mit den funktionalen Aspekten der Objektwelt schnell und intelligent um.

Aber ihre Intelligenz scheint wie abgeschnitten von ihren Emotionen. Es ist ein ungestilltes Handhaben, bei dem man viel zu wenig Liebe zu den Eigenarten der Dinge erkennt. Immer ist da etwas Verbissenes, übermäßig Ordnendes, mitunter fast Zwanghaftes in den Tätigkeiten dieser Kinder.

Verarmte Bindung, seelische Unbeständigkeit in der Familie, viel zu viel Zukunftsangst – und deshalb Unruhe?

Ja, und die Entfaltung wird gestört, die des kindlichen Eigensinns im Verbund mit der Zuneigung zu seiner Welt, wenn die oben skizzierten »Aneignungen« zu früh ihren eigenständigen, magisch-verspielten Charakter verlieren. Sie dürfen nicht auf ein Ziel, eine Intention des Lernens reduziert werden. Doch genau das passiert in den um sich greifenden Frühförderungen, die viel zu einseitig, viel zu technisch, oft bürokratisch betrieben werden. Förderungen – das ist ein neuer Charakter der Vorschulpädagogik, der die Kleinen in den Kindergärten bedrängt; auch in den kirchlichen, die den öffentlichen in ihrem Sinn um nichts voraus sind. Alle mir bekannten Frühförderprogramme widersprechen dem reichen Wissen der klassischen Pädagogen von Pestalozzi bis Fröbel – er »erfand« die Kindergärten, er nannte »freies Spiel, eingerahmt von Liebe und Vorbild, den Königsweg der Erziehung.« **So bekannt ist dies alles seit hundert Jahren und mehr! Beachtet wird es nicht.**

Konzentrieren wir uns mit unseren Kindern zu sehr auf die Zukunft – und das zu ihrem Nachteil?

Was die Kinder lernen, ist der Umgang mit fast gleichgültigen Objekten, wie es auch der Computer ist, **wo man die Dinge anklickt und sie erscheinen, und wieder klickt und sie verschwinden: Sie haben keine Eigenart, keinen Geruch und keine Materialität**. Das schnelle Funktionieren entlang eines äußerlich gebliebenen Wissens bei gleichzeitiger schwacher Emotionalität – das sind die Eigenschaften, die für den Umgang mit Computer, mit digitalen Daten und Symbolen benötigt werden. Genau hierhin erzieht unsere gesellschaftliche Kultur, politisch so gewollt, in ihren Institutionen. Ausrichtung aller Debatten, die auch von den verunsicherten Eltern aufgenommen werden und in die Familien einsickern.
Wir trainieren die Kinder optimal auf die digitale globalisierte Welt der Zukunft und Gegenwart. Aber der Preis ist hoch. Der Vorschlag der Bildungsministerin, bereits im vierten Lebensjahr damit zu beginnen, würde diesen Prozess nochmals enorm beschleunigen und in den Familien das Lernen endgültig zum wichtigsten Thema machen – statt Brettspielen und Zoobesuchen. **Wir erziehen zu flachen Gefühlen und hoher funktionaler Intelligenz**. Ist das von der Politik, den die Politik beratenden Wissenschaften und gar den Eltern beabsichtigt? Natürlich nicht.
Vielmehr erkennen wir einen faszinierenden Vorgang, nämlich die Eigenarten und Anforderungen digitaler Technologien im Verbund mit der globalen Wirtschaft. Diese durchdringen bis in die feinsten Fasern die Institutionen, das öffentliche Denken, ja, die Bindungen in den Familien. Hier gilt, wie Marx einmal formulierte: »**Sie tun es, aber sie wissen es nicht.**«

Zumindest den Computer kannten meine heranwachsenden Kinder – noch – nicht und auch nicht die beschriebenen Konsequenzen. Sie schnitzten Holztiere aus gefällten Bäumen oder übten auf

Musikinstrumenten. Und auch wir Erwachsenen kamen im Arbeitsleben mit geringen technischen Hilfsmitteln aus.
Dreißig Jahre vor der Kamera im Gespräch mit mehr oder weniger interessanten Persönlichkeiten sorgten bei mir dafür, dass Technik und Wuselei um mich herum eine immer kleinere Rolle spielten. Irgendwann nahm ich sie nicht mehr wahr. Genauso gut hätte unser Treffen in unterhaltsamer Runde zu Hause stattfinden können, denn dort verlief es kaum anders. Keine Begegnung, aus der ich nicht lernte. Meine wichtigste Erkenntnis nach jahrelanger Praxis: Vergiss alle Informationen und lass dich nur auf das Gespräch ein. Erst dann wird es interessant, locker, und sorgt für Überraschungen. Ist man gut in seinem Beruf, erfährt man während des Talks Neuigkeiten, von denen der andere denkt, man wüsste sie schon längst. Und manchmal habe ich das, was ich besonders ernst meinte, wie Spaß klingen lassen, um mehr zu erreichen. Dass ich auch unzufrieden mit mir war, gehört bei Liveformaten dazu. Man kann ja nichts zurücknehmen. Und auch nichts ergänzen. Oft genug sind mir die besten Entgegnungen oder Fragen erst *nach* einer Talkshow eingefallen. Inzwischen gibt es so gut wie keine Livesendungen mehr. Alles wird aufgezeichnet, geschnitten und danach ausgestrahlt. Schade, denn ich habe das direkte Prickeln und das Einflechten aktueller Geschehnisse sehr gemocht.
Die Basis meiner Begegnungen war Respekt. Kaum fällt dieses Wort, erinnert es mich an eines meiner Gespräche mit dem Multitalent Sir Peter Ustinov, einen der wenigen Prominenten in meinem Berufsleben, den ich verehrt habe. Fast in jedem meiner Bücher kommt dieser wunderbare Mann mit einer kleinen Anekdote vor. Genau genommen unterhielten wir uns 1998 über Liebe: die knisternde Liebe zwischen Paaren, die beschützende zu seinen Kindern, seine Liebe zur Natur. Als ich ihn fragte, ob Liebe für ihn das Wichtigste aller Gefühle sei, meinte er Ja. Auf mein Nachhaken: »Und wo rangiert Respekt?«, grübelte er still vor sich hin, bis wir in einem unvergesslichen Austausch herausfanden, dass für ihn Respekt doch wichtiger war als Liebe. Auch ich denke, Respekt ist die Klammer,

wenn es zur Liebe nicht oder noch nicht reicht, und bemühe mich um Gleichrangigkeit.

Wie schon in meinen früheren Medienstationen arbeiteten auch in der Talkshow mehrere Generationen zusammen. Wenn jemand so lange dabei ist wie ich, ist die Fluktuation um ihn herum normal. Intendanten, Programmdirektoren, Redakteure aller Tarifgruppen kamen und gingen. Um manche tat es mir leid, andere ließ ich gern ziehen. Und vermerkte nachträglich zu meinem Abschied von Bauer Arved: Menschen, die kommen, sehen größer aus als die, die gehen. Letztlich ließ das jeden etwas schrumpfen.

Und trotzdem gab es auch in einem solchen Riesenunternehmen sichere Anlaufstationen, in denen Weggefährten der ersten Stunde saßen. In Redaktionen, in der Maske, bei den Kostümbildnern, unter den Kameraleuten, zu denen sich mehr und mehr Frauen gesellten, in der Technik ... Ressorts voller Menschen, die ich jahrzehntelang kannte und mochte. Nur zwei Programmdirektoren gehörten dazu, mit denen entspannte und konstruktive Gespräche stattfanden, Männer, die ich schätzte, ebenso wie sie mich. Von meinem Lieblingschef hatte ich sogar die geheime Handynummer und tauschte mich mit ihm über Berufliches wie Privates aus. Wäre er in der Putzkolonne tätig gewesen, hätte sich für mich nichts an unserem Verhältnis geändert.

Ein besonderes Erlebnis verband uns bei seiner Pensionierung. Ein unsinniger Akt, wie ich fand, weil dieser Mann voller Lust und Ideen seinen Beruf ausübte. Er las mir aus seiner Abschiedsrede vor und mich traf der Schlag. So unterwürfig voller Übergebe-gern-an-die-junge-Generation-Blabla. Dabei ging er schweren Herzens. Ich ließ eine flammende Tirade vom Stapel, die er erstaunt und belustigt aufnahm.

Zum Schluss sagte ich: »Wenn Sie schon gehen müssen, warum sollten Sie auch noch Freude heucheln? Sie müssen bloß abdanken, weil Sie im ausgeguckten Alter sind.« Als ich dann bei seinem Abschiedsfest im Publikum saß, freute ich mich über kämpferische Textpassagen, denen meine Anstöße zugrunde lagen. Und vorher hatte er mich noch beim Defilee aus der Reihe gepickt und umarmt. Mein einziger Vorgesetzter, der in seiner Art meinem ersten vorbildlichen Radiochef ähnelte (im Leben wie im Sterben). Auch er rief mich an, wenn er Anregungen oder Kritik hatte, und ich war froh, dass meine feste Fernsehära kurz nach seiner endete. Beim Tod beider habe ich geweint.

Als ich bei der Talkshow anfing, gab es Praktikanten, junge Studenten, die später gern im Medienbereich arbeiten wollten und das als Schnupperkurs ansahen. Einer, mit dem ich schon während seiner Schulferien zusammenarbeitete, wurde nach seinem Studium Redakteur bei uns und gehört bis heute zu meinen engsten Freunden. Inzwischen ist Hagen um die vierzig, ein gefragter Regisseur und ich seine Trauzeugin. Bei meinen Filmen und Dokumentationen habe ich ihn immer gern eingesetzt, denn es ist wirklich ein Geschenk, mit Menschen arbeiten zu dürfen, die man respektiert, denen man vertraut, sodass Arbeit auch ein Lustgewinn ist. Ich kann mir keine guten Ergebnisse vorstellen, wenn man nur verbissen und abgehoben seinen Job macht – mit Freude und Freunden schafft man einfach mehr.
Ich habe noch ein schönes Beispiel für ein generationenübergreifendes Miteinander. Sebastian war fünfzehn Jahre alt, als ich ihn kennenlernte. Damals moderierte ich bereits seit vielen Jahren die NDR-Talkshow. Er schrieb mir einen Brief, den meiner Meinung nach nur seine Eltern oder älteren Geschwister verfasst haben konnten. Wie sollte ein Junge seines Jahrgangs in der Lage sein, so weitsichtige, pointierte Gedanken zu formulieren? Einerseits sehr angetan, andererseits leicht angesäuert von der plumpen Lüge lud ich ihn in meine Sendung ein. Kurz vor Beginn tauchte ein dünner, nervöser Schüler auf, der tatsächlich so sprach wie er schrieb. Ich gestand zerknirscht meinen schäbigen Entlarvungsversuch. Sebastian lachte nur: »Ist verziehen!« Aus Interesse an Talk-Inhalten, die er mit hohem Anspruch verfolgte, hatte sich der Junge an mich gewandt. Ein Aus-

tausch über Themen und Gäste mit Lob und Kritik war der Beginn unserer Freundschaft. Anfangs noch streng nach Erziehungsvorschrift – er siezte mich, bis ich ihm an seinem achtzehnten Geburtstag das Du anbot. Seitdem verfolgte jeder den Weg des anderen, und das hat sich bis heute nicht geändert.

Die aktuellen Wellen des Lebens signalisierten Aufschwung. Der Familie ging es gut, die Arbeit machte Spaß, nur an Muße mangelte es. Wir wollten das ändern und noch einmal alles auf den Kopf stellen. Mehr Zeit füreinander, weniger für den Job. In meinem Leben gab es viele kulturelle Einflüsse, zahlreiche, lesewütig verschlungene Bücher, eine Menge Reiseeindrücke, sodass langsam ein alter Wunsch neue Gestalt annahm: den Wohnsitz für eine Weile in den Süden zu verlagern. Wie lange diese Weile dauern sollte, blieb auch nach innerfamiliären Gesprächsrunden offen. Das alles ging nur, weil der sicherste Halt, die tiefste denkbare Liebe und bedingungsloses Vertrauen meinen Mann und mich verbanden. Miteinander würden wir alles meistern. Höchstes Glück und tiefsten Schmerz. Wir wussten es beide.

Nach all den Jahrzehnten kennt man den anderen, seine Stärken, seine Marotten, jeden Zentimeter seines Körpers, jeden Gesichtsausdruck und jede Geste. Wir haben einander in jämmerlicher Verfassung ertragen, im Unglück getröstet und gemeinsam die euphorischen Momenten gefeiert. Egal, wie oft und um was man streitet, die Bereitschaft zur Konfliktlösung hat nie aufgehört. Man weiß, was der Partner denkt und trotzdem bleibt nichts ungesagt. Wir reden miteinander. Ständig. Wir lachen viel. Das ist Liebe. Das ist Achtung.

Und um das Maß vollzumachen, für mich ein besonderer Glücksfall, weil der Mann schräg guckt. Für eine selbstkritische, ziemlich uneitle Frau wie mich war es ein immer neues Rätsel, was mein Gefährte so in und an mir erblickte. Zu mancher Zeit war der Spiegel besonders biestig. Aber der Liebste sah mich wohl, wie ich früher war, mit zarter Haut und großen Augen, mit kleinem, knackigem

Hintern, einem Körper, der der Erdanziehungskraft den Stinkefinger zeigt. Nie schien er zu bemerken, wie die Schwerkraft den Spieß umdrehte. Immer fand er mich schön. Unglaublich, oder? Trotzdem herrlich! Mit so einem Mann wagt man jeden Schritt, und voll kindlicher Zuversicht vertraute ich darauf: Am Ende wird alles gut! Zuerst aber wurde Entbehrliches verkauft: Haus, Auto, Möbel. Der Rest kam in den Umzugswagen. Von nun an war mein Alltag spanisch und bäuerlich geprägt, die aufgebrezelten Reisephasen zur Talkshow ein ganz anderer Arbeitsstil als zuvor.

Intensives Leben bedeutet Teilhaben an Vergangenheit, Gegenwart, Zukunft, an Trockenperioden und Überschwemmungen. Für alle Generationen. Im aktiven Miteinander. So behalten wir weiter den Wind unter unseren Flügeln!

Zwischen Zeit und Traum

Man muss träumen wollen, um träumen zu können

CHARLES PIERRE BAUDELAIRE 1821 – 1867

Einer meiner Träume hatte sich also realisiert: der Umzug in den Süden. Über unser Leben auf einer mallorquinischen Finca mit der Nähe zur Natur und unseren Tieren habe ich nicht nur etliche Filme gedreht, sondern auch mehrere Bücher geschrieben. Berge und Meer eine Armlänge entfernt, pittoreske Dörfer in Sichtweite, eingewickelt in ein Band von Straßen und Mandelbaumfeldern. Wie in Italien war es auch hier laut. Sämtliche Geräte liefen gleichzeitig, man hupte, wenn man noch zwei freie Straßen vor sich hatte, telefonierte brüllend, bis andere fragten: »Wozu das Telefon?« Um sich zu treffen, rief einer den anderen an, der den nächsten, alle kamen und begrüßten Gäste aus dem Ausland so selbstverständlich, als wären sie mal eben aus dem Nachbardorf reingeschneit.
Ohne Spanischkenntnisse gab's trotzdem kaum die Chance auf einen tollen Abend. Das Dazugehören als Fremder in einer fremden Sprache in Palma ist etwas ganz anderes als das Dazugehören in Hamburg oder München. In Spanien kann man als radebrechender Tourist mitten im fröhlichen Treiben unter den Einheimischen völlig isoliert sein. Das muss man wissen. Glücklicherweise liebe ich Fremdsprachen, und meine Freude an Versuchen half auch beim Lernen neuer Laute. Anfangs beschämt über die rudimentären An-

sätze, ermutigte ich mich selbst, frisch drauflos zu reden, Fehler und Häme in Kauf zu nehmen, denn meistens verstand der andere meine Sprache schlechter als ich seine. Immerhin bin ich dadurch heute viersprachig … mein wichtiges Tor zur Welt, das ich auch meiner Nachkommenschaft geöffnet habe.
Mit Erfolg, obwohl unser Italienisch zugunsten des häufiger praktizierten Spanisch langsam verkümmerte. Aber auch ein passiver Wortschatz lässt sich bei Bedarf schnell wiederbeleben. Dumm finde ich die vielen Anglizismen und amerikanischen Formulierungen bei Menschen, die ihre eigene Sprache schlecht, und normales Englisch nur dürftig beherrschen. Ihre Floskeln sind wie ein betrügerischer Tarnmantel. Unecht, künstlich. Auch Spanier sind nicht frei davon, plappern munter daher und erwarten, dass man ihre abenteuerlichsten Dialekte entschlüsselt, oder gar ihr akzentverbrämtes Englisch – was eine Verständigung noch komplizierter macht. Um mein unverzagtes Gegenüber nicht zu demotivieren, strengte ich mich an, seine Mimik so zu studieren, dass ich an den richtigen Stellen lächelte oder seufzte, was gelegentlich nach Strich und Faden misslang.

Unser mallorquinisches Leben »draußen« war eine Sache, das häusliche eine andere. Kaum schloss sich das Tor hinter unserem Grundstück, verschwanden wir in einem ruhigen Paradies voller natürlicher Geräusche. Wind wehte, Palmen rauschten, Hähne krähten, Schafe blökten, Hunde bellten. Das ganze Programm! Ländlich einfache Signale, aber effektiv. Ich war wieder bei meinen Wurzeln angelangt; die Prägung, die ich als Kind gern zugelassen hatte, deut ich spürbar. Wir holten frische Eier aus den Legenestern der Hennen, sensibilisierten unsere Geschmacksnerven für Pures. Tomaten, Kräuter, Salate, Obst – alles im Garten. Manchmal blieb's so still, dass man den Atem hören konnte. Entdeckungen wurden hier zum Abenteuer. Früher erschien uns Kindern der kleine Dorfbach wie ein Fluss, dessen Quelle wir nie erreichen würden. Und sicher strömte er dem fernen Meer zu. Damals war alles groß, weit und lockend. Auch beängstigend, doch das forderte nur den Mut in uns

heraus. Im neuen spanischen Zuhause empfanden wir es ähnlich. Dass der See unserer Kindheit zu einer enttäuschenden Pfütze geschrumpft war und alle dramatischen Tauchgeschichten lächerlich wirken ließ, kennt jeder aus seiner eigenen Biografie. Denn jeder hat seinen Bach, seinen See, seine Wiese aus dem Gulliverland und wundert sich beim Wiedersehen als Erwachsener über die Liliput-Version. Wehe dem, der an den Ort früheren Entzückens zurückkehrt.
Zu Beginn unterstützten uns die Kinder, Freunde und auch meine Mutter beim Restaurieren der verwahrlosten Finca, beim Zäune setzen, Pflanzen und Einrichten. Abends saßen wir dann erschöpft, aber zufrieden im Freien am provisorischen Tisch aus Ziegelsteinen und Türblättern. Die Zuständigkeiten wechselten. Mal hatte ich für den Salat zu sorgen, jemand anderer für Suppe oder Getränke und umgekehrt. Es waren glückliche Momente trotz kaputter Glieder vom harten Knochenjob des Aufbaus. In der tiefen, reinen Schwärze leuchteten Sterne am Himmel, die so fern der Erde blitzeblank aussahen.
Erst unsere Kerzen wandelten den Zauber. Monatelang spielte sich das Leben draußen ab. Wir schauten hinaus aufs Wasser. Silberne Wellen, die im Sonnenlicht tanzten. Schiffsgeräusche, Insekten im Gebüsch. Genuss pur! Auch wenn ein Tag arbeitsreich und hektisch verlief, nichts wurde in die Nacht getragen. Der Schlaf unserer Kinder und ihrer Kameraden blieb fest. So schön die Morgendämmerung war, so wenig konnten sie ohne Zwang früh aufstehen. Dabei flogen einem um diese Zeit die klaren Gedanken nur so zu. Niemand war unterwegs, alles schien gewaltiger als während des Tages. Einer unserer Hunde strebte einem geheimnisvollen Ziel zu, mit hocherhobener Rute und ebensolchem Kopf. Er sah sein Spiegelbild im Pool, das zurückstarrte, bis ein Windhauch das Wasser kräuselte und das Aquarell zerstörte.
Die Sprösslinge von Besuchern bestaunten unser »Viehzeugs«, das sich vermehrte, je weiter sich auf der Insel herumsprach, die Deutschen da nehmen *alles* auf. Misshandelte, verletzte, halbtote Tiere wurden über unseren Zaun geworfen wie Müll. Wir versuchten, die

armen Kreaturen zu verarzten, sie wenigstens etwas für ihr erlittenes Elend zu entschädigen und gaben ihnen, was möglich war. In unserer Familie hat jeder ein Herz für Schwache und ist bereit, sofort zu helfen. Gleichgültig, in welchem Alter und welcher Finanzlage er ist. Irgendwas geht immer! Auch eine Spanierin, Esperanza, half nach Kräften mit. Eine Frau, ganz anders, als man sich eine stolze, temperamentvolle Andalusierin mit dem Namen Hoffnung vorstellt. Noch bevor es Gründe dazu gab, war sie traurig. Immer schon. Selten sahen wir sie lächeln, wenn, dann im Umgang mit den Tieren. Ihre jüngere Schwester wollte sich einen Hund zulegen: »Aber mit dem gehst du dann auch raus, fütterst ihn, bringst ihn zum Tierarzt«, mahnte Esperanza. »*O no, lo siento*, tut mir leid, ich möchte doch lieber einen Vogel.« Letztlich nahm sie weder Hund noch Vogel, denn Verantwortung war nicht ihre Sache. Die überließ sie der nur wenig älteren Schwester. Gerade die Jungen dieser Großfamilie vom spanischen Festland ließen sich schwer durchschauen. Treuherzig trafen sie sich mit düsteren Leuten, denen man keinen Gedanken anvertrauen mochte, hingen danach endlos im Internet, bis man dachte: Hätte ich Freunde wie die, würde ich auch ins Netz flüchten.

Zwischen Mittelmeer und Elbestrand

Ich ging gern in die kleine Kapelle unten im Ort. In spanischen Kirchen fühlte ich mich wohler, dem Gott meiner Kindheit näher. Lange Zeit blieb Mallorca für uns der Garten Eden, der mich auf wunderbare Weise wieder mit den Großeltern, mit Italien und mit der Schöpfung verband. Bis mich unterschwellig unser dauerhaft nötiger Tiereinsatz zu belasten begann.

Der Zaun zwischen Spaniern und uns wurde höher. Kaum ein Tag ohne üble Meldung, ohne Rettungsaktion, ohne Kampf mit den in Tierbelangen mittelalterlichen Insulanern. Zum Ausgleich versöhnte uns die bei uns eingezogene Menagerie mit unglaublich bereichernden Erlebnissen. Aber das steht schon in meinen anderen Büchern. Nur manche Punkte kamen darin zu kurz.

- Wie halten es die Spanier untereinander?
- Wie gehen sie mit ihren Kindern und Alten um?
- Gibt es dort ein aktives Miteinander?

In dieser Hinsicht können wir Deutsche einiges von den Südländern lernen, die zum Beispiel keine Projekte für Mehrgenerationenhäuser benötigen, weil sie sie bereits bewohnen. Mit wenigen Ausnahmen lebten überall in meiner Nachbarschaft mehrere Generationen unter einem Dach. Es ist in spanischen Familien üblich, Eigentum zu erwerben; Mietobjekte sind erst seit Kurzem in Mode. Das bedeutet, Vorfahren bauen ein Haus, ihre Kinder wachsen darin auf, übernehmen es langsam, während die Alten in kleinere Räume oder den Anbau umziehen. Quer durch die Jahrhunderte. Großeltern sind am Aufwachsen ihrer Enkel beteiligt, in den Alltag und die Gemeindeaktivitäten integriert.

Auf den Märkten sieht man schwer von Osteoporose gekrümmte Frauen beim Einkauf. Gebrechliche Opas humpeln am Stock zum Café, wo sie in Gesellschaft anderer Männer gemächlich reden, rauchen, beobachten. Beides gehört zum Bild und zur Gemeinschaft. Kreislaufkrankheiten treten hier viel seltener auf als bei uns, dafür sind Knochenprobleme weit verbreitet, was mit viel Feuchtigkeit und wenig Heizung zusammenhängt. Omas mit Kleinkindern an der Hand, deren Mütter Babys tragen, sind ein vertrauter Anblick. Ebenso ausgebaute Garagen, die als Werkstatt für Allerlei genutzt werden – von mindestens zwei, oft drei Generationen.

Nicht selten ist der Firmengründer ein wortgewaltiger Patriarch, dem der Sohn schweigsam zuarbeitet, nachdem er jahrelang alles vom Vater eingetrichtert bekam. Dritter im Bunde ist der trällernde Enkel, Erbe des Ganzen, und entspannter aufgewachsen als jeder vor ihm. Die Frauen bringen warmes Essen oder trommeln geräuschvoll ihre Familie herbei. Wie man auch in Deutschland weiß, ist Essen allen Südländern wichtig, große, beladene Tafeln und heitere Stim-

mung üblich. Erst zum abschließenden Espresso redet man über Geschäfte oder Probleme, niemals vorher.
Die jungen Leute streben zwar mehr und mehr in die Großstädte, bleiben aber ihrer Familie und der Tradition verbunden. Trotz abnehmender Ehrerbietungsbräuche sind die Verbundenheit und der Respekt zwischen den Generationen deutlich spürbar. Noch werden die essenziellen Werte von Älteren auf Jüngere überliefert, obwohl es abnimmt. Dafür steigert sich das Interesse der Jugend an ihrer Umwelt. Sogar im Tierschutz fand ich bei den Kindern viel mehr Verständnis als bei ihren Eltern.

Inmitten unseres Zoos, umgeben von blühender Bougainvillea, verkündete eines schönen Tages mein Ältester: »Du, ich hab eine Frau gefunden, die nur mich liebt und das Beste für mich will.« – »Ach, ziehst du mit Großmutter zusammen?« Das wär's eigentlich gewesen, aber er heiratete gleichaltrig, Kinder kamen, nun war *ich* Oma, meine Mutter Urgroßmutter und unsere Finca Anlaufstation für alle. Manche Freunde zogen nach, kauften sich in der Nähe ein eigenes Domizil, andere meinten: »Auf Mallorca kann man toll leben – wenn man eine Orange ist. Für mich kommt das nicht infrage.« Die zogen eben Schweden vor. Doch ich hatte hier mein Refugium gefunden, in dem ich nach Dreharbeit und Rummel Kraft tanken und mich erden konnte. Unverzichtbar wertvoll. Ich liebte diese »Stunde des Luchses« – nach Mitternacht. Draußen dominierte dunkles Blau, das nicht zum süßlichen Sommergeruch und der üblichen Wärmedecke passen wollte. Wenn ich zerborsten auf der Insel angekommen war, regenerierte ich spätestens beim Einatmen dieser seltsam stimulierenden Nachtluft. Das Gefühl übernahm wieder die Herrschaft, die es eine Weile an Gehirn und Galle abgetreten hatte.

Auf dem Weg zur Arbeit brachte mich der Flughafen regelmäßig auf den Boden der Tatsachen zurück. Sofort lief die beim Landleben eher stillstehende Zeit schneller ab. In der Wartehalle begegnete ich Inselansässigen oder urlaubenden Kollegen, deren Gespräche ein Ritual zu sein schienen. Wer hat am meisten zu tun, wer den brillanteren Job? Wer arbeitet am erfolgreichsten? Wer muss dem größten Druck standhalten? Globale Nomaden, die auf mich oft wie Roboter wirkten. Beim Zuhören versuchte ich, das flaue Gefühl im Magen genauso zu ignorieren wie den Anflug eines falschen Lächelns. Landete ich dann im deutschen Zielort, begann die Zeit zu rasen. Bahnen pumpten die Menschen im Minutentakt durch das unterirdische Netz. Niemand mochte da verweilen. Sonst käme er vielleicht ins Sinnieren über die Flüchtigkeit des Augenblicks.

Ich flog nun hin und her, wie andere mit dem Bus fahren. Immer wieder von einem Extrem ins andere. Hier das pralle Leben. Ausatmen, ausatmen. Dort die natürliche Ruhe. Bloß nicht vergessen, einzuatmen! Familientreffen mal hier, mal dort. Über lange Strecken war nur meine Mutter bei uns auf Mallorca. Ich hatte mich still für mich mit ihr ausgesöhnt und es geschafft, sie nach und nach auch an Zärtlichkeiten zu gewöhnen. Sie begann sogar, sich darauf zu freuen, dass ich mit ihr herumalberte, sie umarmte und küsste. Dabei kicherte sie verlegen wie ein Schulmädchen. Am meisten liebte sie wilde Bootsfahrten übers Meer oder Schwimmen im Pool. Oft war sie stundenlang nicht aus dem Wasser zu kriegen, dem Element, vor dem sie sich früher gefürchtet hatte. Mein Mann gewann nicht nur ihr Herz, sondern auch ihr Vertrauen und konnte sie mit ihren Ängsten und Schwierigkeiten aussöhnen.

Unsere Kleinen wuchsen heran, spielten mit den Tieren und lernten die Natur kennen. Seit Kenntnis ihrer ersten Worte gehörte meine Enkelin zu den Dauerfragerinnen. Sagte ich dann: »Nun reicht's aber. Geh mal raus und unternimm was«, antwortete das Kind: »Warum denn? Man soll alles aussprechen, sonst kriegt man neue Rosen.« – »Und die willst du nicht?« – »Nee, lieber alte.« Soweit ihre Beziehung zur Flora. Zur Fauna machte es schon mehr her. Äußerten sich Besucher zum Beispiel abfällig über »blöde Hühner«, parierte die Familie unisono in eine Richtung: »Jedes Tier hat die Intelligenz, die es für seine Art zum Leben braucht, darum gibt es keine dummen Tiere. Nur der Mensch überschätzt sich, wo doch der Elefant größer ist, das

Pferd schneller, der Schmetterling bunter. Und sogar der Schwamm ist beständiger.« Anfangs gruselten sich die Kinder vor Käfern oder Spinnen und verlangten ihre Entfernung. Fragte mein Mann dann: »Soll ich sie töten?«, schrien alle: »Nein, bloß nicht.« – »Was sonst? Ihr ihre Rechte vorlesen?« Also lernten sie, sich nicht mehr zu ekeln und mit uns gemeinsam auf die Schönheit, das Besondere dieser Geschöpfe zu achten. Irisierende Rücken, kunstfertiges Weben und vieles mehr. Genaues Hinschauen sorgte für neue Sicht!
Gelegentlich saß ich bequem im mediterranen Ambiente, Palmen vor dem Fenster, und guckte was Dämliches im Fernsehen, das anzusehen ich nie zugeben würde. Eine Dynastiegeschichte, die suggerierte: Je dicker die Teppiche, desto dünner die Luft. Manchmal musste ich laut lachen. Dann tauchte aus dem Nichts meine Enkelin auf und fragte frech: »Hast du Tipp-Ex geschnüffelt?« Also, ich muss schon sagen …

Besuchte ich meine Familie in ihrem deutschen Zuhause, ärgerte ich mich beim Betreten der Kinderzimmer. Wie die Beute im Versteck eines Diebes, lag hier alles stapelweise unbeachtet herum: neueste Technik, Spielzeug, Kleidung, Sammlungen, Zubehör, in einem Gesamtwert, der vermutlich mein Jahreseinkommen überstieg. Eine solche Luxusorgie in der Höhle von Schulkindern! Jeder Laden würde sie beneiden. Als wir klein waren, haben wir geteilt. Süßigkeiten, Puppen, Klamotten. Auch das, an dem wir hingen. Teilen hat Spaß gemacht. Was ist daraus geworden? Zumindest brachte ich *meine* Hüter der Schätze dazu, Ungeliebtes, aber nagelneu Aussehendes, in den Sozialstationen ihrer Stadt abzugeben.

Irgendwann hingen die Blätter schläfrig an den mallorquinischen Bäumen. Wir packten alles zusammen und zogen zurück in den Norden. Mit Katze, Kind und Kegel. Eine Odyssee, über die ich bestimmt noch mal ein Buch schreiben werde. Darum bleibt es jetzt bei dieser kurzen Andeutung. Zum Ausgleich biete ich mein persönliches Märchen an, das zur Realisierung meines ältesten Traumes führte.

Das dreamical ZEIT, ein Mädchen/Märchentraum mit den Generationen

Es war einmal ...

... ein kleines Mädchen, das in der Nachkriegszeit bei seinen italienischen Großeltern lebte, die es sehr liebte und von denen es viel lernte. Dort gab es Haustiere, viel Grün und herrliche Geschichten über die Schöpfung. Fragte man das kleine Mädchen: »Was willst du mal werden?«, antwortete es: »Tanzen will ich! Singen und tanzen!« Dann lächelte die Großmutter und rührte in der Tomatensauce. Aber wie viele Eltern wollten auch die des kleinen Mädchens nicht, dass sie als großes Mädchen tanzt oder singt. Jedenfalls nicht zum Broterwerb. Also blieben diese Wünsche ein eingeschlossener Traum.

Die Zeit verging ...

... Von klein auf liebte das Mädchen die Natur, besonders Bäume und Tiere. Es fragte viel, bekam wenig Antworten und staunte über den Wechsel der Jahreszeiten, darüber, wie gut sich alles ergänzte. Das war ihr großes Wunder, ihr eigenes Zauberreich, das die Großeltern ihr geöffnet hatten. Dann wurde das Mädchen eine Frau, erfuhr viel über das Leben, die Menschen und den ewigen Kreislauf, bekam selbst Kinder und Enkelkinder, denen sie half, *ihre* Träume zu erfüllen. Noch immer träumte das große Mädchen und schaffte es, einige dieser Träume zu realisieren, aber tanzen, spielen und singen gehörten nicht dazu.

Die Zeit verging ...

... Schon früh bekam das Mädchen eine Ahnung von der Unwiederbringlichkeit der Zeit. Es verlor geliebte Menschen und lernte, alles *gleich* zu geben, weil Aufschieben Schmerzen bedeuten konnte. Die Worte »wenn« und »hätte« nannte sie fortan »die bösen Schwestern« und bemühte sich, ihnen aus dem Weg zu gehen. Natürlich gelang das nicht immer. Doch die Sehnsucht nach Licht und Leichtigkeit wurde für das Mädchen so groß, dass es gen Süden strebte; ein Traum, der in Erfüllung ging. Die mediterrane Magie wirkte lange Zeit, beflügelte die Phantasie, ließ die Kindheit wieder aufleben, die Liebe zu Mensch und Natur reifen, verstärkte die Lebensqualität.

Die Zeit verging ...

... Um das große Mädchen herum veränderte sich vieles: Sprache, Technik, Geschmack und vor allem die Geschwindigkeit – nur Gefühle und Werte blieben immer gleich. Man liebte einander, hasste sich, litt unter Verlusten, bejubelte seine Siege und beweinte die Niederlagen. Seit Menschengedenken war es so ... und würde lange nach ihr für die Enkel und Kinder der Enkel ebenso sein. Das Mädchen wurde älter und älter, kannte den Kampf um innere Balance, Macht und Ohnmacht, Reflex und Reflexion, Erwartung und Enttäuschung. Immer noch wollte es das Licht vor der Dunkelheit bewahren, die Freude vor der Trauer, die Sprache vor der Wortlosigkeit und den Tanz vor dem Stillstand. Es sah die eigenen Kinder größer werden und deren Kinder aufwachsen. Jetzt gingen *sie* zum Ballett, jetzt lernten *sie* Musik und Tanz kennen, und das alte Mädchen gab ihre Träume an die Jungen weiter. *Die* träumten nun ihren eigenen Traum.

Die Zeit verging ...

... Der Kreislauf des Lebens wurde klarer. Das Mädchen hatte viel über Geburt, Leben und Sterben in der Natur gelernt, eigene gute und schmerzhafte Erfahrungen gemacht, neues Wissen und frische Kraft daraus bezogen. Es wurde sich des *Großen Ganzen* immer bewusster, nahm sich selbst als Körnchen darin wahr und ließ mehr denn je seine Träume zu. Nach langen erfolgreichen Berufsjahren zog das reife Mädchen eine Art Bilanz, stellte fest, dass es in der einen Ecke des Lebens junge Aktive gab und in einer anderen ältere Aktive. Dazwischen bewegten sich junge und alte Schlafmützen. Es gab kämpferische Diskussionen, wer wem mehr nützte, wann welche Generation was für wen getan hatte oder welche Güter und Katastrophen man nun hinterlassen würde. Fast nie machten sie etwas zusammen, um voneinander zu lernen, Grenzen zu überwinden und Respekt zu vermehren. Voller Liebe dachte das alte Mädchen an seine Großeltern, Eltern, Kinder, Enkel, Freunde, an die ihr lieb gewordenen Zuschauer, Leser und Zuhörer und fragte sich: Ob andere wohl genauso denken?

Wie lange ist das alles her –
und ist das Märchen nun zu Ende?

Nie ist etwas ganz zu Ende. Und wie immer im Leben kam vieles anders als gedacht. Unvorhergesehene Dinge geschahen. Wege wurden eingeschlagen, hier und dort ist man abgebogen, manche Pfade kreuzten sich wieder, andere blieben unauffindbar im Gestrüpp des Dschungels. Manchmal ging es leicht und manchmal nur beschwerlich voran.

Die Zeit verflog, aber tief in meinem Innern schlummerte der alte Traum des kleinen Mädchens weiter: Singen und tanzen will ich! Und mein Wunsch verstärkte sich: junge und ältere KünstlerInnen auf der Bühne zu sehen, im Miteinander der Generationen einen Traum auszuleben, den vorher jeder für sich geträumt hatte. Und ich wollte die Menschen ermuntern, sich selbst eigene Träume zu erfüllen und dafür ruhig etwas zu wagen.

Leute hören nicht auf zu spielen, weil sie alt werden,
sie werden alt, weil sie aufhören zu spielen.

OLIVER WENDELL HOLMES SENIOR 1809 – 1894

Wenn es um das Leben geht, komme ich immer wieder, natürlich, auf meine Großeltern zurück. Hätte ich nach dem Verlust meines Vaters nur noch meine Mutter als Bezugsperson gehabt, so wäre durch ihre häufige Kritik, ihren geringen Glauben an meine Fähigkeiten, vieles unterblieben – ich hätte mir wahrscheinlich wenig zugetraut. Ganz bestimmt keine großen, riskanten Projekte. Doch gerade meine Großeltern haben mich zum Träumen ermutigt. *Sie* sind der Ursprung meiner Generationen-Neugier und die Basis für

meinen Bühnentraum. *Sie* bestärkten mich, eigene Wege zu gehen, Unbequemes nicht zu scheuen und bei allem die positive Lebenseinstellung zu behalten. Ohne so ein Fundament traut sich keiner auf unbetretene Pfade, so wie ich mit meiner Show. Bei mir klappte es vor allem durch den Faktor »Erinnerung und Vorbild«. Immerhin hatten die beiden für mich so wichtigen Menschen zwei Weltkriege mit tiefen Narben überlebt und waren ihrer Tochter zuliebe aus der italienischen Heimat ins kalt gefühlte Deutschland gezogen. Sie schafften es, Probleme, Existenzängste, Sprachbarrieren durch ihren unerschütterlichen Optimismus zu überwinden. Gepaart mit ihrer bodenständigen Denkweise und natürlichen Freundlichkeit war das die ideale Grundlage für alles. Mit so einem Beispiel vor Augen wird man auch als Enkelin mutiger.
Würde ich jemals eine Premiere feiern, wären die Großeltern meine unsichtbaren Ehrengäste!

Es muss nicht immer ein Vorbild aus der Familie sein – man kann sich alles, was man selbst erreichen möchte, wovon man geträumt hat, zuerst einmal aus schützender Distanz bei denen anschauen, die bereits Ähnliches realisiert haben. Man kann fragen, sich informieren und Gleichgesinnte suchen. Und dann wägt man ab: »Wie wichtig ist mir dieser Traum? Will ich wirklich Opfer dafür bringen, Risiken tragen?« Oder man bleibt in seiner Richtung, pendelt sich aber eine Stufe tiefer auf einem leichteren Weg ein.

Auf diese Weise bleiben Träume lebendig und versickern nicht im trüben Alltag.
Auf diese Weise bekommen Träume eine Chance.
Auf diese Weise würde auch ich es heute machen, nachdem ich es nun besser weiß.

Bisher hatte ich viel verloren und wusste mit schmerzhafter Klarheit, wir behalten die, die wir lieben, nicht für immer. Für immer behalten wir die Zeit, die wir mit ihnen verbringen durften. Dieses

Gefühl für die Kostbarkeit der Zeit wuchs in mir wie ein Kind. Es führte zur Trennung unaufrichtiger Beziehungen, die man nur aus Gewohnheit mit sich herumschleppte; Loslösung von Menschen, die mich runterrissen oder mit denen mich außer dem obligatorischen Weihnachtsgruß kaum etwas verband. Längst hatten wir keine Kenntnis mehr voneinander und heuchelten zweimal im Jahr Interesse an Vergangenem. Das hatte ich gründlich satt, ließ diese hohlen Füllungen auslaufen und gewann Zeit und Kraft für Wichtigeres. Ballast und Belastung verschwanden. Ein Miteinander muss eben gelebt werden! Flankierend fanden Wissenschaftler heraus: Fünf gute Freunde reichen, andere Kontakte möge man aufs Minimum beschränken, sonst lösen sie Stress aus.

Qualität statt Quantität! Eine reinigende Entrümpelung, die ich nur empfehlen kann. Der Verlustschmerz, den viele fürchten, erweist sich schon bald als unbegründet, weil sich Neues öffnet, das sich schnell als wesentlich bereichernder herausstellt.

Mir brachte es jedenfalls die nötige Zeit, mich so richtig in meinen alten Traum reinzuknien, den ich schon als Kind liebte.

Das Leben ist eine Bühne

Auf der Bühne hatte ich oft gestanden, ja, das schon. Aber dort hab ich als Erwachsene geredet, nicht gesungen oder getanzt. Habe unzählige Menschen kennengelernt, *deren* Wege, *deren* Träume. Und jetzt lächele ich, wenn ich an das kleine Mädchen denke, das ich mal war und das immer noch in mir steckt und auf den Wunsch in seinem Innern hören möchte. Und diesem Kind in mir sagte ich: »Wenn du tanzen willst und singen: Na los, dann tu es einfach!« Ich wollte eine Generationenbrücke bauen, Künstler unterschiedlicher Altersgruppen zusammenbringen und mit ihnen gemeinsam eine fabelhafte Zeitreise auf der Bühne unternehmen: Ältere und jüngere Frauschaften, gewürzt mit einigen Herren, sollten sich authentisch durch entscheidende Lebensstationen spielen, die jeder anders wahrgenommen hatte. So stellte ich es mir vor! Leben und Leinwand als gemischtes Doppel.

Das Publikum würde Ähnliches aus eigener Erfahrung kennen und sich an Meilensteine erinnern, die uns miteinander verbanden. An den Einfluss der Familie, Vorbilder, Freunde, an die wichtigen Menschen in unserem Leben, aber auch an die Prägung durch Musik, Mode, Geschichte. Addiert hat jede dieser Phasen uns zu dem modelliert, was wir sind.
Bestimmt ist ein Kind der überladenen Achtzigerjahre ganz anders aufgewachsen und geformt worden als eines der wilden, revolutionären Sixties, oder wir, die Nachkriegsgeneration, die oft in die unerfüllten Träume der Eltern rutschen und stellvertretend deren Leben übernehmen sollten. Meine Mutter zum Beispiel wäre gern Tänzerin oder Pianistin geworden. Der Anfang dafür war gemacht, als sich durch Krieg und Kinder alles in Luft auflöste. Ihr strenger Ehrgeiz, mit dem sie mir schwer zu schaffen machte, resultierte sicher daraus.

Kein Künstler, kein Genie ist dauernd ein Künstler, ein Genius. Alles geschieht immer nur in wenigen Augenblicken der Inspiration, in den höchst seltenen sublimen Momenten. Niemand ist immer Schöpferin. Spannung braucht ihre Zeit der Vorbereitung, jedes Ereignis seine Entwicklung. Und ohne Träume würde vieles gar nicht erst bedacht. Träume sind etwas Wunderbares, auch wenn sie unerfüllbar scheinen. Für mich aber hatte sich ein Kreis geschlossen. Beginnend mit einem denkwürdigen Frühstück. Mein Mann und ich saßen am Tisch, redeten und redeten. Am Ende sahen wir uns tief in die Augen und beschlossen, dieses große Projekt gemeinsam zu wagen und alle Konsequenzen in Kauf zu nehmen. Ohne ihn wäre das Ganze nie möglich geworden, ohne ihn hätte dem Miteinander ein wichtiges Glied der Kette gefehlt.

- Erst jetzt besaß ich all das, was ich zum Ausleben meines Traumes brauchte: Balance, Mut, Sicherheit, Zeit, meinen Mann und andere Menschen ... Fast ein Leben lang hatte es gedauert, bis es soweit war.

- Ich wollte mit jungen und älteren Künstlern aus meiner Vergangenheit, der Gegenwart und der Zukunft gemeinsam auf der Bühne stehen.

- Vier Generationen sollten voller Respekt voreinander und mit viel Spaß an der Arbeit ergründen, was die Zeit mit uns macht und wir mit ihr.

- Wir alle haben unsere kleinen Träume. Dass es auch mit den großen klappt, die sich manchmal sogar noch nach vielen Jahren erfüllen – das wollte ich zeigen.

- Und jeder sollte seine Träume verwirklichen. Denn beim Zurückblicken sagen zu müssen: Wenn ich doch bloß mehr Mut gehabt hätte ... Wer will das schon?

Von der ersten Stunde an nannte ich mein ambitioniertes Projekt ZEIT. Es begann mit einer CD, meiner ersten, die ich im fünfundsechzigsten Lebensjahr aufnahm. Eigentlich unglaublich! Ich konnte ruhig die Hände ringen – wenn Dominosteine erst mal aufgestellt sind, lassen sie sich durch nichts bremsen. Und »Hilfe« hätte ich zwischendurch ganz gern gerufen vor lauter Bammel (auch als Schiss bekannt), der übrigens zunahm, je näher alles rückte. Bis dahin war es bei genauer Betrachtung sogar eine traumhaft schöne Zeit. Mein Mann und ich suchten im kleinen Kreis die Lieder aus, ich schrieb Texte, was viel schwerer ist als man sich vorstellt, mein Liebster komponierte, begleitete mich auf der Gitarre, und ich sang voller Lust und Leidenschaft. Zuerst nur auf sicherem Boden, beschützt zu Hause, ohne kritisches Publikum. Als nächstes musste ich aus dem Kokon schlüpfen und mit einer Band üben. Vorher wurden Gespräche geführt, Orchesterproben besucht, Musiker in obskuren Kneipen und bombastischen Theatern angehört. Am Ende der Sucherei hatte ich sie zusammen: meine Band aus Vollblutmusikern verschiedener Jahrgänge. Übrigens funktioniert das Generationen-Miteinander in der freien Musikszene wie selbstverständlich. Gerade ältere Virtuosen genießen große Anerkennung und haben gut zu tun. Alters-Mix ist dort üblich.

Wir studierten gemeinsam die Songs ein, wobei ich mich anfangs gehemmt und unsicher in Ecken rumdrückte, aber selbstbewusster und fröhlicher wurde, je mehr wir schafften und je professioneller es klang. Was hatten wir uns vorgenommen?

Meine Stimme sollte pur bleiben, ohne Hall, ohne Doppelung, die Instrumente mussten echt und einzigartig sein, der Chor live dazukommen, keine Computergeräusche, nichts Künstliches. Das war der Anspruch. Nicht mehr, aber auch nicht weniger. Dann war das Studio dran. Vor diesem Teil des Puzzles fürchtete ich mich am meisten. Als junge Radiofrau saß ich schließlich lange genug isoliert hinter meiner Glasscheibe, getrennt von allem, was lustig und pulsierend war. Ich wusste also, was mir bevorstand. Nur schlimmer, denn damals brauchte ich nur zu sprechen, hier würde ich in fremde Ohren singen müssen. Und ich ertappte mich beim geistigen Hervorkramen der Fernsehbilder, in denen Sänger unter Kopfhörern grauenvolle Töne zu lautlosen Playbacks von sich gaben. Mir trieb das den Schweiß auf die Stirn. Aber nichts ist planbar – und alles ist möglich.

Jetzt, während des Schreibens, schwelge ich. Und schwelgen ist genau das richtige Wort dafür. Der Studiobesitzer und sein Kollege, beide erfolgreiche Musiker, erwiesen sich für mich als Glückstreffer. Gemeinsam mit meinem Mann produzierte dieses Trio mein erstes Album ZEIT, das für mich nach wie vor etwas ganz Besonderes ist. Alles darauf ist ungewöhnlich. Ich singe viersprachig, was die Plattenfirmen ebenso in Panik versetzte wie die unterschiedlichen Stilrichtungen.

»Wo soll man das denn in den Läden finden? Du lieber Gott, viersprachig, da weiß kein CD-Verkäufer, wohin damit.« – »Wie bitte? Balladen? Blues? Rock? Country? Ausgeschlossen. In welchem Regal soll das denn stehen? Wo kann man so was überhaupt platzieren?«

Schwierig, das sehe ich ein. Aber als Konsumentin langweile ich mich, wenn meine Lieblingssängerin immer ähnlich klingt und ich

auf der CD höchstens zwei Stücke mag. Außerdem finde ich es wichtig, die unterschiedlichen Stimmungen, die wir Menschen nun mal Tag für Tag durchleben, auch in Liedern umzusetzen. Heiteres neben Nachdenklichem, Trauriges neben Ironischem.
Fazit: Das musikalische Gerüst für meinen Bühnentraum stand. Und für den erfand ich den Begriff *dreamical*, weil es eine Mischung aus Theater, Tanz und Musik sein sollte, und trotzdem weit entfernt von einem Musical war.

Die Pressemeldung
Köln, 30. Mai – Alida Gundlach kehrt zurück zu ihren Wurzeln, denn vor ihrer TV-Karriere war die ausgebildete Tänzerin zehn Jahre international als Choreografin tätig. Gerade veröffentlichte die unvergessene Gastgeberin der »NDR Talkshow« ihr Debüt als Sängerin mit überraschend rauchiger Stimme und einfühlsamen Texten: das Album ZEIT. Deutsche, englische, spanische und italienische Songs in immer wieder anderen Rhythmen. Unplugged, erstklassig instrumentiert und arrangiert. Authentischer geht's nicht. Besonders erwähnt sei »Lo siento mi vida«, »Ich will mich behalten« und »Who's to bless …«.

*Und nun stellt sie ihre Vielseitigkeit auf der Bühne vor. Denn ZEIT ist mehr als eine CD. ZEIT ist ein Gesamtkunstwerk, eine spektakuläre Bühnenshow, eine einzigartige Generationenbrücke! In Deutschland gab es das noch nicht: den dynamischen Generationen-Mix in einem Ensemble. Alida Gundlach mischt in ihrem »dreamical« internationale Künstler zwischen 7 und 77 Jahren und lässt dabei Musik, Gesang, Tanz und Theater zu einem faszinierenden Erlebnis verschmelzen.
Begleitet von ihrer Live-Band und umrahmt von dieser einzigartigen Company unternimmt Alida Gundlach auf der Bühne eine lebensfrohe, intelligente ZEITREISE und macht das, was sie immer wollte: »Tanzen will ich! Singen und tanzen!«*

Sie präsentiert mit ihrem Ensemble einen sprühenden, emotionalen Abend voller Vitalität. Eine Reise durch die Vergangenheit, Gegenwart und Zukunft. Humorvoll und nachdenklich, manchmal leicht und manchmal philosophisch. Erfrischend anders und immer mediterran angehaucht.

»ZEIT ist eine Reise durch die verschiedenen Stationen des Lebens, wie sie fast jeder kennt. Dabei geht es um Kindheit, Liebe, um Ankunft und Abschied, Miteinander und Einsamkeit. Um nichts Geringeres als die ZEIT«, sagt Alida Gundlach. Das »dreamical« verbindet den kostbaren Erfahrungsschatz dieser Frau mit denen unzähliger Menschen. In unterschiedlichen musikalischen Sprachen, dramaturgischen und choreografischen Stilen! Alida Gundlach: »Ich übernehme dabei die Rolle einer Stellvertreterin, denn was wir auf der Bühne erzählen, haben viele Menschen genauso erlebt wie ich.«

Neben der Protagonistin stehen dreißig Mitwirkende auf der Bühne und etliche dahinter.

»Für mich ist jetzt genau der richtige Zeitpunkt, diese Facetten auszuleben – Gesang und Tanz, die mich privat immer begleitet haben«, erklärt Alida Gundlach. »Öffentlich hätte ich das vorher weder gekonnt noch gewollt. Doch nun passt es genau in meine Lebensplanung, mit meinem Team noch einmal so richtig auf den Putz zu hauen.«

Wow! Meine erste Pressemeldung – als Sängerin und für mein *dreamical*!

Diva und Muse sind zwei aussterbende Berufe, aber ich hoffte, beide zu finden. Das Ensemble habe ich in verschiedenen Teilen der Welt gesucht, alte Weggefährten in mosaikartiger Kleinarbeit aufgespürt, neue Künstler ausprobiert, ausgewechselt, bis die Compagnie nach zwei Jahren komplett war. Ich weiß noch, wie ich zu Beginn Masha in Palm Beach entdeckte, als Star einer Show, in der nur Ältere auftraten. Mit fast achtzig stand sie Abend für Abend auf der Bühne. Ihre älteste Kollegin dort war dreiundachtzig Jahre alt, die jüngste achtundfünfzig. Himmel! Masha begeisterte sich für die Generationenidee und wäre meine erste Künstlerin gewesen, wenn, ja wenn ich die Tournee zeitlich in ihren achtwöchigen Sommerurlaub gelegt hätte.

Doch das war unmöglich und unsere Enttäuschung groß. Die schöne Masha, die ich aus meinen frühesten Anfängen kannte, wo sie schon über vierzig gewesen sein muss. Damals hielt ich sie für mindestens zehn Jahre jünger, und so ist es bei ihr offensichtlich geblieben. Es war harte Recherche-Arbeit, andere aus dieser Zeit aufzutreiben. Manche hatten große Karrieren hingelegt und waren dadurch leichter zu finden, aber viele verschwanden nach ihrer aktiven Zeit in ein stilles Privatleben und mussten systematisch hochgescheucht werden. Es gab tragikomische Gespräche, als mir eine der früher Aktivsten absagte, »weil ich nur noch aus Titan bestehe. Zwei Hüftgelenke, ein Knie, das zweite lauert schon«, oder ein Tänzer erklärte: »Ich merke mir rein gar nichts mehr. Wenn du mir die Choreografie zeigst, kann es passieren, dass ich sie auf der Bühne singe statt tanze.« Auch keine schlechte Idee.
Es gab Spinner in der Branche – wie überall. Arrogante, affige Typen, die sich für die Krone der Schöpfung hielten, und die schon deswegen nicht zu uns passten.
Doch das Gros wartete aufgeregt und erwartungsvoll in den Startlöchern. Die Mühe des Suchens hatte sich gelohnt! Zu uns gehörten Theater-Solisten, die ihre erfolgreiche Laufbahn aus Altersgründen beendet hatten und heute als Dozenten arbeiteten oder Ballettschulen leiteten. Dazu kamen junge, vielseitige Menschen mit besonderer Begabung. Die jüngste Künstlerin war sieben und die älteste siebenundsiebzig Jahre alt! Sie alle – Kinder, Frauen, Männer aus sieben Nationen – gingen neugierig, freudig und engagiert aufeinander zu. Die Gruppe stand!
Von diesem ersten entscheidenden Moment an arbeiteten tatsächlich vier Generationen eng zusammen an der Erfüllung eines einmaligen Projekts.
Von diesem ersten entscheidenden Moment an träumten wir gemeinsam unseren Traum. Und schon die Proben waren unglaublich!

Chatia kannte ich von früher. Eine liebenswerte Künstlerin. Sie gehörte zu den seltenen Tänzerinnen, die ideal für choreografierte

Modeschauen einsetzbar waren; groß, schlank, auffallend. Sie jetzt nach ihrer Zeit in Amerika als Mutter zweier Teenager wiederzusehen, hat mich sehr berührt. Während unserer Zusammenarbeit fragte ich alle nach ihrer Prägung, ihrem Antrieb, ihren Träumen. Dazu schrieb mir Chatia diesen Brief.

Liebe Alida,

Du hast mich gefragt, wie ich es schaffe, jeden Tag voller Freude und Disziplin zu den Proben zu kommen. Ich glaube, das liegt mit an meiner glücklichen Kindheit, die mein Leben wesentlich geprägt hat – und bis heute meine Basis ist!

Ich hatte nicht nur ein fürsorgliches, sondern auch ein tolerantes und humorvolles Elternhaus. Als »Mittelkind« ging es mir besonders gut; es gab noch beide Großmütter (die Großväter haben wir früh verloren), viele Verwandte und Freunde, die bei uns ein- und ausgingen. Ein offenes Haus, in dem sich jeder wohl fühlte. Individualität hatte, ohne dass das Wort je fiel, einen hohen Stellenwert. Nie sollte ich anders sein, als ich bin … und so konnte ich mich einfach »ausprobieren«. Ganz bewusst wurde bei uns die Persönlichkeit gefördert. Meine Mutter brachte mir zum Beispiel das Nähen bei, sodass ich sogar in eigenen Kreationen zur Schule gehen konnte, was die Lehrer nicht immer zu würdigen wussten.
Auch die übliche Rollenverteilung gab es bei uns nicht. Meine Mutter war keine »klassische Hausfrau«, obwohl sie diese Funktion erfüllte. Zusammen mit meinem Vater baute sie in einer neuen Umgebung eine Firma aus dem Nichts auf, war zeitweise politisch tätig, sah toll aus, und war trotzdem immer für uns Kinder da. Mit so viel Interesse an allem, was wir machten, dass es schmerzt, sie nicht mehr zu haben.
Die Familie gab mir – und das kann ich erst im Rückblick sagen – so viel Liebe und Sicherheit, dass ich das Gefühl

bekam: Alles ist mir möglich, ich habe jede Freiheit, um meinen eigenen Weg zu finden. Das wichtigste Geschenk meiner Eltern war die Erlaubnis zur Tanzausbildung, ohne die mein Leben wohl anders verlaufen wäre. Das hieß: Vertrautes verlassen und in einem ausländischen Ballettinternat neu starten. Kein leichter Entschluss, doch meine Eltern wollten meinen Wunsch ernst nehmen und mir diesen Traum ermöglichen. Dafür bin ich ihnen ewig dankbar! Bestimmt hat es ihnen selbst Freude gemacht, mein Leben zu begleiten. Sie konnten durch meinen Beruf vieles für sich entdecken. Zuerst lebte ich in London, dann zwanzig Jahre in New York, eine Zeit voller Reisen, interessanter Begegnungen mit verschiedenen Kulturen – es gab immer etwas zu erzählen, das besonders meine Mutter schätzte. Sie hat dieses unabhängige, spannende Leben von mir richtig »mitgelebt«.
Der Tanz hat mich auf mehreren Gebieten bereichert, denn auch das Verhältnis zu meiner Großmutter Luise wurde dadurch immer enger. Ballett bedeutete ihr viel, und für uns beide war es die Brücke über jede Entfernung. Später habe ich diese unorthodoxe Frau beim Sterben begleitet und bin noch heute froh darüber, dass ich an ihrer Seite sein durfte.

Meine Kinder, mein Erbe

In meinem Bekanntenkreis wird manchmal über »Erziehungsfehler« gesprochen, unter denen sie bis heute zu leiden hätten. Ich konnte bei mir keinen entdecken. Nun sind ja die Reaktionen auch verschieden. Was für das eine Kind ein Fehler wäre, empfindet ein anderes als Herausforderung. Ich wollte jedenfalls bei meinen Kindern meine Eltern als Vorbild nehmen und ihnen ein ähnlich sicheres, liebevolles Zuhause schaffen, mit der Freiheit, wie ich sie bekommen hatte! Als Erstes lernte ich dabei, für andere verantwortlich zu sein. Mit dieser starken Form von Liebe und Fürsorge tritt man in eine ganz neue Lebensphase ein. Nichts dreht

sich mehr nur um einen selbst, und trotz aller Anstrengungen möchte ich dieses Glück nicht missen. Heute sind meine Kinder Teenager, die mich auf dem Laufenden halten! Internet, Musik, Schule, Party, Mode – ein Zugang zur Jugend aus nächster Nähe. Ich lerne ständig!
Mir sind familiäre Gemeinsamkeiten wichtig, von den Mahlzeiten über Sport, Kino- und Theaterbesuche, überhaupt der Zugang zur Kultur. Und weil unsere Kinder eine Großmutter haben und ihre andere noch kannten, gibt es viel Gelegenheit, auch über sie zu sprechen. Dazu gehört die einschneidendste Veränderung im Leben: Krankheit und Tod. Wir verloren in den letzten Jahren einige geliebte Menschen, und die Kinder mussten dies recht früh erfahren. Aber sie haben auch den Zusammenhalt in der Familie erlebt, der in dieser Situation so wichtig ist. Sie sahen, wie wir unsere Eltern versorgt und begleitet haben, waren ein Teil davon, damit das Ende so friedlich und harmonisch wie möglich kommen konnte.

Mein Alter, meine Vision

Über mein Leben im Alter denke ich mit Anfang fünfzig noch nicht nach ... zu viele unvorhersehbare Faktoren! Ist mein Mann bei mir? Mit wem und wo werden meine Kinder leben? Wie ist mein Gesundheitszustand? Was für Bedürfnisse habe ich? Aber rein hypothetisch kann ich mir alles vorstellen. Früher sah ich mich als alte Dame in einem schönen »doorman-building« in New York: Man wäre unabhängig und könnte den Service genießen: Wäschedienst, Essen aus guten Restaurants ordern, oder mit dem Taxi hinfahren, Tüten tragen lassen, ins Theater gehen ... und ich wäre von Nachbarn und Geräuschen aller Art umgeben. Immer noch eine schöne Idee, wie ich beim Schreiben merke. Mit leisen Zweifeln, ob ich für dieses Modell nicht in Amerika hätte bleiben müssen. Das »Umpflanzen« ist mit zunehmendem

Alter vielleicht schwieriger und alte Bekannte und Gewohnheiten wichtiger. »We'll cross the bridge when we get to do it«, lautet ein amerikanisches Sprichwort. Aber ich weiß, dass ich mir wünsche, bis zuletzt am Leben teilzunehmen und nicht irgendwo abgeschieden nur unter alten Menschen zu wohnen. Ich wünsche mir gesundheitliche Betreuung, Kontakt, also fällt Alleinsein schon mal aus. Als Witwen vielleicht nah mit meiner Schwester? Oder mit Freunden in einem Mehrgenerationenhaus? Klingt wie ein guter Weg. Doch der Witz am Älterwerden ist, dass sich auch die Vorstellungen davon mit der jeweiligen Tagesform ändern.*
Bestimmte Verhaltensweisen stören mich an manchen alten Menschen. Wenn sie sich zum Beispiel nicht in ihre Situation einfinden. Erinnerst Du Dich an die ältere Freundin von Ruth? Die hörte schlecht und war sauer auf alle, die nicht laut genug sprachen. Einige reagieren auch übellaunig bis aggressiv auf jede Kleinigkeit, weil sie mit sich selbst nicht zurechtkommen. Reine »Alterserscheinungen«, die man ins Positive ändern könnte, finde ich nervig. Immer, wenn ich so was erlebe, nehme ich mir vor, später bei mir darauf zu achten, dass ich mich anders entwickle.

Amerika, Deutschland und die Generationen

*Amerika war eine prägende Erfahrung für mich. Mit zwanzig begann sie, mit vierzig zog ich zurück nach Deutschland. Das Miteinander der Generationen ist in den USA viel selbstverständlicher! Da könnte man in Deutschland einiges lernen. Freundlichkeit und Höflichkeit werden bereits im Kindergarten geübt, ziehen sich durch sämtliche Gesellschaftsschichten. Ein lächelndes »Hello, how are you today?«** trägt zur Lebensfreude bei, während es hier nur unter Oberflächlichkeit*

* *Wir werden die Brücke überqueren, wenn es so weit ist.*

** *Hallo, wie geht's dir heute?*

rangiert. Dabei sind Offenheit und Toleranz Qualitäten, die das Miteinander erleichtern. Und durch den verpönten Smalltalk kommt man eben einfacher ins Gespräch mit Fremden, fühlt sich weniger allein. Was ist daran schlecht?

Eine gute Mischung Alt-Jung habe ich in den zahlreichen Kursusangeboten beobachtet, die es für jedes Interessengebiet gibt. Dort trifft sich alles. Niemand staunt in Amerika, wenn eine Fünfundsiebzigährige anfängt, Schauspielunterricht zu nehmen. Man weiß ja nie! Das Leben ist nicht so streng kategorisiert wie in Deutschland.

Wie man sich in New York allerdings fühlen mag, wenn man krank, alt und arm ist, ist die andere Seite der Medaille. Manch einer träumt wahrscheinlich von der guten deutschen Krankenversicherung und den Sozialdiensten, die es zumindest zur Zeit dort noch nicht gibt. Aber ein Amerikaner braucht seinen Traum … und der geht manchmal in Erfüllung!

Ich hatte Dir ja von meinem Freund Gregory erzählt. Sogar in einer Riesenmetropole wie New York pflegt man das Nachbarschaftsverhältnis, das dort einen hohen Stellenwert hat. Gregory wohnte damals mittendrin, saß auf der Treppe vor seinem Haus und unterhielt sich mit allen Leuten. Einer von ihnen war der alte Mike. Gregory wusste, dass der keine Familie hat und nahm sich immer Zeit für einen Plausch. Als Mike im Krankenhaus lag, besuchte Gregory ihn, begleitete ihn durch seine Krebskrankheit und versprach, ihm den letzten Wunsch zu erfüllen: Sonne, Strand, ein kühles Bier war alles, wonach Mike sich zum Schluss noch sehnte. Und Gregory hielt sein Versprechen, flog tatsächlich mit ihm in die Karibik, lag zusammen mit Mike im Sand, ein Bier in der Hand und so glücklich, wie man beim Abschied nur sein kann. Ist das nicht ein herrliches Beispiel vom Miteinander der Generationen?

Mein Traum und Dein Traum

Als ältere Tänzerin weißt du, dass deine Kraft abnimmt, weißt, dass du nicht mehr so gelenkig bist. Gerade im klassischen Ballett ist die aktive Zeit begrenzt, weil technische Leistung und körperliche Hochform im Vordergrund stehen. Viele Kollegen unterrichten ... eine sehr schöne Weiterführung, das Gelernte neuen Generationen zu vermitteln! Auch mit weniger Kraft können diese Künstler große, inspirierende Lehrer sein, die von ihren Schülern geschätzt und verehrt werden. Wie lange man als Tänzer auf der Bühne erscheinen will, ist eine Gewissensfrage. Auch ich musste sie mir stellen, als ich das Angebot für Deine Show »ZEIT« bekam. Weißt Du eigentlich, dass Dein Anruf mich erreichte, als wir gerade Klaus Kristofolini das letzte Geleit gaben? Ich war in Schwarz gekleidet und tieftraurig, meinen alten Freund und Tanzpartner nicht mehr zu haben, da riefst Du an mit etwas total Lebendigem, etwas Tänzerischem ... das war irgendwie mystisch und hat mich bis in meine Träume verfolgt.

Das Arbeiten in Deiner Show empfand ich als »Nachhausekommen«. Wieder im Theater zu sein, gemeinsam zu trainieren, Probenklamotten zu tragen – grandios, sich noch mal in dieser Welt zu bewegen, die so viele Jahre zur täglichen Routine gehört hatte. Und dann so unheimlich viel Spaß! Ich fand die Projektidee, junge und ältere Künstler zu mischen, total faszinierend. Aber es war auch eine knallharte Konfrontation mit dem eigenen Limit. Der Körper erinnert sich, doch vieles geht nicht mehr so leicht. Die Beine nicht mehr so hoch, der Spagat nicht mehr so tief – das schmerzte. Bis ich feststellte: Auch die Jungen leiden durchaus unter ihren Grenzen. Ich hatte das fast vergessen und meine Mängel als »Alterserscheinung« betrachtet. Die Erkenntnis, dass wir doch nicht so weit auseinander liegen, war dann ziemlich erfrischend. Trotzdem staunte ich, wie schon nach kurzer Zeit kaum noch ein Altersunterschied zählte. Ich bemerkte, wie gut wir Ladies unsere Körper kennen, und wie vorsichtig wir dadurch wurden. Jeder wusste, welche Übungen ihm gut tun und bei welchen er lieber eigene Varianten macht. Es gab viel Interesse und Austausch unter den Altersgruppen. Wir haben gemeinsam hart gearbeitet, geprobt, waren gemeinsam müde, haben zusammen gegessen, uns massiert, die Beine gegen die Wand gelegt. Eben Tänzeralltag! Zur Premiere wurden Premierengeschenke ausgeteilt, immer kurz vor der Show ein »Meditationskreis« gebildet, jeder war aufgeregt. Wir saßen alle in einem Boot und gaben alle unser Bestes! Und zwar altersunabhängig! Das hat unser gemeinsames Ziel bewirkt!

Aber das größte Vorbild in dieser Show warst Du, Alida! So eine Inszenierung zu erträumen und dann auf die Beine zu stellen, braucht Mut, Vitalität, Aufrichtigkeit, Risikobereitschaft und einen starken Glauben an sich selbst und das, was man bewirken möchte. Du hast mit dieser Show Deine Geschichte erzählt, Deine Zeit gezeigt und gleichzeitig das Kommen und Gehen der Generationen eingebunden, mit allen ihren typischen Besonderheiten. In einer Zeit, in der Shows und Musicals immer technischer und dadurch anonymer geworden sind, hast Du ein außergewöhnliches und persönliches Projekt gewagt! Ich erinnere mich, dass ich während unserer Proben abends in ein Musical ging, und genau das Gegenbeispiel vorfand. Ein ungeheurer technischer Aufwand, Licht, Sound, Bühnenbild – alles bombastisch. Doch die Tänzer traten zurück, und die geschulten Stimmen erreichten mich nicht. Ich freute mich noch mehr, an einer Show mitzuarbeiten, die mit den ursprünglichen Mitteln Gesang, Tanz und Sprache ihr Publikum erreichen wollte. Ich habe jede einzelne Minute genossen und als Bereicherung empfunden. Menschen wie Du, die es wagen, ihre Träume zu verwirklichen, sind die großen Vorbilder jeder Zeit.

Deine Chatia

Ach, Chatia, ich danke dir!

Schließen Sie bitte kurz Ihre Augen und stellen Sie sich vor, wie ein sechsundzwanzig Jahre alter Tänzer, maskulin und attraktiv, eine siebzigjährige Tänzerin auf seinen Oberschenkel hebt und sie, die sich mit angezogenem Bein und zurückgeworfenem Kopf an ihn schmiegt, nach schwungvollem Kreis sanft wieder absetzt. Ihre Arme, um seinen Hals geschlungen, lösen sich, seine Hände gleiten langsam an ihren schmalen Hüften entlang. Sie stehen eng beisammen, ihr Kopf ruht an seiner Brust. Ein Bild: still, zärtlich und dennoch kraftvoll. Sehen Sie es vor sich?
Glauben Sie mir, der Anblick war hocherotisch. Einerseits lag das natürlich an der wunderbaren Ästhetik der Bewegungen, an den schönen, durchtrainierten Körpern, aber es hatte auch mit erkennbarem Respekt zu tun. Das Können und die enorme Ausstrahlung der versierten Künstlerin zogen den jungen Tänzer so stark an, dass es knisterte. Und sie? Die Frau, die jahrzehntelang auf renommierten Bühnen erfolgreich gewesen war? Ihr gefiel es, mit welcher Freude und welch enthusiastischem Fleiß ihr Tanzpartner seinen Teil gelernt hatte.

Respekt wurde die tragende Säule zwischen allen Altersstufen. Und darum erlebten wir ähnliche Situationen wie die eben beschriebene schon während der Proben immer wieder. Eine phantastische Erfahrung.

Die Welt hat den Wert, den man ihr gibt.
Und ähnlich ist es mit dem Leben.
Hat man Träume, die sich erfüllen sollen, braucht man Hartnäckigkeit. Hilfreich war und ist sicher auch die Tatsache, dass ich Impulsen folge, ohne daran zu denken, ob mir ein Zacken aus der Krone bricht. Ich vergebe mir nichts, wenn ich Wünsche äußere. Egal, wie oft und wem gegenüber. Nur so bekommen Träume eine Chance auf Leben. Bezeichnenderweise haben diejenigen, denen Zacken so wichtig sind, dass die eigene Ignoranz Triumphgefühle auslöst,

alles andere als eine Krone. Es sind meistens die Unsicheren, die das hinter arroganten Masken kaschieren und mit respektlosem Verhalten kompensieren müssen. Leider oft mächtige Artgenossen, die bei jedem Streit aufblühen und aus ihren Absagen neue Energie zu ziehen scheinen. Destruktive Traumtöter, die nie wissen werden, wie es ist, wenn sich Träume erfüllen. Schlecht für sie, aber auch für alle, denen sie Steine in den Weg legen. Ich kenne genug Menschen verschiedener Altersgruppen, die sich durch ein Nein oder gar keine Antwort so demo-tivieren lassen, dass sie sich und ihren Träumen nicht mehr trauen. Sie kapitulieren! Glücklicherweise sorgen andere für den Ausgleich: die Begeisterungsfähigen, die Couragierten, die Unterstützer.

Für Privatpersonen ist es schwer, eine Bühnenshow zusammenzustellen, zu inszenieren und ins Theater zu bringen; noch dazu, wenn man damit auf Tournee gehen möchte. Der Markt ist aufgeteilt und fest in den Händen weniger Großunternehmen, Konzertagenturen und örtlicher Veranstalter. Jeder kennt jeden, man spricht sich untereinander ab. Sicherheit und Herkömmliches rangieren weit vor Entdeckerfreude, Hilfs- oder gar Risikobereitschaft. Da muss man schon selbst aktiv werden. Und zwar auf jedem erforderlichen Gebiet. Oder haben Sie etwa gedacht, dass sich Institutionen darum reißen würden, eine innovative Begegnung künstlerischer und internationaler Generationen zu begleiten? Von wegen!

Wer *das* über den Hintergrund weiß, versteht viel besser, wie wichtig gerade in so einem Fall Motivation, Arbeitsfreude und aufbauende Erlebnisse im Team sind. Und davon gab es glücklicherweise täglich neue! Ohne diese »Transfusionen« wäre ein solch immenser Einsatz kaum zu schaffen gewesen. Irgendwie kann jeder auf seine Weise Hürden überwinden, um seinen Zielen, seinen Träumen näherzurücken. Doch ohne andere, ohne Unterstützung und Hilfe schafft man es kaum.

Über vierzig Menschen waren nötig, um dieses einzigartige Generationen-Projekt zum Leben zu erwecken. Hinter den Kulissen ebenso wie davor. Tänzer, Sänger, Schauspieler beiderlei Geschlechts und unterschiedlichen Alters präsentierten ihr vielfältiges Können. Dazu kamen die Kinder, die in jeder Vorstellung zusammen mit den Erwachsenen auftraten. Es war klar, mindestens eines würde meine Enkelin sein. Als ich mit der Realisierung meiner Show begann, hatte sie gerade ihren siebten Geburtstag gefeiert, am Tag der Premiere war sie neun Jahre alt. Und die Zeit dazwischen gab es Proben, Proben, Proben.

Die erste Überraschung erlebte ich, als das Team diese anstrengenden Übungstage zu lieben begann und manche selbst dann erschienen, wenn sie nicht zu kommen brauchten; nämlich an ihren freien Tagen! Natalie hatte sich zu Hause am Knie verletzt, ließ sich verarzten und kam zurück, um wenigstens am Bühnenrand mitzuüben. Imponierend! Schon nach kurzer Zeit freute sich jeder auf das Wiedersehen mit den anderen. Wir probten von früh bis spät in allen möglichen Räumen; improvisierten, wenn etwas fehlte, und hatten trotzdem jede Menge Spaß. Allein die Kinder sorgten für reichlich Wirbel, weil sie während ihrer Warteschleifen laut herumtobten oder verschwanden, und die sonst übliche Disziplin nicht so ernst nahmen wie der Rest der Truppe. Interessant fand ich, dass niemand sagen musste: »Unsere Kleinen brauchen Aufsicht« – jedes Ensemblemitglied übernahm das automatisch. Wer gerade Zeit hatte, achtete auf die Kinder. Und die fanden bald ihre Lieblinge: Mario und Natalie waren wohl nachsichtiger, vielleicht auch verspielter als Sylwester oder Anna.
Wenn die Jungen ihr Können zeigten, sahen die Älteren mit professionellen Blicken zu. Tanzten die Älteren, schmolzen die Jungen dahin. Die großen Momente waren die, in denen sich Jung und Alt mischten, in Paar-Konstellationen oder kleinen Einheiten. Das hatte eine Dynamik, eine Eleganz, die mich anrührte und mein Herz klopfen ließ.

Gleich am ersten Tag der Begegnung standen die jungen Darsteller staunend und bewundernd vor der Leistung der älteren. Die brauch-

ten allerdings ein paar Treffen, bis sie anerkennend feststellten, dass auch die neue Generation mit enormer Kraft und Opferbereitschaft ihr anspruchsvolles Berufsziel verfolgt. Wie Sie es vom Fernsehen kennen, gab es auch bei uns *castings*. Künstler stellten sich vor, arbeiteten in der Gruppe, präsentierten eigene Ideen, selbst gewählte Rollen, wurden ausgesucht oder auf ein anderes Mal vertröstet. Eine spannende Phase, und für mich eine inspirierende, kreative, wunderschöne Zeit. Ich hoffte, die Richtigen rauszupicken, nicht auf irgendeine Masche reinzufallen, um tatsächlich am Ende so etwas wie eine Gruppe Gleichgesinnter zu finden, die gemeinsam an einem Strang zogen. Natürlich eine Illusion. Vierzig Gleichgesinnte? Da muss man schon einen Verein gründen, eine Glaubensgruppe oder eine Partei. Ein noch so ambitioniertes Projekt wird eben doch in erster Linie als ein kommerzielles betrachtet. Und so zogen sich die Vertragsmodalitäten um Geld, Unterbringung, Anreisen und andere Bedingungen ziemlich in die Länge, bis auch das irgendwann geregelt war. Unsere Verbindung zueinander blieben die tiefen Wurzeln und Träume.
Dazu schrieb mir die zwanzigjährige Natalie diesen Brief:

Liebe Alida,

Du wolltest wissen, wie es für ein sibirisches Mädchen wie mich zu Hause und später in Deutschland lief. Ich war ja noch ein Kind während unseres Lebens in Russland, aber ich erinnere mich genau an die enge Beziehung unserer Familie zueinander. Dieser Zusammenhalt gehört zur russischen Mentalität, auch zum Schutz gegen Obrigkeit und Willkür. Meine Großeltern, Tanten und Onkel wohnten nah bei uns und wir haben uns jeden Tag gesehen. Alle in unserer Familie sind sehr gläubig, auch ich wurde so erzogen. Meine Oma, die ich übrigens gesiezt habe, so wie Du Deine, ging mit mir in die Kirche oder auf den Spielplatz. Selbst zur nahen Schule blieb ich unter Aufsicht, weil die Kriminalität in einer

russischen Großstadt wirklich hoch ist. Da sieht man auf dem Weg schon mal Penner, die Benzin schnüffeln. Oder anderes, das Kinder besser nicht sehen sollten.
Unsere Frauen habe ich bewundert. Sie sind fleißig, pflegen sich und machen sich hübsch, auch wenn kein Geld da ist. Besonders meine Mutter. Bestimmt hat sie mir ihre Tanzbegeisterung vererbt, denn sie war eine erstklassige Eiskunstläuferin. Schon in Russland bekam ich Ballettunterricht, und meine Mutter hat mich immer wieder aufgemuntert und gefördert.
Es war mutig von meinen Eltern, nach Deutschland auszuwandern. Wir zogen zur Familie meines Vaters, mit denen wir uns prima verstanden. Aber ein dunkler Schatten legte sich über unser Leben, als mein Vater nach zweijähriger Krankheit starb und uns alle verzweifelt zurückließ. Mein Onkel versuchte, ihn für mich zu ersetzen, zumindest was Verantwortung und Fürsorge betraf. In dieser traurigen Phase war das Zusammenhalten extrem wichtig. Es gab schon immer engen Kontakt zwischen uns, aber jetzt verstärkte er sich noch.
Ich fand es am Anfang unglaublich, keine Gitter vor den Fenstern zu sehen. In Russland sind sogar die oberen Stockwerke vergittert, um Einbrecher abzuwehren. Und hier gab's Glastüren – wow! Das nächste Wunder für mich war die Unterstützung, die wir erhielten. Von der Starthilfe über den Sprachkurs bis hin zu Möbeln für die Ersteinrichtung. Dieses soziale Netz in Deutschland ist einfach großartig, denn man wird in der Not nicht fallen gelassen. Vielleicht hat das mit dazu beigetragen, dass ich so schnell wie möglich unabhängig sein und eigenes Geld verdienen wollte. Obwohl das nicht leicht war, weil meine Ausbildung zur Musical-Darstellerin die Familie zuerst Unsummen kostete. Wobei ich mich immer mehr als Tänzerin im modernen Tanztheater gesehen habe. Das ist meine wahre Leidenschaft.

Manches könnte man in Deutschland auch von Russland lernen. So toll es hier ist, so unangenehm fällt einem der üble Ton auf, wenn man häufig mit Behörden zu tun hat: die geringe Hilfsbereitschaft, falls man sich nicht auskennt. Deutsche wirken auf mich deutlich kühler als meine Landsleute. Es fehlt ihnen oft an Herzlichkeit und echter Gastfreundschaft. Selbst die ärmsten Russen fahren alles auf, was sie besitzen, wenn sie dich einladen. Du musst dort essen, trinken, tanzen und singen – es ist einfach, aber großzügig. Deutsche bestellen lieber Fertiges für ihre Gäste oder stellen Chips hin. Eben liebloser. Meine deutschen Freunde reißen sich jedenfalls darum, mit mir zu einem russischen Fest zu gehen, besonders zu einer Hochzeit. Da sind sie dann Teil einer Gemeinschaft aller Altersgruppen, die aus purer Lebensfreude besteht.
Was mich hier auch stört, ist das dauernde Rummeckern. Nur selten scheint jemand zufrieden zu sein oder etwas Positives zu sehen. Das finde ich schade, weil es die Stimmung so drückt. Und ich vermisse ein wenig, dass sich die Frauen hier längst nicht so attraktiv herrichten wie in Russland. Viele laufen im bequemen Ökolook rum oder in Hausklamotten. Das kommt für mich nicht infrage. Selbst zu Deinen Tanzproben habe ich mich immer dezent geschminkt.
Obwohl ich das einzige Kind bin, versucht meine Mutter, mich loszulassen, damit ich immer selbstständiger werde. Das ist auch für mich wichtig und ich will, dass sie mir vertraut. Schließlich bin ich schon durch viele Länder gereist, war häufig in Amerika und fühle mich inzwischen kosmopolitisch. Mittlerweile weiß ich, was Verantwortung ist und bin auch bereit, sie zu tragen. Dass ich es allein schaffe, darauf bin ich stolz. Denn wenn ich mir etwas fest vornehme, verliere ich mein Ziel nicht aus den Augen. Bestimmt helfen mir dabei die Gebete, die ich sogar beim Tanzen umsetze. Gott führt mich, das gibt mir Mut und Zuversicht.

Leider haben Tänzerinnen durch die befristeten Engagements kaum ein festes Einkommen. Aber ich lebe bescheiden und verdiene mir Geld durch Jobs. Das geht ganz gut. Weil ich lange in WGs gewohnt habe, sehne ich mich nach eigenen Räumen. Ein Leben in der Großfamilie kann ich mir nur vorstellen, wenn jeder seine eigenen vier Wände hat. Doch ich bin gern mit meiner Familie zusammen! Sie hat mich konservativ und trotzdem liberal erzogen. Ich habe Respekt vor Älteren und lerne gern von ihnen.
Für meine Zukunft wünsche ich mir mehr finanzielle Sicherheit und ein möglichst festes Engagement als Tänzerin oder vielleicht auch als Schauspielerin, damit ich nicht immer etwas Ungeliebtes machen muss, nur um Geld zu verdienen. Aber ich möchte auch eine Familie haben und Kinder, also beides miteinander verbinden. Ehrlichkeit, Vertrauen und Treue sind für mich unverzichtbar. Wahrscheinlich habe ich auch deswegen nur wenige, dafür aber absolut verlässliche Freunde.

Als Du mich für Deine Show ausgesucht hast, war ich total glücklich darüber. Es hat mich begeistert, mit erfahrenen und tollen älteren Tänzerinnen und Tänzern zu arbeiten. Nie hätte ich gedacht, dass sie derart fit sind und so schnell lernen! Da kann man nur staunen! Ich war richtig stolz, in dieser ungewöhnlichen Gruppe zu sein, die Kreativität zu erleben und die Kameradschaft. Mir hat das ganz viel gebracht!
Zuerst den Wunsch: So will ich im Alter auch werden!
Und ich habe erlebt, dass Ihr echte Vorbilder seid! Doch am stärksten war der Mutmacher-Effekt. Alida, Du hast Deinen Traum verwirklicht, und dadurch glaube auch ich wieder fest an meine eigenen Träume. Stärker als je zuvor!
So ein besonderes Engagement bekommt man nur einmal im Leben und dafür bin ich sehr dankbar.

Deine Natalie

Ich auch, Natalie, dafür, dass ich dich kennenlernen durfte. Hoffentlich machen wir noch mehr zusammen.

Schon immer gehörten Tanzen und Singen zu meinem Freizeitvergnügen. Früher wurden in der Familie Lieder komponiert, Choreografien erarbeitet und kleine Szenen aufgeführt. Zuerst als Kind für meine Großeltern, dann mit Freundinnen für andere Gleichaltrige. In der Schule gab es meine Theatergruppe, später als Erwachsene das Ballettstudio und die Choreografiearbeit, und noch später sprudelten die Einfälle für unsere eigenen Kinder und deren Freunde. Inzwischen sind es die Enkel, mit denen gemeinsam gesungen, gespielt und getanzt wird.
Ich erinnere mich, wie sehr meine Oma und meine Mutter Musik liebten: Oper, Ballett, Konzerte. Manchmal tanzte Mama, entweder Jazz oder Ballett oder eine Mischung aus beidem. Immer kamen ein paar Sprünge und Drehungen darin vor. Oma sang dazu aus ihrem Repertoire Arien, italienische Volkslieder oder Filmmusik, während wir Kinder unser Kichern unterdrückten und die zuschauenden Erwachsenen beide bewunderten.
Das alles sollte in mein *dreamical* ZEIT einfließen. Ebenso die Faszination, die die Zeit überhaupt auslöst, das Verrinnen der Sekunden, das Füllen der Minuten.
Außer Natalie schrieben mir auch noch andere Künstler meines Ensembles Briefe, um meine vielen Fragen nach Werdegang und Impetus zu beantworten.

Liebe Alida,

wir sind nun schon Jahrzehnte befreundet, haben oft zusammen gearbeitet, und nie hätte ich gedacht, dass ich tatsächlich noch einmal im hohen Alter von siebenundsiebzig Jahren mit Dir zusammen auf der Bühne stehen werde. Was für ein Erlebnis! Schon meine Mutter besaß die Liebe zum Tanz und hat mir die musische Orientierung vermittelt.

Mein Vater förderte meine Sportlichkeit, ähnlich wie Deiner, und von ihm lernte ich auch, wie wichtig Disziplin ist. Die Großeltern waren mein Vorbild, was Fleiß und Sparsamkeit angeht. Alle zusammen haben mich und mein Leben geprägt. Aber so was beruht ja auch immer ein wenig auf Gegenseitigkeit. Weil ich gern teile, lud ich die Familie bereits mit meinen ersten, mickrigen Gagen ins Ausland ein. So konnten sie mich auf der Bühne sehen und gleichzeitig ein bisschen »weite Welt« schnuppern.
Reisen ist meine Passion geblieben. Bereits als Tänzerin lernte ich einen Teil der Welt kennen. Und heute nutze ich wieder jede Gelegenheit, um die Welt zu sehen. Dabei gilt meine große Liebe Asien.

Als junger Mensch war mein einziges Ziel, auf der Bühne stehen zu dürfen. Das ist gelungen, weil mir meine Mutter die Ballettausbildung – unter Mühen – finanziert hat.
Heute bin ich verwitwet, ohne Kinder, lebe allein, aber umgeben von vielen guten Freundinnen, auf die ich mich verlassen kann. Vielleicht bin ich auch so glücklich und zufrieden mit meinem Leben, weil ich nichts Spezielles erwartet hatte.

Die »Jungen« aus meiner Familie wohnen in einiger Entfernung, doch wir sind viel zusammen verreist und unternehmen immer etwas. Wir reden über alles, nur nie über Krankheit oder Tod. Offenbar hält man mich für unsterblich. Ich selbst wünsche mir, dass ich bis zum Schluss in meiner Wohnung bleiben kann. Mit meinen Katzen, meinen Büchern, den Dingen, an denen ich hänge. Und ich hoffe, eine liebevolle Betreuerin zu finden, die bei mir oder in der Nähe wohnt. Ihr würde ich gern das Geld bezahlen, das heute ein Altersheim verlangt. Vorausgesetzt, ich bin kein Pflegefall. Völlig unmöglich wäre für mich eine Alten-Wohngemeinschaft!! Das stelle ich mir furchtbar vor. Mit Jammern über Wehwehchen und ohne Zu-

gang zum aktuellen Leben. Dabei mische ich noch beim Stepptanz kräftig mit, der übrigens wieder im Kommen ist.

Wenn ich die junge Generation betrachte, bestimmen der Computer und das Handy weitgehend den Tagesablauf. Persönliche Gespräche verkümmern; ein oberflächliches Leben, wie mir scheint. Was materielle Werte angeht, leben wir in einer Wegwerfgesellschaft. Teure Anschaffungen werden schnell langweilig und ebenso schnell entsorgt. Denkt dabei jemals ein deutsches Kind an Kinder in der Dritten Welt, die mit Steinchen und Fahrradfelgen spielen, Kinder, die strahlen, weil sie die Schule besuchen dürfen? Über den Zaun zu schauen, könnte sicher manches in eine bessere Richtung lenken. Mein teilweise negatives Bild hat sich durch das Engagement in Deiner Show enorm zurechtgerückt. In einem Team unterschiedlicher Generationen zu arbeiten, war ein wunderbares Erlebnis für mich. Von den Jungen fühlte ich mich als ihresgleichen akzeptiert, obwohl uns ja mindestens fünfzig Jahre Altersunterschied trennten. Aber das lag mit daran, dass wir das gleiche Ziel hatten: Wir alle wollten eine glanzvolle Show abliefern. Manchmal gab es einen Anflug von »Dita, was du schon im Leben geleistet hast«, aber das verband eher, als dass es uns getrennt hätte. Und es gab sehr viel Hilfsbereitschaft. Birger rannte mit meinem Hut in die Garderobe, damit ich pünktlich zum nächsten Auftritt kam. Und Antea stand immer parat, wenn ich die Steppschuhe anzog, sie musste »den Nippel durch die Lasche ziehen«. Wehe, ich vergaß mal zu rufen: »Hilfe, Antea. Hilf mir!« Außer dem Tanz hast Du mir auch noch eine Sprechrolle anvertraut – das hat mich sehr glücklich gemacht. Es war wirklich ein großes, einmaliges Projekt, von dem meine Freunde bis heute immer noch begeistert sprechen.

So wie Du die Generationen zusammengeführt hast, so kenne ich es, was Zusammenhalt und Respekt betrifft, durch meine

Reisen. In Südostasien wird Alter mit Würde und Weisheit gleichgesetzt. Ein alter Mensch lebt fast immer gemeinsam mit seiner Familie. Kinder und Jugendliche erbitten seinen Rat, respektieren seine Meinung, können und wollen von ihm und seinen Erfahrungen lernen. Es gibt dort keine Heime. Zumindest außerhalb der Großstädte findet man meist mehrere Generationen unter einem Dach. Das funktioniert sehr gut, weil jeder, dem Alter und Geschlecht entsprechend, seine Aufgaben zu erfüllen hat. Omas passen auf Babys auf, während die Mütter auf dem Feld arbeiten. Jungen lernen vom Vater das Handwerk, vom Großvater alte Bräuche, die ihnen in der Zukunft helfen können.
In den Städten hat sich das schon geändert, doch der Respekt vor alten Menschen ist geblieben. Selbst, wenn junge Paare zu Hause ausziehen, bleibt der Kontakt zur Familie bestehen. Eng und respektvoll, durch Geben und Nehmen.
Man kann die Zeit nicht aufhalten, aber einiges sollten wir festhalten.

Deine Trauzeugin Dita

Gestern ist lang her, morgen lang hin – und jede Minute dazwischen ein kostbares Geschenk

In meinem Stück, im Leben zwischen uns Menschen geht es um die Zeit. Die vergangene, die gegenwärtige und die, auf die alles zusteuert. Zeit – nur vier Buchstaben, aber letztlich dreht sich alles darum. Die Zeit vergeht, mal rennt sie, mal scheint sie stillzustehen. Nie hatten die Menschen so viel Zeit wie heute, und nie hatten sie zugleich so wenig. Telefonate werden im Auto oder beim Spaziergang erledigt, trotzdem hat man keine Zeit gewonnen. Erinnern Sie sich noch an das Telefonschränkchen im Flur? *Ein* Telefon in steingrau mit Brokatüberzug und Wählscheibe, vielleicht eine Bank daneben. Kein Fax, kein Anrufbeantworter, keine Wahlwiederholung. Wenn besetzt war, war besetzt. Früher war der Zeigefinger vom Wählen

wund, heute ist es der Daumen vom SMS-Schreiben. So ändern sich die Zeiten – und bleiben doch immer ähnlich. Früher hat man bei den Beatles gekreischt, jetzt kreischen die Fans bei Tokio Hotel. Früher haben es die Eltern nicht verstanden, und heute verstehen sie es wieder nicht.
Geschichte wiederholt sich. Aber die Geschichten jedes Einzelnen bleiben Unikate. Die Zeit ist immer um uns herum. Sie jagt uns im Alltag und quält uns beim Zahnarzt. Sie schenkt uns Erinnerungen an Vergangenes und lässt uns in die Zukunft planen. Wir werden älter, vom ersten Tag an. Und jeder neue Tag bringt Neues mit sich. Das verbindet uns alle miteinander und sollte uns näher zusammenbringen.

»Als Gott die Welt erschuf, schenkte er den Europäern die Uhr. Und den Afrikanern die Zeit!«

Ein schönes afrikanisches Sprichwort, das viel über unsere Einstellung zur Zeit aussagt. Vielleicht sollten wir alle nur ein bisschen afrikanischer sein? Das wäre doch mal ein konstruktiver Beitrag zur Globalisierung.

Zeit ist das große Thema unseres Lebens. Mit der Geburt beginnt sie für uns zu laufen – ausnahmslos, und nur in eine Richtung. Deswegen ist Zeit auch so kostbar. Und, bitte: Wie oft rennt die Zeit an uns vorbei? Gerade war doch erst Weihnachten und schon wieder ist ein Jahr um. Und Jahrzehnt reiht sich plötzlich an Jahrzehnt. Und wie oft liefern wir uns dem Diktat der Uhr aus? Haben gar keine andere Chance?

**Die Kostbarkeit der Zeit: Sie vergeht …
und das verbindet alle Generationen**

- Mit wem man auch spricht, welchem Problem man sich auch nähert: Zeit spielt eine immense Rolle. Auch Menschen, die Zeit haben, nehmen sich oft keine für die wesentlichen Dinge. Keine Zeit zum Reifen, keine zum Innehalten, keine für Gespräche, keine Zeit für Blicke über den Zaun, den Horizont. Doch ohne Zeit wird dem konstruktiven Miteinander die Basis entzogen. Sie zu vergeuden, ist ein unwiderruflicher Fehler. Für jeden wird die vor ihm liegende Strecke mit jedem Augenblick kürzer. Auch für die Jüngsten, was gern mal übersehen wird, wenn man »die Alten« am Rand der Stadt in Heimen abgibt, um sie dort bald zu vergessen.

- Ohne es zu erwähnen, oft unbewusst, denkt jeder Mensch an die Zeit. An den Moment, die nächste Stunde, die Strecke, die ihm noch bleiben mag. Psychiater erfanden den Begriff *midlife crisis*, eine Situation, in der die eigene Endlichkeit erkannt wird, gepaart mit der Trauer um frühere Unbekümmertheit. Gerade bei Männern habe ich viel mehr getroffen, die in dieser Phase den Verlust ihrer Entdeckerfreude, ihres Übermutes, ihrer Leidenschaft bedauerten als den der rein körperlich sicht- und fühlbaren Jugend.

- Wie oft haben wir das Gefühl, die Zeit wurde beschleunigt. Als wäre das physikalisch möglich. Ein Tag hat immer dieselbe Stundenzahl, die Jahreszeiten immer denselben Rhythmus. Und trotzdem rast die Zeit – wahrscheinlich laufen wir nur eiliger an ihr vorbei. Sind darum viele am Ende des Tages, und erst recht am Ende des Lebens, erschöpft?

- Die Zeit vergeht rascher, weil Herbst und Winter die Tage verkürzen. Die Sonne scheint weniger, das Gewicht aller fallenden Blätter lässt die Erde sich angeblich minimal schneller drehen, weil es auf der Nordhalbkugel viel mehr Wälder gibt als auf der Südhalbkugel. Das sind zwar nur wenige Millisekunden pro Tag, aber doch spürbar.

- Auch mit zunehmendem Alter scheint die Zeit zu rennen. Die biologische Uhr tickt langsamer, wodurch uns alles andere schneller vorkommt. Je weniger neue Eindrücke aufgenommen werden, desto eher ist die Zeit vergangen – weil nichts passiert ist. Je mehr wir also unternehmen, desto mehr müsste sich das Karussell drehen.

- Nachts hingegen dehnt sich die Zeit. Ohne äußere Störung liegt man da, hellwach, und schaut zu, wie die Ziffern der Uhr stumm und in unendlich langsamen Intervallen die Sekunden abzählen. Während man wartet, dass es Tag wird, übernimmt die Zeit ihr eigenes Regiment in dieser elektronischen Zelle, auf die man dauernd sieht, bis man glaubt, die Uhr sei stehen geblieben. Jeder kennt das.

- Obwohl ich im Zug sitze und schneller vorankomme, verstreicht die Zeit für mich langsamer. Draußen flitzt es, und ich stehe still. Das vermittelt mir für diesen Moment einen kurzen Blick auf die vierte Dimension Zeit, auf die Relativität von Zeit und Raum, die ich nie wirklich begriffen habe. Aber auch darauf, dass die Zeit in manchen Pausen auf eine Art vergeht, die ich viel mehr genießen kann.

- Zeit verändert alles und jeden, in erster Linie sich selbst. Wenn ich *diesen* Moment meine und »gerade habe ich …« sage, ist er bereits vergangen. Wo bleibt da die Gegenwart? Und auch »später« liegt in der Zukunft, steht uns also erst noch bevor. Wo bleibt da die Gegenwart? Kein Augenblick ist fassbar. Zeit lehrt Loslassen.

- Zeit ist ein unbegreifliches Phänomen. Und doch hat jeder Mensch ein klares Gespür für deren Existenz. Unser Leben ist davon bestimmt. Bewegung, Sprache, Denken. Zeit ist wie das Meer, dessen Oberfläche stets ersichtlich ist, unter deren Atmen aber eine unergründliche Tiefe ruht. Auch der Zeitvergeuder fühlt das. Ich selbst benehme mich oft gehetzt und leide darunter. Vielen geht es ähnlich. Nicht grundlos ist die häufigste Antwort Prominenter, auf die Frage nach Luxus: Zeit!

- Mit zwanzig hat man gesagt: Ach, das ist doch *bloß* noch ein Jahr. Mit sechzig sagt man dann: Ach, das ist noch ein *ganzes* Jahr.

Max Frisch fand:
Die Zeit verwandelt uns nicht. Sie entfaltet uns nur.

Meine persönliche Zeit auf der Bühne war ein Genuss. Die gesamte Vorbereitung hat viel mehr Freude als Stress bereitet, und wir fieberten jedem geplanten Auftritt entgegen. Von allen gefiel mir der wichtigste am wenigsten. Ein Teil meines Traums betraf das Theater, in dem wir davonfliegen wollten. Doch nach einem positiven Beginn klappte dort nichts mehr wie erwartet und wir hätten absagen müssen, wenn wir unseren unguten Gefühlen gefolgt wären. Aber ... die Zwänge, die Zahnräder, die Dominosteine, Sie erinnern sich? Und tatsächlich wurde jede Vorstellung danach um Etliches besser. Bis die verzauberte Zeit einen Riss bekam, denn das Leben zeichnet Muster aus ineinander greifenden Rädern, aus Zufällen, die in Wirklichkeit Schicksal sind. Wir spielen darin keine Hauptrolle, sondern sind lediglich Komparsen. So viele Jahre durfte ich nun schon gesund, fit, belastbar leben, hatte beharrlich mit meinem Ensemble und begeistertem Einsatz diese Zeitreise vorbereitet, dabei gesprochen, gesungen, getanzt ... und dann haut mich mittendrin ein fieser Hörsturz um. Kein Gleichgewicht mehr, schlimmste Übelkeit, Herzrasen und nichts als Rauschen im Ohr. Danach Ärzte, Krankenhäuser, Schmerzen und ein erneuter Kummer. Den um die anderen. Wir alle waren mit so viel Hoffnung gestartet, und jetzt verursachte ausgerechnet *ich* diesen Abbruch. Eine ganze Weile glaubte ich, bald weitermachen zu können. Eine trügerische Illusion. Längst hatten die Theater neue Stücke, viele aus der Compagnie andere Engagements, nur die Kosten blieben an uns hängen. Ich war so verzweifelt wie lange nicht. Als ich jammerte: »Es ist alles vorbei. Ich hab alles verloren«, sagte mein Mann: »Was du erreicht hast, kannst du nicht verlieren.« Und auch meine Freunde, nicht wenige aus dem Ensemble, besänftigten mich nach Kräften mit einer Sammlung liebevoller Argumente. Es war die Sprache der Träume und des Trostes – trotzdem dauerte es geraume Zeit, bis ich mich so weit erholte, dass wieder ein normales Leben möglich wurde. Aber ich musste schon immer rennen, um mit mir Schritt zu halten. Gut ist, dass wir trotz aller Enttäuschung und einem Berg von Problemen unsere Einstellung behielten: Wenn alles zu abgesichert läuft, erlebt man keine Wunder, nichts Zauberhaftes mehr.

Ich begann, dieses Buch zu schreiben. Zu einem Thema, das mich faszinierte und sowieso schon durchgehend beschäftigt hatte. Bald merkte ich: Es hätten gleich zwei Bücher werden müssen, denn kaum erwischte ich den einen Faden, zeigte sich der nächste. Wieder eine spannende, kommunikative und fordernde Aufgabe.

Die Zeit vergeht – und mit ihr alle Träume? Nein, das darf man nie zulassen!

Weg in die Zukunft

JEDES MAL ANDERS UND IMMER DASSELBE

»Wir schreiben das Jahr X. Es ist früher Morgen auf Horga. Gleich nach dem von ihm festgelegten Erwachen beginnt Albur sein mentales Training, während Okia, die Liebste aus seiner achtköpfigen Lebensgemeinschaft, noch schläft. Im Abendabschnitt hat sie ihre innere Zelluhr Nummer 41 reichlich faul auf später programmiert. Die zweite, silberblau leuchtende Sonne wird in wenigen Akuttakten neben der ersten, der roten Sonne, aufgehen. Albur sitzt mit geschlossenen Augen im Psyraum am glatten Stein. Mittlerweile dehnt er seine Konzentrationsphase auf 19 1/2 Minuten aus und nimmt telepathischen Kontakt mit Waruno auf, seinem B-Partner am Wirkungspult. Gerade sind die frühen Pendler eingetroffen, die mit den Raumschiffen zur Arbeit in die umliegenden Sonnensysteme fliegen. Albur schaltet telekinetisch Licht und Infochat ein, um zu sehen, was draußen los ist. Danach entscheidet er, sich doch besser zu Waruno zu hypern. Okia wacht auf, regelt ihr Ohr, lässt die Musik spielen und beendet sie gleich wieder. Keine Lust auf Klang an diesem Morgen. Schnell killt sie mit Ganglion 2D14 das eben in ihrem System aufgetauchte Virus. Der recycelte Umhang mit den Zellen für ihre Technikenergie schwebt ihr entgegen. Schnell schirmt sie sich vor Umweltreizen ab und sendet Albur zwei Begrüßungsgedanken. Heute verzichtet Okia darauf, ihr Licht zu absorbieren, um unsichtbar zu werden. Aber als sie

Horga verlässt, signalisieren ihre Farbeffekte der anderen, in welcher Verfassung sie gerade ist.«

So könnte es zugehen im Jahr X. Doch lange davor wird es für uns bereits leichter nachvollziehbare Veränderungen geben. Das Wort »unmöglich« ist getilgt. Unaufhaltsam, nicht änderbar, zwingend nötig wachsen Menschen, Gesellschaften, Völker zusammen. Das heißt nicht, dass es in Zukunft weniger Auseinandersetzungen, weniger Kriege geben wird. Gewalt bleibt wohl immer *auch* ein Mittel, Interessen durchzusetzen:

- **WEIL** sich nie alle Menschen – zum selben Zeitpunkt – auf dem gleichen Wissens- und Bildungsniveau befinden.

- **WEIL** regionale und temporäre Ängste um Versorgung als Gewaltauslöser existieren, ebenso wie die Furcht, seine Möglichkeiten oder den Anschluss zu verpassen.

- **WEIL** Minderwertigkeitskomplexe, Fanatismus Machtgier immer eine Rolle spielen werden.

- **WEIL** das Wort »genug« im Wesen des Homo sapiens nicht vorhanden ist.

Das alles liegt in der Natur des Menschen.
Hält man sich aber den Lauf der Geschichte vor Augen, hat es diese Abgründe immer gegeben. Obwohl die Menschheit heute über schrecklichere Waffen verfügt, mit denen sie imstande ist, sich selbst auszulöschen, wird sie es nach meiner Ansicht nicht tun. Auch das liegt in der Natur des Menschen. Er ist eben nicht wie ein Virus angelegt, der seinen Wirt befällt, sich an ihm labt, damit tötet und zwangsläufig auch sich selbst. Unser tief in unserem Wesen angelegtes Streben nach der Vollkommenheit, alles müsse »fertig« sein, eine Perfektion, die wir – naturgemäß – nie erreichen können,

schließt für mich ein solch apokalyptisches Szenario aus. Dieses Gesetz ist universell, und wir sollten nicht so anmaßend sein, zu glauben, dass die Natur für uns, kosmisch betrachtet, eine Ausnahme vorgesehen hat. Deshalb bleibt nur die eine Chance, uns auf einem langen Weg alle *miteinander* zu arrangieren, um einem Haupttrieb unserer Gattung gerecht zu werden: der Neugierde. Das Ergebnis dieser Neugierde ist im Prinzip *alles*, was wir seit unserer intelligenten, bewussten Existenz entwickelt und geschaffen haben. Immer mehr werden es nicht nur nachplappern, sondern verinnerlichen, dass der Wandel die einzige Konstante im Sein ist. Und wir werden immer umfassender lernen, die Ängste davor zu überwinden. Prognosen über die Entwicklung milliardenfacher, einzelner Bereiche des Lebens abzugeben, ist Sache von Experten. Doch auch die müssen dauernd leidvoll erfahren, dass ihre Annahmen oft der Ersatz von Zufall durch Irrtum sind.

Utopie wird als Wort für etwas gebraucht, das nicht gemacht werden kann. Wie der Traum oder die Vision, ist es etwas für Spinner – wie manche meinen. Dabei geht es doch um das, was der Mensch noch nie erlebt hat oder einfach noch nicht kennt, das er aber haben möchte. Beispielsweise eine gesunde Umwelt. Wegen der miteinander verzahnten Klimaproblematik müssen und werden die Menschen trotz aller Unterschiede, Streitigkeiten und Kriege weiter zusammenwachsen. In diesem scheinbaren Dilemma des – auch durch Menschen verursachten – Klimawandels, steckt ein beträchtliches Potenzial für die Generationen. Mit Neugier, Aufbruch, Wagemut plus Erfahrung, Gelassenheit und Reife, können sie *neue* Tätigkeitsbereiche, *neue* Wertschöpfungen und, für den Planeten, unschädliche Produkte, entwickeln. Das enorme Wirtschaftswachstum in den hoch industrialisierten Ländern geht zu Ende. Der Markt ist auf absehbare Zeit mit traditionellen Produkten wie Autos oder Maschinen gesättigt, doch aus den vorgenannten Möglichkeiten und Dienstleistungen werden sich innovative Handelswaren erschließen. *Noch* gibt es auf diese wichtigen Fragen keine bündigen

Antworten, weil seit zweihundert Jahren nicht mehr über sie nachgedacht wurde. Alle redeten nur vom Wachstum der Wirtschaft. Heilsversprechen immerwährender materieller Wohlstandsmehrung können zwar nicht mehr eingelöst werden, bedeuten aber auch nicht das Ende der Welt.

PROF. MEINHARD MIEGEL

Sozialwissenschaftler und Publizist

»Die heutige Interpretation von Wachstum, gleichbedeutend mit Vermehrung des Wohlstands durch Anhäufung materieller Güter – iss was, trink was, neues T-Shirt, noch'n Handy, Auto usw. – hat sich überlebt. Dieses Wachstum ist heute eine nahezu kranke Ideologie und macht Menschen depressiv.«

Es gibt sicher manches, das uns depressiv macht, doch auch einiges, was sich dagegen setzen lässt. Vorausgesetzt, wir sind nicht ernstlich endogen erkrankt, denn Leere und Langeweile kann man bekämpfen. Neben den bekannten Nachteilen bietet der Zugang zur Technik auch Pluspunkte. Bereits jetzt hat sich das Internet als ein unverzichtbarer Teil des sozialen Netzes etabliert. Kommunikationsforen wie Twitter, Facebook, MySpace und Xing fordern dazu auf, Freunde zu gewinnen und sich mit ihnen über alles Mögliche auszutauschen. Vom Tratsch bis zur Weltpolitik. Alltägliches wie die gebrochene Fahrradspeiche, Liebeskummer, die Krankheit des Hundes, Versagensängste, der Jobverlust werden breit diskutiert. »Freunde« stehen hier für die anonyme Masse. Im realen Leben muss man das Wort »Freunde« wohl neu definieren.

Allein in Deutschland nutzen mehr als 25 Millionen Menschen diese virtuellen Marktplätze der Politik, Kommunikation, Werbung, des Showbusiness, als Suchdienst oder einfach nur für Privates. Längst dienen Netzwerke nicht nur der Selbstdarstellung, denn mittlerweile haben sie weltweit eine immense Bedeutung erlangt.

Politische Prozesse werden maßgeblich beeinflusst, von den Präsidentschaftswahlen in den USA über Aktionen des Vatikan bis hin zu Kriegen. Und auch die Hinweise anonymer User in China auf die Verletzung von Menschenrechten in ihrem Land sorgten für weltweiten Protest, ebenso wie die Fotos inländischer Journalisten von Gewalttätigkeiten im Iran nach den umstrittenen Wahlen. Berichte und Videos über Naturkatastrophen auf den Philippinen oder in New Orleans, Flugzeugabstürze, wichtige Ereignisse bekommen hierdurch die nötige Aufmerksamkeit. Mit nichts anderem erreicht man so viele Menschen. Zu den Mitgliedern gehören unzählige Prominente, die im Netz zeitliche Unabhängigkeit und ein direktes *feedback* schätzen.

Perspektiven, Prävention, Phantasien

Lassen Sie uns miteinander ein wenig spinnen. Dazu rufe ich als Erstes Fragen meiner Enkel ab, die heute so viel wissen wollen wie ich als Kind:

»Ist das Meer näher gekommen, wenn ich erwachsen bin?«

»Hat Mama dann einen Roboter zu Hause, der die ganze Arbeit macht?«

»Bin ich unsichtbar, wenn ich will?«

»Werden wir Antennen auf dem Kopf tragen?«

»Kommen uns Aliens besuchen?«

»Kann ich deine Gedanken lesen, wenn ich groß bin? «

Wird es so ähnlich? Oder wie könnte sie aussehen – die Zukunft? Eine sich von bald bis ferner zeitlich steigernde Aussicht.

- Politiker und Konzerne kommunizieren mit ihrer Bevölkerung, ihren Mitarbeitern ausschließlich über Netzwerke, die auch für Wahlen und Revolutionen genutzt werden. Sogar untereinander tauschen sich die Menschen nur noch über das Internet aus. Jeder ist global *standby* und sucht sich so seine Freunde. Reale Beziehungen führen ein Schattendasein mit neuer Bedeutung.

- Das Kind als fest vernetzter Verbraucher. Elektronisches Spielzeug ist so billig und verbreitet, dass die kindliche Phantasie keine Bildchen mehr will, sich stattdessen für die Nutzung und Synthese aller Technologien begeistert. Meine Wäscheklammern und Eisstiele, um Modelle zu bauen, sind jetzt nur noch ein museumsreifer Witz.

- Unsere technikabhängigen Nachkommen zeigen starke sozial autistische Merkmale. Doch die elementar menschliche Kraft reguliert das wieder: die Liebe.

- Nehmen wir das »alte Eisen«, das in einer Welt ausgehender Ressourcen durchaus Goldpreise erlangen kann, woraufhin auch der Wert des Menschenalters neu bemessen wird.

- Viele Krankheiten lassen sich therapieren, die als unheilbar galten. Durch einfache Injektion mit Optimierungszellen für das Immunsystem. Außerdem tauscht ein Heer von Spezialisten attackierende Gene schlicht gegen körperfreundliche aus. Gleichzeitig entwickeln sich neue, unbekannte Feinde!

- Intelligenz verstärkt sich durch Einnahme einer Tablette, die es nur auf dem Schwarzmarkt gibt, weil sie den Weltregierenden vorbehalten bleiben soll. Trotzdem boomt der Einkauf. Reiche zahlen horrende Preise,
  doch Gripskur macht nicht wirklich weise.

- Äußerliche Wünsche sind bestellbar. Hautfarbe? Locken? Kurven? Kein Problem! Schönheitschirurgie ist überflüssig. Alles lässt sich mit wenigen Pillen und Spritzen nach Wunsch ändern.

- Hamburg liegt direkt an der Nordsee, während Sylt irgendwo im Meer Atlantis Gesellschaft leistet. Am Sandstrand in Övelgönne genießt man mallorquinische Temperaturen, während sich auf Mallorca die Sahara fortsetzt.

- Autos fahren mit Brennstoffzellen oder externer Energie. Zwar nicht mehr 250 km/h, sondern nur noch 130, dafür ist Autofahren so sicher wie zu Hause sitzen. Man fährt nicht mehr, sondern wird mit Hilfe eines intelligenten Funkleitstrahls gefahren. Ziel eingeben, fertig.

- Was einst das Öl war, ist nun das Wasser. Als Rohstoff so knapp, dass sogar Kriege darum geführt werden. Manche Dinge ändern sich eben nie. Die Wassernutzung ist privatisiert und ein weltweites Milliardengeschäft.

- Endlich gibt es einen Welt-Strafgerichtshof für Despoten, Völkermörder und globale Krisenverursacher.

Was meinen die Experten zum Miteinander in der Zukunft?

HEIKO NEUMANN

Schuldenberater

Der Abbau der Grenzen führt zum grenzenlosen Kreditangebot. Die Überschuldungsquote steigt auf nahezu 35 %. Die Verschuldungsquote wird auf 70 % klettern. Bei dieser hohen Anzahl kommt es zu einer binnenwirtschaftlichen Stagnation der Nachfrage. Dem muss

entgegengewirkt werden. Um überhaupt solvente Kreditnehmer zu finden, wird es notwendig sein, die Entschuldungswerkzeuge zu vereinfachen. Eine private Insolvenz sollte innerhalb von maximal sechs Monaten abgeschlossen sein, die SCHUFA-Auskunft in maximal zwölf »bereinigt« werden, damit eine Neuverschuldung für vernünftige Investitionen (Bildung, umweltfreundliche Energien, verbrauchsgünstige Fahrzeuge) möglich wird.
Die Schuldnerberatung wird zukünftig über die Dienstleistungswirtschaft finanziert, indem bei jedem Kredit- und Teilzahlungsgeschäft 1 ‰ der Abschlusssumme in die Finanzierung der Beratungsstellen fließt. Die Anzahl der Schuldnerberatungsstellen steigt von derzeit 950 auf 5 000 an. Entsprechend wird sich die Zahl der Schuldnerberater von derzeit knapp 2 000 auf über 10 000 erhöhen. Die Anzahl überschuldeter Haushalte geht aufgrund dieser wirksamen Gegenmaßnahmen zurück.
Diejenigen, die bereits eine Insolvenz hinnehmen mussten, haben daraus gelernt! Ihre wirtschaftliche Kompetenz ist wertvoll.

KLAUS UTERMÖHLE

Chef einer Werbeagentur

Jede Bewegung erzeugt eine Gegenbewegung. So verstärkt zum Beispiel die fortschreitende Globalisierung separatistische Bestrebungen und Nationalismen (Kroatien, Herzegowina, Irland, Tschechien, Tibet …). Eine Überdemokratisierung forciert die Sehnsucht nach diktatorischen Strukturen (siehe Berlusconi), nach Königshäusern (England, Schweden … bis Freiherr zu Guttenberg) und anderen *heroes* (Michael Jackson, Dalai Lama, Barack Obama …). So führt ein Abbau der Familie (Gleichstellung von homosexuellen Ehen, Virtualisierung der Gemeinschaften ...) zu einer Rückkehr puritanischer Verhaltensweisen und Regeln. Aus fehlenden Rollen und grenzenloser

Beliebigkeit wird wieder ritualisierte Formalität. Beschleuniger dieser Entwicklung ist der Kampf der Kulturen, das Wieder-Erwachen und Wieder-Erstarken hierarchischer Prinzipien. Die Ausschläge des Pendels führen durch die Mitte. Mitte heißt, eine innere Balance zwischen den Polen, die das Leben charakterisieren: arm und reich, dumm und klug, schnell und langsam, Wachstum und Stagnation, alt und jung.
In der Zukunft muss es uns gelingen, diese glückliche Phase der Mitte auszudehnen, auszukosten und auszuleben.

PROF. PETER WIPPERMANN

Trendforscher

Natürlich bin ich dagegen, dass ältere Generationen auf Kosten der Jugendlichen, Kinder und Enkel leben – aber ich bin nicht bereit, dass meine hart erarbeitete Rente gekürzt wird.
Diese individuelle Position ist verständlich, als kollektive Haltung aber fatal. Zur Bundestagswahl 2009 war jeder zweite Wähler über sechzig Jahre alt. So wird aus der Demokratie leicht eine Gerontokratie. Eine sich öffnende Rentenlücke kann mit Steuergeldern überbrückt werden, oder aber der Staat verabschiedet sich von seinen Rentenversprechen. Vor diesem Hintergrund wird es wahrscheinlich, dass stärkere Familienbande an Wert gewinnen. **Die Familie** als Rückversicherung zwischen Alt und Jung hat gute Chancen, wieder populärer zu werden. Die gesellschaftliche Herausforderung besteht darin, schnellstens Lösungen zu finden, um den Generationenvertrag neu zu formulieren.
Ein weiterer Bereich betrifft die Netzwerk-Kinder, die mit interaktiven Medien aufwachsen. Sie empfinden das Leben in zweiter Wirklichkeit, der physischen und virtuellen Welt, als natürliche Umwelt. Ihr respektloser Umgang mit digitalen Netzwerken hat schon die Musik- und Filmindustrie revolutioniert. Jetzt

verändern sich auch die Verlage von Büchern, Zeitungen und Magazinen. Zugang statt Besitz ist Kennzeichen für diesen Strukturwandel von der Industriekultur zur Netzwerk-Ökonomie. Aus der Idee »Produkte für alle« zu produzieren, entwickelt sich nun eine Wertschöpfung um Nutzung. Erst waren die illegalen *downloads* der Jugendlichen ein Ärgernis. Dann starteten Apple & Co mit neuen Geschäftsmodellen der Netzwerk-Ökonomie. So verändert sich unsere Gesellschaft langsam, aber radikal. Wer nicht angeschlossen ist, wird ausgeschlossen.

- Eltern, Großeltern, aber auch Lehrer und Unternehmen können von den Kindern und Enkeln den spielerischen Umgang mit Netzwerktechnologien lernen.

- Netzwerk-Kinder können zusammen mit ihren Eltern und Großeltern erleben, wie schwierig es ist, lebenslang zu lernen.

- Sie können erfahren, dass Menschen der Flaschenhals des technologischen Fortschritts sind. Ohne sie geht gar nichts.

- Und sie können begreifen, dass Technologie und Ökonomie radikal, aber Soziales und Kultur konservativ sind.

- Daraus sollten sie realistischere Zukunftsperspektiven entwickeln und sich vor übertriebener Technologiegläubigkeit wappnen.

WOLFGANG BERGMANN

Familientherapeut

Eine kleine Familienutopie, ein ganz anderer Blick

Wie sehr die Kinder lieben können, maßlos, unbedingt, ehrlich noch im Kummer. Sogar im Zorn. Die Großeltern werden

geliebt – jedes Kind, dem Oma und Opa vorenthalten werden, ist ein betrogenes! Manche Eltern sollten sich das merken. Warum rede ich von den Großeltern? Lieben Kinder Mama und Papa etwa nicht? Natürlich tun sie das, sie können gar nicht anders. Aber diese Liebe steckt so tief, dass ihr gleichsam die Glanzlosigkeit des »Selbstverständlichen« anhaftet, das dem bewussten Erleben oft entgleitet – sie ist eben immer da.
Aber die Großeltern, die sind doch mal etwas Besonderes, sie sind Tradition, die große Lebenslinie einer Familie. Wenn die ganz Alten – es kann ja noch die Urgroßmutter sein– mit den ganz Jungen spielen, reden, Kuchen verspeisen oder Rhabarber kochen, dann ist die Kindheit von Mama und Papa auch anwesend. Immer ist diese große Spanne der Zeit da, mit der eingewobenen Kindheit von Mama und Papa, unfassbar wie das Leben selbst. Unsere Familie: von einer Generation zur nächsten, und die Bindungen – aber auch die Verletzungen – verlaufen auf und ab, hin und her, durch die Schichten des Alterns und sogar über den Tod hinaus. Vertrautheit gibt es für ein Kind auch mit anderen Erwachsenen, aber diese Art von Vertrautheit nicht.
An den Alten, wenn sie ihre Enkel umarmen oder mit ihnen, möglicherweise schon leicht außer Atem, am Bach Brücken bauen, Ball spielen oder in der Küche herumwerkeln, wird erkennbar, dass eine Familie viel mehr ist als dieser eine oder jene andere. Am Bild von Großvater und Enkel, Großmutter und Enkelin – dem alt gewordenen Vater und der Tochter seines Sohnes, der alten Mutter und der Tochter ihrer Tochter – spannt sich eine Verbindung, die mehr ist als nur Persönliches, nur Ego. Sie ist Gegenwart, die fortwährend über sich hinausgreift und dadurch erst vollständige, innige Gegenwart wird. An solch einem Bild erwacht eine der kleinen Utopien, die uns nicht oft, aber eben manchmal, im Alltag überfallen.

PROF. DR. HORST W. OPASCHOWSKI

Zukunftsforscher

Auch wenn der Mensch bald bei guter Gesundheit hundert Jahre alt werden kann, ist doch Jung und Alt der Wunsch gemeinsam, den Jahren mehr Leben, und nicht dem Leben mehr Jahre, zu geben. Die Frage ist doch, ob es sich lohnt, so alt zu werden. Mehr denn je sind die Generationen aufeinander angewiesen. Und Generationenbeziehungen werden in Zukunft wichtiger sein als Partnerbeziehungen, denn sie sind stabiler.
Schon in naher Zukunft ist die Erhaltung familiärer Bindungen zur wichtigsten Vorsorgemaßnahme für das Alter geworden und hat fast den Charakter einer Lebensversicherung. Zur Familie gesellt sich als zweite soziale Zukunftsinvestition die Pflege des Freundeskreises. Freundeskreis und Familie werden mittlerweile gleich hoch bewertet. Die systematische Pflege dieser Kontakte sowie die Fähigkeit, sich selber zu beschäftigen, werden die wichtigsten mentalen und sozialen Vorsorgemaßnahmen für das Alter sein. Es ist daher unerlässlich, das natürliche Hilfspotenzial zu aktivieren, damit Freunde als freiwillige Helfer gewonnen werden können. Andernfalls bleibt man allein beziehungsweise alleingelassen.

Es war früher nicht besser als heute und Leben muss man üben. Auch in Zukunft!

Der Weg in die Zukunft ist grundsätzlich ein Gebilde der Phantasie. Wir können Weichen stellen, mehr nicht. Aber auch nicht weniger. Viel hängt davon ab, ob das aus gutem Willen, Verantwortungsgefühl, Einfühlungsvermögen und einem gewissen Maß an Selbstlosigkeit geschieht. Wir brauchen neben Realismus Visionen und Ziele. Begriffe, die mit Aufbruch zu tun haben und positive Spannung vermitteln. Ich bin fest davon überzeugt, dass unsere Welt ohne Visionen arm wäre, und die unverzichtbare Ergänzung zu dem heute überwiegend favorisierten, pragmatischen Denken in Entscheidungsprozessen bilden muss. Die Globalisierung ist ein Teil in der zwangsläufigen Entwicklung der Menschheit, ein weiterer Schritt nach oben auf der Leiter der Evolution. Leben will wachsen, Leben muss wachsen. Es verlangt immer wieder nach dem Neubeginn. Aus der Chaostheorie wissen wir: Leben sucht sich wie Wasser gegen alle Widerstände seinen Weg.

Will ich meiner Phantasie freien Lauf lassen, gelingt mir das nur, wenn ich versuche, mich von dem alltäglichen Gezerre um aktuelle Antworten, um die richtige Religion, das richtige Wirtschaftssystem, die richtige Staatsform und dergleichen zu lösen. Denn Erklärungen aus dem Jetzt engen ein und führen zwangsläufig in politische, religiöse und allgemein gesellschaftsrelevante Themen. Diese Antworten betreffen meist das Morgen, vielleicht noch das Übermorgen, und sind an zeitgemäße Zwänge aus den unterschiedlichsten Bereichen gebunden. Universell betrachtet ist das jedoch nichts als ein Wimpernschlag.

Viele erfolgreiche Prognostiker waren *keine* Spezialisten

Zutreffende Vorhersagen erfordern interdisziplinäres Denken; und die besten Ergebnisse erzielten seit jeher Menschen mit einer guten Allgemeinbildung, vor allem aber mit »gesundem Menschenverstand«. Jede Kultur unserer Geschichte hat sich mit der Zukunft befasst. Schon vor etwa 2 800 Jahren gab es in der Antike unabhängige Orakel, die zwischen »Mächten« und Weltlichen vermitteln wollten: »Nimm dein Schicksal in die Hand, anstatt dich von Göttern steuern zu lassen«. Auch später hatten viele Menschen ohne Spezialwissen sehr realistische Zukunftsvisionen. Hier nur vier Beispiele:

- Friedrich Engels sah um 1855 den Ausbruch des ersten Weltkrieges und des Zweifronten-Grabenkrieges mit anschließender Russischer Revolution voraus.

- Der Autor John E. Watkins prognostizierte um 1900 präzise die moderne Kriegführung, beschrieb Fernsehen und Fax, das Handy, die dominante Entwicklung des Automobils, die genaue Form der Ernährung, sogar des Konservierens.

- H.G. Wells antizipierte 1933 in einem Buch exakt den demografischen Wandel, schilderte darin die kulturellen Mentalitätsveränderungen, die durch diese Entwicklung entstehen würden: »Stellen wir uns einen Mann in Shakespeares Zeit vor. Wenn er nicht jung starb, alterte er schnell. In der Zukunft aber endet es nicht so. Die Jahre zwischen vierzig und siebzig, früher eher eine Schutthalde der Konsequenzen der ersten Dekaden, bilden nun die Jahre der Arbeit, des Ausdrucks und der Selbstentdeckung. Es gab eine Zeit, in der über Vierzigjährige sich wie Überlebende fühlten; sie »hielten durch«, und spätestens mit fünfzig erreichte man den Zustand dumpfer Anschauungen und körperlichen Zerfalls. Aber nun, wo wir uns in unseren gewichtigeren Jahren befinden, während unsere Körper und Ansichten unbeschädigt bleiben, stehen wir nicht mehr im Wege jugendlicher Zumutungen und juveniler Penetranz.« Ist das nicht genial?

- Ein *think tank*, die Denkfabrik für die US-Regierung um Peter Schwarz, beschrieb 1999 fast auf den Punkt genau die Art, in der sich terroristische Aktivitäten im 21. Jahrhundert entfalten würden: »*The nature of terrorism is changing – the United States will be victim of high technology attacks on their own territory in the next five years!*« Die Natur des Terrors verändert sich. In den nächsten fünf Jahren werden die USA im eigenen Land Opfer hochtechnologischer Angriffe sein. Alle diese Ideengremien sind Nachfolger des Orakel von Delphi, dem wahrscheinlich ersten *think tank* der Welt.

Im Reich unserer Phantasien und Visionen sind wir nie allein! Die Menschen haben sich immer die Zukunft vorgestellt. Denken Sie nur daran, wie wir uns in den Sechzigern das Jahr 2010 ausgemalt haben. Und wir wohnen immer noch nicht auf dem Mond oder dem Mars. Meistens wurde es weniger prätentiös als in der Phantasie, meistens lag die Zukunft ganz nah. Doch manches muss sich ändern, damit wir besser miteinander auskommen und mehr von unserer Welt haben. Wie schon in den Aussagen am Anfang meines Buches, hat auch das viel mit Respekt und Disziplin zu tun, mit Liebe und Nachsicht. Anderen und uns selbst gegenüber.

Wer nichts weiß, muss alles glauben

Ein Programmdirektor sagte mir einmal zynisch, man könne dem Publikum jeden Mist vorsetzen, man müsse es nur lange genug durchhalten. Mit dieser Aussage wollte er minderwertige Sendeformate rechtfertigen, die sich für ihn aus Zeitgeist und Kostengründen erklärten. Schon damals drängte sich mir die Frage auf, warum es dann nicht auch andersherum ginge. Solange Menschen in verantwortungsvollen Positionen ihre Möglichkeiten derart missbrauchen, durch Ignoranz, Gleichgültigkeit, Mangel an Wissen und Herzensbildung, aber auch aus kurzfristigem Karrieredenken, ist die Chance für erkennbare Veränderungen natürlich geringer. Aber das ist eine Momentaufnahme.

Immer, wenn von Menschen Gestaltetes über ein undefinierbares Maß hinausgeht (Formen von Gigantismus oder Desinteresse), greifen scheinbar unerklärliche Gesetzmäßigkeiten ein. Die werden oft als Katastrophen empfunden, sind aber Korrektive. Deshalb stellt sich das Problem der Überbevölkerung unserer Erde am Ende gar nicht. Wäre es nicht arrogant, anzunehmen, wir hätten es in der Hand, zu bestimmen und zu beurteilen, was *zu viel* ist? Nicht einmal das genaue Wissen darum werden wir erlangen. Stattdessen müssen wir die Regularien der Natur dulden, speziell, wenn wir unseren gegebenen Veranlagungen wie etwa Aufbruch und Neugier nicht folgen, um weitere Lebensräume zu erschließen, die sich auf ferne Sicht jenseits unseres Planeten anbieten. Denn ein »sich zurücknehmen, sich beschränken auf das Erreichte« liegt nicht im Wesen des Menschen. Stellen wir die Weichen für diese Schritte der Entwicklung nicht rechtzeitig, werden die Naturgesetze unbarmherzig regelnd eingreifen. Die Umwelt wehrt sich mit von uns so bezeichneten »Naturkatastrophen«, die wir viel zu wenig als deutliche Fingerzeige wahrnehmen wollen, um eingeschlagene Wege zu überdenken. So banal es klingen mag, ich bin sicher, es gibt unzählige Hinweise darauf. Nur zwei als Beispiel:

- **Wetter und Klima**. Zuerst brauchen wie einen umweltgerechten Umgang mit unseren Ressourcen. Dann müssen wir mehr Respekt vor den zwangsläufigen, permanenten Änderungen in der Struktur des Planeten Erde zeigen und in unsere Planungen und Nutzungen einfließen lassen (Tsunamis, Überschwemmungen, Stürme usw.), zum Beispiel durch andere Bebauung der Küstenregionen, höhere Bauqualität, innovative Schutzmaßnahmen. Menschen werden immer wieder derartige Tragödien erleiden, weil die Erkenntnis des Einzelnen die Trägheit der Masse niemals rechtzeitig bewegt.

- **Energie und Schadstoffe**. Ein sicherer Weg ins Unheil ist die Annahme, wir könnten dem Planeten Schadstoffe, gleich welcher Art und Menge, zumuten; diese wahl- und maßlose Anwendung von Produkten aus der Chemie. Derartiges hat die Natur nicht vorgesehen, bietet aber nach meiner Meinung aus sich selbst heraus Alternativen an, die zu entdecken wir uns bisher noch nicht die Mühe gemacht haben. Oder für deren Entdeckung wir noch nicht reif sind.

Es ist aus meiner Sicht ein schlechter Witz, dass sich angesichts der jetzt endlich, sehr spät begonnenen Versorgung mit Solarenergie aus Nordafrika, Zweifler melden, die u.a. Kostengründe in die Waagschale werfen. Haben die wirklich kein bisschen verstanden? Rein gar nichts kann so teuer werden wie der bisher beschrittene Weg: die Ausbeutung der Substanz des Planeten! Ich meine damit nicht nur teuer im ökonomischen, sondern auch im existenziellen Sinne. Energie ist überall in verschiedensten Formen vorhanden. Wir werden sie weiter entdecken und nutzen lernen. Und eines Tages belächeln wir bloß noch unsere Ansprüche wie die individuelle Fortbewegung auf vier Rädern (stellen Sie sich vor, jede Ameise hätte ihren eigenen Ferrari), das Fliegen durch die Lüfte mit dem Antrieb eines umgekehrten Staubsaugers, so technologisch hochwertig es uns heute auch erscheinen mag. Es ist eine Sprosse auf der Leiter, nicht mehr und nicht weniger.

Schaue ich mir aktuelle Werte-Skalen diverser Institute an, fällt mir auf, dass sie sich wohl kaum von den Sehnsüchten der Menschen früherer Generationen unterscheiden dürften, und vermutlich auch in Zukunft Bestand haben werden. Ich möchte daraus nur drei mich besonders bewegende Bereiche herausgreifen, ohne eine Reihenfolge zu beachten:

- **Menschenrechte**. Sie werden und wurden in furchtbarer Unregelmäßigkeit nahezu überall und täglich missbraucht. Aber nach Jahrtausenden Menschheit, ohne dass die Vokabel auch nur existierte, *gibt* es sie, und die Sensibilität gegenüber Vergehen hat deutlich zugenommen. Die Achtung vor der Einmaligkeit und Einzigartigkeit, der Individualität des Menschen und aller Wesen ist deutlich gewachsen und wird sich weiter entwickeln.

- **Tierrechte**. Unbestritten leiden auch heute noch unzählige Tiere weltweit. Gerade weil unsere Mitgeschöpfe sich in der Regel nicht wehren können, arglos und authentisch sind, ist für mich allein der Gedanke an gequälte Tiere nahezu unerträglich. Sie werden verkannt, misshandelt und missbraucht. Doch ich beobachte, dass immer mehr Menschen auch ihnen gegenüber einen gewissen

Respekt entwickeln. Sogar gesetzesmäßige Rechte werden ihnen hier und da eingeräumt. Zu wenig, aber ein Anfang.

- **Freiheit**. Freiheit – sich befreien und frei sei. Von was oder wofür, oder damit ich etwas wie anders tun kann? Sich befreien von Ängsten, Neues wagen zu dürfen. Sich befreien, um innerhalb zeitgemäßer Gemeinschaftsregeln individuelle Möglichkeiten so weit es geht zu entfalten. Wir werden Disziplin in der Freiheit lernen müssen, denn eine Schwäche heutiger Demokratien ist der Mangel an Disziplin. Doch eine andere als eine freiheitliche Weltordnung (Ordnung = Disziplin) ist praktisch nicht denkbar. Man weiß, dass noch nie in der Geschichte so viele Menschen mit dem Maß an Freiheit ausgestattet waren wie heute. Am weitesten ist sie in demokratischen Staaten mit freien Märkten ausgebildet.
  Ich denke, diktatorisch oder ähnlich ausgerichtete Gemeinschaftsgebilde, einseitige, auch religiöse Staatsformen haben auf lange Sicht keine Zukunft. Sie entsprechen nicht der menschlichen Natur. Sicher liegt der beste Weg in einer toleranten, demokratischen Gesellschaft, deren Qualität sich in der Anerkennung eines hohen Maßes an Disziplin entwickelt.

Allein aus diesen Betrachtungen erkennt man, dass solch gewaltige Aufgaben keine Generation allein lösen kann, sondern nur die Kraft des Miteinander.
Der Einsatz von jugendlichem Elan, Unbekümmertheit, Neugierde und Mut zum Aufbruch, gepaart mit glücklicherweise immer älter werdenden Menschen und ihrem großen Schatz an Erfahrung, Wissen und Weitsicht wird nötig sein, die richtige Mischung bei der Wahl der Mittel zu finden.

»Glaube, Liebe, Hoffnung … diese drei,
am größten jedoch unter ihnen ist die Liebe.«

PAULUS, 1 KOR 13,13

Wir werden sehen, was die Zeit uns bringt.
Wie auch immer es weitergeht
mit dem Klima, mit der Technik,
mit Mond, Mars oder Meeresspiegel;
egal, ob wir in Zukunft silberne Klamotten tragen oder Jute;
Ich glaube, Menschen werden immer sein,
wie sie seit Jahrtausenden gewesen sind.
Sie werden lieben und sie werden hassen,
sie werden streiten und sich wieder versöhnen,
sie werden weinen und sie werden lachen.
Sie werden singen und sie werden tanzen!
Sie werden Kinder in die Welt setzen, sich über Kinderlachen freuen
und dort trösten, wo Tränen fließen.
Und sie werden immer hoffen und sich Gedanken machen,
was die Zukunft bringt,
wie es sein wird, wenn sie selber nicht mehr sind.
Sie werden dadurch nie aufhören, über sich hinauszuwachsen
und rauszufinden, was dem Leben Sinn verleiht.
Das ist sicher! Und das ist auch gut so!

Viele haben MITEINANDER das Ziel erreicht, den Weg in die Zukunft geebnet

Gemeinsames Handeln schließt nichts aus und alles ein. Hat man dabei etwas vorübergehend aus den Augen verloren, heißt es nicht, dass es verschwunden ist. Immer ist ein neuer Anfang möglich, und darum muss man auch bei schlechten Voraussetzungen erst einmal starten. Selbst wenn's schiefläuft, kann man es immer wieder versuchen! Ich weiß, es ist schwer, aber ich weiß auch, dass es funktioniert.

Wenn ich mir alte Dokumentationen ansehe, aus den Dreißigern, den Fünfzigern und später, klingen die Sätze stets ähnlich: »Die Menschen sind heutzutage so gleichgültig.« – »Was sich die Jugend alles rausnimmt.« – »Die Alten leben doch auf dem Mond.« – »Es ist, als ob die ganze Welt verrückt geworden wäre.« Brandaktuell, oder? Auch Orientierungslosigkeit und Heilssuche hat es immer gegeben. Gerade boomt mal wieder die »Lebenshilfe«: Fremde Gurus suggerieren uns, wie wir leben sollen. Dabei liegt alles in uns. Unser Bewusstsein weiß, was gut für uns ist oder falsch. Aber man muss hinhören: auf die leisen Töne. Dann erfahren wir, dass Wertvorstellungen wie ein Haus sind, in dem man sich frei und sicher bewegen kann.

Es gibt keine Wissenschaft ohne Phantasie.
Und keine Kunst ohne Fakten

VLADIMIR NABOKOV 1899 – 1977

Ich beginne mit einer Bestandsaufnahme der Stiftung für Zukunftsfragen, die die aktuelle Situation positiver skizziert als ich erwartet hatte, und die mich dadurch gleich am Anfang meiner Recherche bestärkte, nach weiteren Mut machenden Fakten zu suchen.

PROF. DR. HORST W. OPASCHOWSKI

Zukunftsforscher

»Geht man von einer groben Aufteilung der Bevölkerung in die jüngere (bis neunundzwanzig Jahre), die mittlere (dreißig bis vierundsechzig Jahre) und die ältere Generation (ab fünfundsechzig Jahre) aus und fragt nach gegenseitigen Hilfeleistungen materieller und immaterieller Art, so ist man überrascht vom Umfang und der Intensität praktizierter Alltagssolidarität zwischen den Generationen. Die Hilfeleistungen fangen früh an und hören eigentlich nie auf«.

Was die jüngere Generation leistet

Die BAT-Repräsentativbefragung weist nach: 7[illegible] % der jüngeren Generation im Alter bis zu neunundzwanzig Jahren unterstützen ihre Eltern regelmäßig durch Geld. Hinzu kommen nichtmonetäre Hilfeleistungen durch Sachmittel (8 %). Und fast ein Viertel (24 %) der unter Neunundzwanzigjährigen leistet regelmäßig persönliche Hilfen (Haushaltsarbeiten, Besorgungen, Betreuung).

Was die mittlere Generation leistet

33 % der mittleren Altersgruppen unterstützen ihre Kinder, auch wenn sie nicht mehr bei den Eltern wohnen, regelmäßig durch Geld. Sachmittel fließen in nicht unerheblichem Umfang (26 %). Und natürlich bieten sie als familiale Solidargemeinschaft zusätzliche persönliche Hilfen (23 %) bei der Erledigung alltäglicher Aufgaben in Haushalt und Familie an. Gleichzeitig stehen sie ihren Eltern für persönliche Unterstützungen (17 %) zur Verfügung. Die mittlere Generation ist als so genannte »Sandwich-Generation« geradezu doppelt gefordert. Von oben durch die Eltern und von unten durch die Kinder.

Was die ältere Generation leistet

In großem Umfang fließen Ströme diverser Unterstützungen von den Älteren zu den Jüngeren. Die Älteren leisten erhebliche Transfers an ihre Kinder: Geld (28 %), Sachmittel (20 %) und persönliche Hilfen (20 %). »Die Schreckensszenarien, in denen die Jungen den Generationenvertrag einfach kündigen und die Alten zu sozial Obdachlosen ohne Zufluchtsort machen, entbehren jeder Grundlage«, so Institutsleiter Opaschowski. »Die Alten sparen – für die Jungen. Sie leben nicht auf Kosten der Jungen, sondern leisten im Laufe ihres Lebens mehrfache Beiträge zum Erhalt des Generationenvertrags. Über fünfundsechzigjährige Eltern leisten siebenmal so viele Geldzahlungen (28 %) an ihre erwachsenen Kinder, wie sie von diesen zurückerhalten (4 %). Dafür ist das Verhältnis im Bereich der persönlichen Hilfen relativ ausgeglichen (Ältere: 20%, Jüngere: 17 %).«

Diese Angaben sind – wie ich finde – ein gutes Signal für den gemeinsamen Weg in die Zukunft.
Es gibt Erhebungen, Berichte und Artikel über das Lebensgefühl der verschiedenen Generationen. Oft von Gleichaltrigen erforscht, die jeweils ihre eigene Altersgruppe befragten. Bei den Resultaten wird wieder einmal eines deutlich: Wir Menschen brauchen wohl unsere Kästchen, die kleinen Schubladen, in denen alles gestapelt werden muss: von Vorurteilen bis zu Oberbegriffen – möglichst leicht zu merken.

Die häufig benutzte Fünf-Generationen-Klassifizierung

- **Generation Nostalgie**
- **Generation Sehnsucht**
- **Generation Golf**
- **Generation Praktikum**
- **Generation Doof**

Menschen ließen sich schon immer gern von Vergangenem faszinieren. Zum Beispiel von glamourösen Filmen und Berichten aus der Zeit nach dem Ersten und vor dem Zweiten Weltkrieg. Heranwachsende dieser Epoche werden **Generation Nostalgie** genannt. Dass diese **Golden Twenties** kaum goldig waren, spielte dabei keine Rolle. Dafür gab es große Gefühle, *bigbands*, edle Roben und spektakulären Star-Kult. Arbeitslose, kriminelle Übergriffe oder Schmuggel sorgten sogar noch mehr dafür, dass diese Zeit als »aufregend« in Erinnerung blieb. Bei Umfragen »Wann hätten Sie gern gelebt?« lagen gerade für Europäer die Zwanzigerjahre, besonders in Amerika, an vorderster Stelle.

Jack Nicholson urteilte einmal über Tom Hanks: »Der Mann ist doch bloß Durchschnitt.« Und damit beschrieb er exakt das Erfolgsgeheimnis des prominenten Stars. Tom Hanks ist das Aushängeschild der fünfziger und sechziger Jahrgänge, die Soziologen als **Generation Sehnsucht** bezeichnen. Nicht nur Amerikaner wurden in dieser Zeit von ihren weit reichenden Hoffnungen angetrieben, auch Europäer träumten von einer besseren Zukunft – und leben heute den Durchschnitt. Keineswegs unzufrieden.

Wer jetzt so zwischen dreißig und vierzig ist, will in nichts den Vätern nacheifern: »Deren Rebellion entsprach der damaligen Zeit. Wir haben jedenfalls keine Lust dazu, nur weil das mal so Usus war. Gegen was denn auch?« (Na, da würde mir schon was einfallen). Singles sind hier so häufig vertreten wie Karrieristen. Eine Gruppe, die es sich vor allem gut gehen lässt und eher auf der Suche nach sich ist als nach Weltbewegendem. Die **Generation Golf**.

»Uns haben Terroranschläge geprägt, besonders der 11. September 2001".„Wir sind Krisenkinder, und Probleme der Weltwirtschaft unser Alltag.« Das sind Aussagen der so genannten **Generation Praktikum**, die Gruppe, die ich wirklich bedaure. Viele haben nach mühsamen Starts mit Numerus clausus und anderen Hindernissen fleißig zu Ende studiert, aus mangelnder Berufsaussicht noch ein Teilstudium angehängt, dann volontiert und hospitiert, Bewerbungen verschickt und gejobbt ... und trotzdem ein Praktikum ans andere hängen müssen, weil sich kein Arbeitsplatz fand. Das muss sich ändern!

Außer den Weltuntergangsbefürchtungen zum Millennium brachte der Übergang ins zweite Jahrtausend weitere unangenehme Erkenntnisse. Die Schere zwischen Wunsch und Wirklichkeit klaffte weit auseinander. Wie gern wären wir klug und kosmopolitisch gewesen statt kopflos und kleinkariert. Pisa-Nachzügler, wie peinlich! Erzieher und Lehrer stießen an ihre Grenzen. Viele Faktoren, aber auch der zu niedrige Bildungs-Etat, bescherte ihnen und unserer Gesellschaft die **Generation Doof**. Selbst viele Abiturienten wissen wenig, schreiben fehlerhaft und wollen nicht selten Lehrer werden. Das schreit nach Reform!

Alles auf den Kopf zu stellen, bringt das Blut in Wallung

Je wohler man sich fühlt, je besser man mit seinem Leben zurechtkommt, desto entspannter geht man auf andere zu, desto eher klappt ein aktives Miteinander. Vielleicht muss man dafür vorher in sich gehen, mit Hilfe einer Plus-Minus-Liste herausfinden, was im eigenen Leben schiefläuft, was sich Schritt für Schritt ändern ließe oder was einen Radikalschnitt erfordert. Ich sprach mit Frauen und Männern oder hörte von Menschen, deren Lebensweg sich durch Erkenntnisse oder Erlebnisse rapide verändert hat. Von ihnen möchte ich kurz erzählen, denn niemand muss den einmal eingeschlagenen Weg zu Ende gehen; immer ist eine Änderung möglich. Nur drei Beispiele von vielen:

- Ich traf Irene in besonders heiterer Stimmung, fragte: »Na, glücklich?«, und erfuhr von ihrem einschneidenden Prioritätenwechsel. Mit sechsundvierzig Jahren fühlte sie sich als Bilanzbuchhalterin eines großen Betriebes »sinnentleert«. Auch privat war sie nach ihrer Scheidung nicht zufriedener als vorher in einer »erkalteten Ehe«. Mit ihrer Mutter hatte sie noch nie über etwas reden können, das sie wirklich berührte, zum Vater gab es kaum Kontakt. Nach einigen prüfenden Ausflügen und Gesprächen kündigte Irene den sicheren Posten, akzeptierte den geringeren Rentenanspruch und fing für viel weniger Geld auf einem Hof als Reitlehrerin an. »Vieles aus meinem Besitz brauchte ich gar nicht.« Von klein auf liebte Irene Pferde, ritt seit ihrem achten Lebensjahr und besann sich darauf, als sie Bilanz zog über das, was sie mochte und das, was sie nicht mehr wollte. Nach der Vertragsunterzeichnung für den neuen Weg änderte sich ihr Leben. Die Stadtfrau zog aufs Land, unterrichtete Reitwillige, pflegte die Pferde der Anlage und lachte jetzt so ausgelassen, weil gerade an ihrem einundfünfzigsten Geburtstag ein Fohlen geboren war. Irene hatte ihren Entschluss nicht eine Minute bereut.

- Mike verstand die Welt nicht mehr, als Jasmin ihre Beziehung beendete. Nach zehn Jahren. Sie waren knapp zwanzig, als sie zusammenzogen, und jetzt sollte alles aus sein? Klar wurden mal Regeln verletzt oder Versprechen gebrochen, aber musste eine Liebe so was nicht aushalten? Und tief innen wusste er auch, dass er zu festgefahren lebte, zu wenig mit Jasmin sprach und unternahm, aber musste eine Liebe so was nicht aushalten? Doch Jasmin verließ ihn als Ausgleich für erlittenes Unrecht. Also ließ Mike sie gehen, holte sich Rat bei Erfahreneren, stellte für sich selbst einen ernsthaften Plan auf und schrieb dann einen langen Brief an Jasmin mit der Bitte um ein mindestens so langes Gespräch. Als sie nach vier kummer- und lehrreichen Monaten endlich wieder zusammensaßen, war es Jasmin, die aus allen Wolken fiel. Mike sagte: »In der Liebe gibt es keine Gerechtigkeit, darum verzichte ich auf einige meiner Ansprüche«, oder »unsere Erwartung, den perfekten Partner zu kriegen, war falsch. Wir können uns nicht dauerhaft lieben, wenn wir nicht aufhören, das Perfekte zu erhoffen.« Er sah sie eindringlich an: »Ich werde ab sofort mit dir über vieles sprechen, aber ich habe nun auch gelernt, dass schonungslose Transparenz mehr schadet als nützt. Also behalte ich mir vor, manchmal keine Lust zum Reden zu haben. Stattdessen unternehmen wir was zusammen, das uns beiden Freude macht.« So geschah es. Nächstes Jahr feiern sie ihren zehnjährigen Hochzeitstag und sind zwanzig Jahre zusammen. Mit Ausnahme einer viermonatigen, prägenden Trennung.

- Hans wollte sein Leben lang musizieren, beherrschte aber weder Noten noch ein Instrument. Die Jahre verliefen ziemlich langweilig. Zu seinem fünfundsiebzigsten Geburtstag schenkten ihm Frau und Kinder »Konga-Unterricht« bei einem Profi. Und weil seine Frau ganz nett Gitarre spielt, Hans nun nach einem Jahr guter Schulung rhythmisch trommelt, können sie sogar zusammen musizieren. Für beide ist das nicht nur Freizeitgestaltung, sondern ein großes Vergnügen. Als nächstes wollen sie gemeinsam Griechisch lernen und im Anschluss zusammen eine »Altertumsforschungsreise« dorthin machen. »Das lässt sich dann auf uns beide ausdehnen«, lacht Hans. »Durch dauerndes Lernen sollen sich ja auch neue Verschalungen im Gehirn bilden, mit denen man Demenzkrankheiten vorbeugt. Auf jeden Fall alles besser als rumsitzen.«

Als Kinder sind wir unschuldig und voller Urvertrauen. Dann kommen die Einschläge: Betrug, Lüge, Verrat, Neid. Das entzaubert vieles. Jeder von uns kennt das. Aber haben wir nicht trotzdem die Wahl? Lauern nicht hinter jeder Ecke ein paar Richtungen – bei all den Gabelungen in unserem Lebensweg? Geh ich hier lang oder dort? Vorwärts oder zurück? Und jede kleine Entscheidung bestimmt über alles, ob man es wahrnimmt oder nicht ... wahrscheinlich besteht die Kunst darin, zwischen Höhen und Tiefen seine Balance zu finden. Dazu gehört auch, Entscheidungen zu treffen, etwas, das man lernen kann. Nicht ohne Übung, weshalb man mit kleinen, effektiven Maßnahmen beginnen sollte, um danach die größeren Hindernisse zuerst auf den Prüfstand zu stellen und dann die neuen Ziele anzupeilen.

Vorbilder und Anlaufstationen fürs Miteinander

Freundschaft fließt aus vielen Quellen,
am reinsten aber aus Respekt.

DANIEL DEFOE, DER ALS AUTOR
ROBINSON CRUSOE ERFUNDEN HAT. 1660–1731

Man kann der Einsamkeit entgehen und die Begegnung mit neuen Menschen suchen. Bei der Ausübung eines Hobbys, in Kursen, Ausstellungen und einer Menge anderer Gelegenheiten. Doch manche sind zu dieser Art Kommunikation aus den verschiedensten Gründen nicht in der Lage. Glücklicherweise gab und gibt es immer

Menschen, die sich für den Dienst an der Allgemeinheit entschieden haben, sie kommen ins Haus, unternehmen etwas und betreuen individuell. Sie engagieren sich für andere, wobei Ansteckung schwer unterschätzt wird. Offenheit, Wärme, Zuneigung, Interesse und Empathie wirken auch auf diejenigen, denen wir damit begegnen.

Meine frühere Kollegin Elke wollte helfen und fand es schwierig, das Richtige zu finden. Es mangelte an einer Vermittlung von Orientierung und Zugehörigkeit, angefangen bei der Freiwilligen Feuerwehr und anderen Hilfsorganisationen über die christlichen Kirchen und Jugendverbände bis hin zum Sport, dem Umweltbereich oder Nachbarschaftsinitiativen. Oft entwickeln sich neue bürgerschaftliche Initiativen im Dialog mit verantwortungsvollen Unternehmen und zivilgesellschaftlichen Organisationen. Hier muss die Politik Leistungen und Potenziale stärker ins Blickfeld rücken. Aber wenn es keinen Spaß macht, kommt niemand; wenn das Engagement nicht anerkannt wird oder nicht ins eigene Leben passt, wird niemand lange bleiben. Wunsch und Wirklichkeit der Bürgergesellschaft liegen auch deshalb auseinander, weil nicht alle, die sich engagieren wollen, einen passenden Weg und ein passendes Angebot finden. Darum möchte ich Ihnen einige wenige Projekte vorstellen. Nur eine winzige, unvollständige Auswahl, quasi als anregendes Beispiel für alle anderen, die das Miteinander geschafft haben. So bekommen Sie einen Anhaltspunkt verschiedener Möglichkeiten. Bundesweit gibt es Tausende solcher gemeinnütziger Organisationen mit einer Fülle von Aufgaben für jeden, der sich engagieren will.
Mein Appell: mitmachen, nachmachen, unterstützen.

Das Modell EHRENAMT

Freiwilligenzentren in verschiedenen Städten bieten ehrenamtliche Tätigkeiten nach Befähigung und der zur Verfügung stehenden Zeit an. Man kann dort überforderte Mütter entlasten, Kinder betreuen, alte Menschen besuchen, mit Sprachkenntnissen ausländische Mitbürger begleiten, Neuzugezogenen die Stadt näherbringen und sehr viel mehr. Selbst, wenn Sie nie an so einen Dienst an der Gemeinschaft gedacht haben, ein Besuch dort, ein rein informatives Gespräch kann nicht schaden. Und wer weiß, vielleicht passt etwas ganz genau zu Ihnen und Ihrer Lebenssituation, das Sie bereichern wird. Versprochen!

Zwei Anlaufstellen von vielen:

Ingrid Ehrhardt, Johannes Janke und ihr Team mit ihrer großartigen tagtäglichen Arbeit im Freiwilligenzentrum verleihen zum Beispiel als besondere Anerkennung den Leinestern an einfallsreiche, engagierte Helfer und Unterstützer, aber auch an erfolgreiche Hilfsbedürftige, um ihnen öffentlich zu danken. Eine Initiative, die mir persönlich besonders am Herzen liegt.
Platz der Weltausstellung, 30159 Hannover.
www.freiwilligenzentrum-hannover.de

Wellcome, Hamburg, bei der Elke ihre Aufgabe gefunden hat. Eine einsatzstarke Organisation mit einer breiten Palette an Möglichkeiten zur aktiven und passiven Hilfe, die ihre »Engel« in Notsituationen direkt ins Haus schickt.
Wellcome, Garstedter Weg 9, 22453 Hamburg.
www.wellcome-online.de

Das Modell MEHRGENERATIONENHAUS

Noch sind es keine flächendeckenden Projekte, die bisher als aktive Hausgemeinschaft verschiedener Lebensalter existieren. Eine neue Form des generationsübergreifenden Austauschs soll außerhalb der Familien entstehen und die Arbeit von Kindergärten, Jugendclubs und Seniorentreffs zusammenführen – unter einem Dach. Es gibt dazu ein Aktionsprogramm der Bundesregierung, das bestehende Einrichtungen ausbaut. Dieses Programm setzt auf Vielfalt und regionale Besonderheiten, von der alle profitieren. Es fördert das Miteinander der Generationen, schafft ein nachbarschaftliches Netzwerk familiennaher Dienstleistungen und aktiviert so auf innovative Weise das bürgerschaftliche Engagement. Die Mehrgenerationenhäuser sollen sich zur Informations- und Dienstleistungsdrehscheibe in ihrer Region entwickeln, mit dem Ausgangspunkt: Jeder und jede leistet etwas, das Verhältnis zwischen den Gebenden und Empfangenden ist keine Einbahnstraße. Damit folgt das Programm einem positiven Ressourcenansatz. Was bedeutet: Niemand ist zu alt, um etwas vom eigenen Wissen und persönlichen Kompetenzen mit anderen teilen zu können. Niemand ist ausschließlich Bittsteller, auch wenn sie oder er Unterstützung benötigt.

Ein Beispiel ist das Berliner »Mehrgenerationenhaus Alte Schule Karlshorst«. Hier wohnen sechzig Menschen in einundzwanzig Haushalten in einer schönen, ehemaligen Schule. Singles, Paare mit Kindern, Ältere, Behinderte, Alleinerziehende, Patchwork-Familien und eine Kinder-WG, in der zehn Kinder zwischen drei und sechzehn Jahren leben, die rund um die Uhr von vier Erwachsenen betreut werden. Alle Mieter waren von Anfang an bei den wesentlichen Entscheidungen beteiligt. Zusammen wurden dann ein behindertengerechter Anbau und das Gartengrundstück in Eigeninitiative gestaltet. Kontakt über: Gundelfinger Straße 10, 10318 Berlin-Karlshorst.

Ein weiteres Modell für Wohnen unter einem Dach: »Stadthaus statt Haus« in Aachen. Menschen aller Altersstufen wohnen in den fünfzehn Wohnungen mit Gemeinschaftsraum, gemeinsamer Dachterrasse und Garten. Das Haus liegt in der Innenstadt. Es wurde frei finanziert und als Eigentumsanlage von den derzeitigen Bewohnern geplant, gebaut und 2002 bezogen. Alle pflegen den nachbarschaftlichen Kontakt im Stadtviertel, auch durch gemeinsame Veranstaltungen und Aktionen. Ziel dieser Wohnform ist es, in gegenseitiger freundschaftlicher Zuwendung in einer Art Wahlfamilie zu leben. Für Interessierte wird eine Warteliste geführt. Zur Zeit bewohnen zwanzig Menschen im Alter von zwölf bis einundachtzig Jahren das Haus.
Kontakt über: Stadthaus statt Haus e. V., 52064 Aachen.
E-Mail: ulla.grysar@gmx.de

Das Modell PATENSCHAFT und ZEITSPENDER
Sie denken bei Patenschaft an ein Kind in Afrika, dem man regelmäßig Geld überweist? Oder an das kirchliche Amt des Taufpaten? Darüber hinaus gibt es viele Varianten, bei denen Paten Zeit und Zuwendung verschenken können.

Bei »biffy Berlin« werden PatInnen selbst aktiv. Pate und Patenkind treffen sich etwa einmal die Woche zum Sport, zu einem Kino- oder Museumsbesuch. Sie können zusammen Aufgaben erledigen, das Fahrrad reparieren, kochen, reden – all das, was beide bereichert und im Alltag zu kurz kommt. Kindern/Jugendlichen wird ein freiwillig engagierter Erwachsener zur Seite gestellt, der sie freundschaftlich begleitet und mit Rat und Tat unterstützt. Erwachsene, auch ohne eigene Kinder, erhalten Gelegenheit, etwas für einen jungen Menschen zu tun.
biffy Berlin – Big Friends for Youngsters e. V.; www.biffy-berlin.de

»Mensch und Haustier« ist eine bemerkenswerte Initiative. Viele verantwortungsbewusste ältere Menschen, vor allem Alleinstehende, verzichten auf ein Tier aus Angst vor Abhängigkeit und dem »Danach«. Was passiert mit dem Hausgenossen, wenn sie krank sind oder sterben? Darum gibt es zwischen Senioren- und Tierheimen Tandem-Projekte. So sucht sich beispielsweise eine Seniorin zusammen mit einem jüngeren Menschen aus der Nachbarschaft eine Tierheim-Katze aus. Das Tier lebt bei der Älteren, die auch dafür verantwortlich ist, aber von dem Paten so häufig wie möglich besucht wird. Davon profitieren Mensch und Tier. Sollte die Seniorin verreisen, krank werden oder sterben, übernimmt der Pate das Tier, das er bereits kennt und es ihn. Diese Art des Tandems gibt es in einigen Städten. Zu erfragen über Senioren- oder Tierheime.

Noch ein Tandem-Beispiel: Das Projekt »MuT« (Menschen und Tiere) soll Ältere anregen, sich zusammen mit einem Halter um dessen

Tier zu kümmern. Die Älteren unterstützen damit einen Tierfreund, sobald er krank ist, Urlaub macht oder es aus gesundheitlichen Gründen nicht mehr zum Gassi gehen schafft. Oft werden Tiere aus solcher Überforderung im Heim abgegeben oder gar ausgesetzt. Das kann man mit wenig Einsatz, der noch dazu viel Freude sichert, verhindern. Ähnliche Projekte finden sich in einigen Städten.
Eine erste Anlaufstelle ist der Tierschutzverein für Hannover und Umgebung e. V.

Ingrid Ehlerding hat vor einigen Jahren die Initiative »mitKids Aktivpatenschaften« gegründet. Die Idee entwickelte sich aus der positiven Erfahrung mit ihren eigenen fünf Patenkindern. Vor mehr als zwanzig Jahren übernahm die Geschäftsführerin der Ehlerding-Stiftung die Verantwortung für die Kinder einer sozial schwierigen türkischen Familie, die sie bis heute begleitet. Alle »ihre« Kinder haben trotz des problematischen Familienumfelds die Schule absolviert, einen Beruf erlernt und Arbeit gefunden. »Eine verlässliche Beziehung ist für manche Kinder der Schlüssel zum Erfolg«, sagt Frau Ehlerding, »für andere sogar überlebenswichtig.« Ex-Bundesfamilienministerin Ursula von der Leyen hat die Schirmherrschaft für mit Kids übernommen. »In belasteten Situationen«, sagt sie, »brauchen Familien eine niedrigschwellige und alltagsnahe Unterstützung – unkompliziert und praktisch.«
Ehlerding-Stiftung. Tel. 040 41 17 23 20
E-Mail: mitKids@ehlerding-stiftung.de.

Ein interessantes Paten-Großeltern-Projekt betreut der Hausfrauenbund, z. B. in Darmstadt, aber auch andere Verbände bieten ähnliche, effektive Tandemkontakte an.

Wenn Sie sich für ein Kind engagieren, ihm Zuwendung schenken und eine Patenschaft übernehmen möchten, dann wenden Sie sich bitte mit all Ihren Fragen an die jeweiligen Organisationen. Die finden Sie in jeder größeren Stadt, über die Kirche, Verbände oder das Internet.

Das Modell UNTERSTÜTZUNG und FÖRDERUNG

Die Arche, christliches Kinder- und Jugendwerk, dessen Leiter Pastor Bernd Siggelkow ist, kann – wie alle Hilfsorganisationen – immer Unterstützung brauchen. »Vielen Kindern fehlt zu Hause die persönliche Zuwendung eines Erwachsenen, der sich gern und liebevoll mit ihnen beschäftigt«, sagt Pastor Siggelkow, der selbst sechs eigene Kinder hat. Viele Aufgaben könnten Paten übernehmen, ehrenamtliche Helfer vor Ort, Vorleser, um nur einiges zu nennen. Es mangelt nicht an Bereitwilligen, die mit Kindern spielen oder etwas unternehmen wollen. Was in vielen Organisationen fehlt, sind freiwillige, fleißige Hände in der Küche, der Technik, bei Reparaturen. Immer wieder wurde mir gesagt: »Mitleid ist der falsche Ansatz – man muss sein Herz öffnen.« Nur so sind echte Freundschaften möglich. In Berlin konnte die Arche auf diese Weise sogar Straßengangs auflösen (siehe Anhang).

Im Generationenhof »Graues Gold« pflegen sozial engagierte Menschen gemeinsam Tiere, die zu Therapietieren ausgebildet werden, initiieren »Hunde-Visiten« und mehr.
Förderverein Graues Gold e. V., 46282 Dorsten.
www.graues-gold-dorsten.de

Einsatz für Begabte leistet der »Verein Talentino« mit ganzheitlicher Frühförderung im evangelischen Gemeindehaus Ferndorf. Dieser Kinderclub stillt den ausgeprägten Forscherdrang unterforderter Kinder, erlaubt ihnen, kreativ und neugierig zu sein, sich auszuprobieren und Neues zu entdecken. Aufgabe des Vereins ist es, Begabungen und Talente zu fördern: »Dabei kommt es uns nicht auf einen hervorragenden Intelligenztest an. Ganz im Gegenteil«, erklärt die Vorsitzende des Vereins. »Der Kinderclub steht allen offen, die besonders pfiffig und aufgeweckt sind.« In verschiedenen Kursen werden die Kinder ihren Talenten entsprechend ganzheitlich auf vielen Gebieten gefördert. Von Naturwissenschaften und Experimentieren bis zu Theater und Kunst. Dem achtköpfigen Team stehen

in Ferndorf sogenannte »Schülermentoren« zur Seite. »Die Zwölf- bis Vierzehnjährigen sind zusätzliche Ansprechpartner und können sich gut in andere Kinder einfühlen.«
Talentino e. V., Am Hüttenwald 6, 57250 Netphen.
www.talentino.net.

Dem Deutschen Tierschutzbund bin ich sehr verbunden, der Organisation, die mit ihrer Unmenge an kleinen Tropfen einen immer größer werdenden Teich füllt. Langsam, aber konsequent. Man hilft nicht nur Tieren in Not, sondern kämpft um gesetzliche Rechte, unterstützt Initiativen, fördert Kooperationen europaweit oder schafft wertvolle Lebensräume für Tiere und Pflanzen. Ein Fass, bei dem man immer den Boden im Auge behält.
Deutscher Tierschutzbund e.V., Baumschulallee 15, 53115 Bonn.

Außer den genannten Beispielen berühren mich einige Engagements bis tief ins Herz:

- Kinderhospize oder Palliativpflegehäuser wie »Sternenbrücke« in Rissen oder der »Sonnenhof« in Berlin, die es geschafft haben, dass auf Todkranke und ihre Familien kein Ort des Schreckens wartet, sondern eine liebevolle Umgebung, in der man sich auf den Abschied vorbereiten kann. Sterbebegleiter haben meine ganze Hochachtung. Ihr Motto: »Wenn eine Tür sich schließt, müssen wir eine andere öffnen.«
  www.sternenbruecke.de
  www.sonnenhofberlin.de

- Stiftungen v. Bodelschwinghsche Anstalten Bethel
  Quellenhofweg 25, 33617 Bielefeld
  Tel.: 0521 144 4334, Fax: 0521 144 5138
  E-Mail: friedemann.draeger@bethel.de
  Weitere Informationen zum Kinderhospiz Bethel finden Sie auch auf der Homepage: www.kinderhospiz-bethel.de

- Hilfe für traumatisierte, sexuell missbrauchte Kinder mit vielen Projekten: Aufklärung, Prävention an Schulen, Stellen von Opferanwälten, psychologische Betreuung, um wieder Vertrauen aufzubauen. Wie beispielsweise »Dunkelziffer e.V.« www.dunkelziffer.de

- Babyklappen (bundesweit). Immer wieder werden Kinder direkt nach der Geburt ausgesetzt, in der Hoffnung, dass sich jemand um sie kümmert. Nur etwa die Hälfte dieser Kinder überlebt. Die Babyklappen leisten da einen wichtigen, häufig verkannten Dienst.

- Organisationen, die krebskranke Kinder, Erwachsene und deren Angehörige psychosozial betreuen. Wie die unermüdliche »Stiftung Phönikks«. E-Mail: info@phoenikks.de
  Internet: www.phoenikks.de

- Ich selbst engagiere mich in verschiedenen Projekten. Eines hilft den Kindern von Tschernobyl, die wir in ihrer verstrahlten Heimat nicht vergessen dürfen. Sie verbringen Ferien in deutschen Familien, tanken Kraft, vermitteln sich gegenseitig ihre Sprache und knüpfen freundschaftliche Bande. Bereits erkrankte Kinder werden operiert und rehabilitiert, Medizin und Waren nach Weißrussland geschickt. Es gibt einige Vereine. Hier nur zwei Beispiele: Tschernobyl-Hilfe e. V., Schützenallee 35–37, 31134 Hildesheim. E-mail: verein@aktion-tschernobyl-hilfe.de.

- Rehabilitation von Kindern und Fortbildung von medizinischem Personal aus Weißrussland. Hilfe für krebskranke Tschernobyl-Kinder, Berlin. E-Mail: info@tschernobyl-kinder.de.

Das Modell NETZWERK

Wirtschafts-Seniorenberater haben sich schon 1984 organisiert. Zu einem gemeinnützigen Zusammenschluss von engagierten, unabhängigen, im Ruhestand lebenden Unternehmern, Geschäftsführern, Freiberuflern und leitenden Angestellten aus Industrie,

Handwerk, Handel, Banken und der Informationsverarbeitung. Inzwischen stellen etwa dreißig Experten ihre Berufs- und Lebenserfahrung Existenzgründern und jungen Unternehmen zur Verfügung. Bundesweit und im Internet nach Bundesländern aufgeteilt.
Alt hilft Jung e.V.
www.althilftjung.de

Ein spezielles Frauennetzwerk gründete Karin Fourier in Hannover: Frauen in Verantwortung, kurz FinV genannt. Ich fand es eindrucksvoll, wie die Frauen einander in diesem Netzwerk finden und miteinander über den persönlichen Kontakt hinaus Synergien entstehen lassen. Mit Workshops und Begegnungen werden Austausch und viele Initiativen angeregt, deren Ergebnisse bei jedem neuen Netzwerktreffen präsentiert werden.
www.finv.net/netzwerk/initiativen

Alle karitativen Organisationen brauchen Geld, weil sie sich fast ausschließlich über Spenden finanzieren müssen. Die Verpflichtungen dieser Menschen reduzieren sich nicht in Krisenzeiten: im Gegenteil. Viele benötigen auch aktive Helfer; insofern kann man sich auf unterschiedliche Weise für andere einsetzen. Mit Zeit und/oder Geld. *Wie* der Weg zum Miteinander gewählt wird, ist eine sehr individuelle Entscheidung, doch Möglichkeiten gibt es genug. Meine Vorschläge sollen lediglich Anregungen sein. Darüber hinaus kann ich mir Tausende von Facetten vorstellen. Ich wünsche mir nur, dass wir uns nicht dauernd um uns selber drehen, sondern uns als Teil der Gemeinschaft sehen, als Teil einer Weltfamilie.

Mein Nachwort

Und während ich mich dem Ende meines Buches nähere, merke ich, ich könnte weiter und weiter schreiben. So umfangreich ist dieses Thema! Wenn ich dafür ein wenig Begeisterung bei Ihnen auslösen konnte, für das Träumen, das Beschäftigen mit unserem Zusammenleben, für neue Gedanken an neue Wege, dann habe ich mein Ziel erreicht. Miteinander oder gar nicht.

Dass sich das leichter sagt als lebt, kenne ich aus eigener Erfahrung und weiß, die »Mühe um familiären Frieden« ist nicht einfach. In manchen Familien werden schon mal Kinder als Druckmittel eingesetzt, und wenn sich so eine häusliche Situation erst mal verhärtet hat ... na schönen Dank auch! Dabei sehne ich mich – wie Sie – nach Glück, nach Liebe, und ich möchte meine Freude am Leben nicht verlieren. Das schafft niemand allein, aber nicht jeder *kann* mit jedem. Und nicht jeder *muss* mit jedem. Meine Freunde tun mir gut, sogar die schwierigen. Andere bleiben nur »Bekannte«. Gibt es trotzdem Ärger oder Kummer, kostet es reichlich Kraft, weil die Qual unserer Freunde auch unsere eigene Lebensqualität mindert.

Erfahren habe ich: Ein paar harte Schläge genügen, und man lernt die einfachsten Dinge wieder zu schätzen. Dadurch gab ich auch das Vergleichen auf, weil es jeden köstlichen Moment beschattet. War es dort schöner als hier, geht es dem besser als mir, wünsche ich mir bei Sonne doch lieber Regen? Menschliches Zusammenleben, Generationenproblematik, Politiker als Hoffnungsträger oder Angriffsfläche, Gier, Werteverlust oder Netzwerksucht – Themen, über die viel gesprochen und geschrieben wird. Doch Patentrezepte gibt es nicht. Regieren ist so schwer wie regiert zu werden. Und andere mit dem zu erreichen, was einem wichtig ist, bleibt ein Glücksspiel. Einer trifft den sogenannten Zeitgeschmack, der andere geht darin unter. Ich habe nur mein Herz geöffnet – heikel genug! Aber gerade SIE lesen das jetzt ... mehr wollte ich nicht.

Anhang

Quellen

Artikel »Furchtbar rüstig«. Text: *Susanne Gaschke*; © DIE ZEIT Nr. 10, 01.03.2007

Zitat **Olof Palme** aus seiner Rede vom 15.9.1984 zum Parteitag der schwedischen Sozialdemokraten, S. 25/26 f. Inledningsanförande vid Socialdemokratiska partikongressen,
www.olofpalme.org/wp-content/dokument/840915b_sap.pdf

Prof. Meinhard Miegel, Sozialwissenschaftler und Publizist, ist Vorstand des »Denkwerks Zukunft – Stiftung kulturelle Erneuerung« und seit 2008 wissenschaftlicher Leiter des »Ameranger Disputs der Ernst-Freiberger-Stiftung«. Er ist Autor u.a. von »Die deformierte Gesellschaft« (Ullstein Verlag), »Epochenwende: Gewinnt der Westen die Zukunft« (List Verlag).

Die Experten, die sich alle MITEINANDER im Buch geäußert haben

Wolfgang Bergmann, Erziehungswissenschaftler, Medienexperte und Familientherapeut
Institut für Kinderpsychologie und Lerntherapie, Hannover.
Autor zahlreicher Bücher, u. a. »Ich bin der Größte und ganz allein – Der neue Narzissmus unserer Kinder« (Patmos Verlag), »Gute Autorität« (beide Beltz Verlag)
Drostestr. 11, 30161 Hannover
Tel. 0511 3631112, E-Mail: IFLWBergmann@aol.com

Zineta Blank, Model Agentin, Visage Management
Seegartenstr. 2, CH 8008 Zürich/Schweiz
Fax 0041 44 389 92 23, E-Mail: visage@visage.ch

Peter Butschkow, Zeichner und Textautor
Zahlreiche Bücher, z. B. »Überleben mit Kindern«, »Überleben ab fünfzig« (beide Lappan Verlag)

Ingrid Ehrhardt, Geschäftsführerin des »Freiwilligenzentrum Hannover«. Tel. 0511 300 344-6,
E-Mail: ingrid.ehrhardt@freiwilligenzentrum-hannover.de

Dr. Ursula von der Leyen, jetzt Bundesarbeitsministerin; ehemalige Bundesministerin für Familie, Senioren, Frauen und Jugend
Alexanderstr. 3, 10178 Berlin Tel. 030 18555-0, Fax -4400,
E-Mail: poststelle@bmfsfj.bund.de, www.bmfsfj.de

Heiko Neumann, Schuldnerberater
comeback, Adenauerplatz 8, 53773 Hennef
Tel. 02242 9699 301, Fax -305, E-Mail: heiko.neumann@comeback.de

Prof. Dr. Horst W. Opaschowski, Zukunftsforscher
Wissenschaftlicher Leiter der Stiftung für Zukunftsfragen – einer Initiative von BAT
Autor zahlreicher Bücher, u. a. »Deutschland 2030. Wie wir in Zukunft leben« (beide Gütersloher Verlagshaus)
Alsterufer 4, 20354 Hamburg
Tel. 040 4151 2264, Fax -2091, www.opaschowski.de

Prof. Dr. Wilhelm Schmid, Autor und Philosoph
Zahlreiche Publikationen zu »Glück« und »Lebenskunst« u. a. »Glück – Alles, was Sie darüber wissen müssen« (Insel Verlag)
www.lebenskunstphilosophie.de

Prof. Dr. Ariane Schorn, Diplompsychologin
Fachhochschule Kiel, Fachbereich Soziale Arbeit
E-Mail: ariane.schorn@fh-kiel.de

Dr. Thomas Schulte, Rechtsanwalt und Wirtschaftsexperte
Uhlandstraße 173-174, 10719 Berlin
030 71520670, www.dr-schulte.de

Bernd Siggelkow, Theologe; Gründer und Leiter:
»Die Arche« christliches Kinder- und Jugendwerk e. V.
Autor u. a. »Deutschlands große Chance – was sich unsere Kinder wünschen und warum wir sie unbedingt ernst nehmen müssen« (Gerth Medien)
Tangermünderstr. 7, 12627 Berlin-Hellersdorf
Fax 030 99 28 37 83, www.Kinderprojekt-arche.de

Klaus Utermöhle, Chef der Werbeagentur und persönlich haftender Gesellschafter »Orca im Hafen«,
Gründer und Präsident des »Club der Optimisten«
Autor des Buches »Die Verrückten werden siegen« (Zeppelin Verlag)
Alter Wandrahm 19–21, 20457 Hamburg

Prof. Peter Wippermann, Trendforscher und Professor für Kommunikationsdesign
Gründer und Gesellschafter des Trendbüro
Beratungsunternehmen für gesellschaftlichen Wandel GmbH,
Dozent an der Folkwang Hochschule in Essen.
Hohe Brücke 1, 20459 Hamburg
Tel. 040 36 97 78 -0, Fax -10, E-Mail: info@trendbuero.de